तुम कब आओगे
श्यावा

तुम कब आओगे श्यावा

सूर्यकान्त बाली

प्रकाशक • **प्रभात प्रकाशन प्रा. लि.**
4/19 आसफ अली रोड,
नई दिल्ली–110002

संस्करण • 2025
मूल्य • चार सौ रुपए
मुद्रक • आर–टेक ऑफसेट प्रिंटर्स, दिल्ली

TUM KAB AAOGE SHYAVA

novel by Shri Suryakant Bali ₹ 400.00
Published by Prabhat Prakashan Pvt. Ltd., 4/19 Asaf Ali Road, New Delhi-2
e-mail: prabhatbooks@gmail.com ISBN 978-93-5322-931-3

स्वाध्याय और संघर्ष
के पर्याय
पिताश्री चंद्रकांत बाली
को सादर

एक

सूर्योदय होने में अभी थोड़ी देर थी, पर श्यावाश्व की नींद आज कुछ जल्दी खुल गई। वे प्रायः सूर्योदय के साथ उठते थे। रात को अन्य ऋषि तो परस्पर शास्त्र-चर्चा कर सो जाया करते, लेकिन श्यावाश्व को रात देर तक स्वाध्याय करने का अभ्यास था। इसलिए विलंब से उठने का सिलसिला चल निकला और उनके बारे में आश्रम के सभी तापसों और मुनियों के बीच प्रचलित हो गया कि श्यावाश्व सूर्योदय के साथ ही बिस्तर छोड़ते हैं, उससे पहले नहीं। प्रपितामह अत्रि के पुत्र दत्त के बनाए आश्रम में वे पिता अर्चनाना के साथ रहने लगे तो आश्रम के प्रशासन और उसकी सारी व्यवस्थाओं का भार श्यावाश्व के सुपुर्द कर अर्चनाना निश्चिंत हो गए और अपना अधिकांश समय यज्ञादि में बिताने लगे। उधर श्यावाश्व जगत् के नियामक कारणों के बारे में ही सोचते रहते। सतत स्वाध्याय के कारण उनकी प्रतिभा निखर आई और अपने समय के श्रेष्ठ वक्ताओं में गिने जाने के कारण वे वाग्मी कहे जाने लगे। पैंतीस वर्ष के हो जाने के बावजूद विवाह के बारे में उन्होंने कभी गंभीरतापूर्वक विचार ही नहीं किया। ऐसा नहीं कि विवाह के प्रस्ताव ही नहीं आए थे; आए थे और अनेक आए थे। पर उन्हें कभी लगा ही नहीं कि अब विवाह कर ही लेना चाहिए। वे हमेशा विद्या के संवर्धन में ही लगे रहे। विद्यानुरागी वे इस कदर थे कि अपनी पर्णकुटी में रात को दीपक के मंद प्रकाश में भी बैठकर स्वाध्याय करते रहते।

"क्यों श्यावा, आज नींद जल्दी खुल गई, क्या रात में स्वाध्याय नहीं किया, जो इतनी जल्दी उठ बैठे?" श्यावाश्व उठकर अपनी पर्णकुटी से बाहर खड़े थे कि उधर से गुजर रही ऊर्म्या ने उनसे पूछ लिया। ऊर्म्या भी उसी आश्रम में रहती थी और शैशवकाल से ही श्यावाश्व की सखी थी। दोनों ने एक साथ बैठकर अन्य ऋषिकुमारों और ऋषिकन्याओं के साथ अर्चनाना से शास्त्र-ज्ञान पाया था। घोड़ों पर बैठकर दूर जंगल में प्रवेश कर जाना, फिर इधर-उधर की, लोक-परलोक की, जीवन-मृत्यु की बातें करना उन दोनों को

खूब भाता था और यह काम वे अपनी किशोर वय से ही कर रहे थे। बचपन की सखी होने के कारण ऊर्म्या श्यावाश्व की समवयस्क तो थी ही, उनके स्वाध्याय-परायण मन की गहराइयों को भी अच्छी तरह जानती-समझती थी। श्यावाश्व ने तो विवाह के बारे में अभी तक विचार ही नहीं किया था। पर ऊर्म्या ने तय कर रखा था कि वह विवाह नहीं करेगी और वैखानस के गेरुए वस्त्र धारण कर आजीवन आश्रम में ही रहेगी, विद्याभ्यास करेगी और आश्रम की देखरेख भी। अर्चनाना के घर में उसका आना-जाना निर्बाध था और वहाँ उसे प्राप्त था दुहिता-जैसा अधिकार और प्यार। श्यावाश्व के कारण उसने विवाह न करने का फैसला कर रखा है और श्यावाश्व को इसका आभास तक नहीं है। सुबह-सवेरे जब वह प्रतिदिन की तरह भ्रमण के लिए निकली तो श्यावाश्व को कुटी के बाहर खड़ा देखकर उसे आश्चर्य हुआ और उसने सहज ही उनसे पूछ लिया था।

"स्वाध्याय तो नित्य की तरह देर रात तक ही किया था, पर नींद आज कुछ जल्दी खुल गई। कारण क्या है, मैं नहीं जानता।" श्यावाश्व बोले।

"तो आओ, चलो मेरे साथ। प्रातःकाल के अद्‌भुत समय का आनंद उठाते हुए थोड़ी दूर तक घूम आएँ।"

"नहीं ऊर्म्या, यह सुबह-सवेरे घूमना तो तुम्हें ही रुचता है। तुम्हारा मन करे तो मध्याह्न के बाद चलना, थोड़ा घुड़सवारी करते हुए वन की ओर चल पड़ेंगे। तुमसे बातें किए हुए बहुत दिन हो गए। इस समय तुम अकेले ही घूम आओ। इस तरह घूमने का मेरा अभ्यास कभी रहा ही नहीं।" अपने उत्तरीय को बाएँ कंधे पर झटके से डालते हुए श्यावाश्व ने कहा, "मैं तो बस यूँ ही अभी थोड़ा सुस्ताऊँगा और फिर सूर्योदय के साथ रोज की तरह अपना असली जागरण रहेगा।" कहकर श्यावाश्व वापस पर्णकुटी में चले गए और ऊनी प्रावारक अपने बदन पर डालकर बिस्तर पर लेट गए।

ऊर्म्या तेजी से आगे निकल गई।

श्यावाश्व लेट तो गए, पर अब नींद का समय ही कहाँ बचा था! लेटे-लेटे ऊर्म्या के बारे में सोचने लगे, 'यह ऊर्म्या भी बड़ी विचित्र है। इतनी बड़ी हो गई, पर विवाह न करने के अपने निर्णय पर अटल है। पता नहीं क्यों, इसने आजीवन कुमारी रहकर वैखानस-वेश धारण करने का फैसला कर लिया है? कितने ही श्रेष्ठ ऋषिकुमारों ने इससे विवाह का प्रस्ताव रखा। उनमें से कई तो मंत्रकार भी थे, पर अजीब लड़की है कि हर प्रस्ताव को ठुकरा दिया और कहती है कि आश्रम की सेवा और गहन विद्याभ्यास में जीवन बिताएगी। क्या विवाहित जीवन का विद्याभ्यास से कोई विरोध है, क्या विवाह के बाद नए आश्रम की व्यवस्था का भार नहीं सँभाल सकती थी?'

ऊर्म्या के बारे में सोचते-सोचते श्यावाश्व अचानक अपने विवाह के बारे में सोचने

लगे। उन्हें लगा कि वे भी तो अब पैंतीस वर्ष के हो गए हैं और उन्हें भी विवाह के बारे में गंभीरता से सोच-विचार करना चाहिए। श्यावाश्व को अचानक लगने लगा कि अपने कुल को आगे बढ़ाने का धर्म निभाने के लिए भी अब उन्हें विवाह कर लेना चाहिए। विचारों के प्रवाह में बहते हुए श्यावाश्व को झपकी आ गई। सूर्योदय हो चुका था और वे सोए हुए थे। काफी देर बाद पिता अर्चनाना प्रात: सवन (हवन) से निवृत्त होकर अपनी कुटी में आए, श्यावाश्व के बारे में पूछा तो मालूम हुआ कि वे तो अभी तक सोए हुए हैं। पिता चिंतित हो गए और कुटी से बाहर निकलकर श्यावाश्व की कुटी में आ पहुँचे।

"श्यावा, स्वास्थ्य ठीक नहीं लग रहा तुम्हारा, अन्यथा इतनी देर तक सोए रहने का भला क्या कारण है?"

श्यावाश्व कोई गहरी नींद में तो थे नहीं। बस यूँ ही सुस्ता रहे थे और मीठी झपकी में थे। पिता अर्चनाना के प्रवेश करते ही उठ बैठे। पिता की चिंता वे समझते थे। अर्चनाना को अपने विद्वान् पुत्र पर गर्व था, पर श्यावाश्व का देर से उठना उन्हें कभी अच्छा नहीं लगा। पिता के चरणों में प्रणाम करने के बाद अपनी झेंप मिटाते हुए श्यावाश्व ने मुसकराते हुए कहा, "नहीं पिताश्री, स्वास्थ्य में तो कोई गड़बड़ नहीं। बस, यूँ ही सूर्योदय से पहले नींद खुल जाने के कारण दुबारा आँख लग गई।"

"आज तुम प्रात: सवन में भी नहीं आए। जरा सोचो तो, सारे आश्रम की व्यवस्था का भार तुम्हारे ऊपर है और तुम्हीं अगर प्रात: सवन में नहीं आओगे तो दूसरे आश्रमवासियों पर इसका क्या असर पड़ेगा?"

"सो तो ठीक है पिताश्री, पर यह तो बताइए कि क्या ऊर्म्या को इस तरह वैखानस वेश धारण कर आजीवन कुमारी रहने का व्रत ले लेना चाहिए था?" मानो पिता की बातों पर कोई ध्यान न देते हुए श्यावाश्व ने अपना वही प्रश्न पूछ लिया, जो सुबह से उनके दिमाग पर छाया हुआ है।

सहसा कर दिए गए विषयांतर के लिए अर्चनाना तैयार नहीं थे। इसलिए उन्हें आश्चर्य तो हुआ, पर अपने विद्वान् पुत्र के प्रश्न को निरर्थक मानकर वे टाल भी नहीं सकते थे। बोले, "ऊर्म्या की छोड़ो, उसने तो फिर भी किसी विशेष उद्देश्य को पूरा करने के लिए आजीवन कुमारी रहने का कठोर व्रत धारण किया है," पिता अर्चनाना ने झुँझलाकर कहा, "तुम अपनी कहो! क्या सोचकर अपने विवाह की बात नहीं करते? इतने प्रस्ताव सामने आए, क्या सोचकर तुमने किसी भी प्रस्ताव को विवाह के लिए स्वीकार नहीं किया? ऊर्म्या एक लड़की है और पिता का कुल आगे बढ़ाना उसका दायित्व नहीं। पर प्रपितामह अत्रि के कुल को आगे बढ़ाना तुम्हारा सामाजिक और पारिवारिक दायित्व है। फिर क्यों नहीं कभी अपने विवाह के बारे में सोचते?"

इतना लंबा उपदेश देने के बाद अर्चनाना फिर से अपने कक्ष में चले गए और थोड़ी देर बाद अपने विद्याकुल की ओर चल पड़े, जहाँ नित्यप्रति अपने शिष्य-शिष्याओं को यजुषों और ऋचाओं का अभ्यास कराया करते थे। पिता के इस तरह कहने पर श्यावाश्व को थोड़ा झटका लगा, पर जल्दी ही उन्होंने खुद को इस झटके से उबार लिया और स्नानादि के लिए निकल पड़े।

श्यावाश्व विद्वान् अवश्य थे, पर वे अभी मंत्रकार ऋषि नहीं हुए थे। वे स्वभाव से चिंतनशील थे और कल्पनाशील भी, पर चिंतन का पलड़ा भारी होने के कारण वे प्रायः उसी में डूबे रहते और जगत् के नियामक कारणों के बारे में सोचते रहते। उनका मानना था कि मनुष्य का मन ही सभी प्रकार की गतिविधियों का कारण है, पर अभी तक वे निश्चित रूप से तय नहीं कर पाए थे कि जब यह सृष्टि नहीं बनी थी, तब वह क्या था, जिससे यह सृष्टि पैदा हुई। कुछ ही दिन पूर्व वे एक ज्ञानसत्र में भाग लेकर आए थे, जहाँ जगत् के नियामक कारणों के बारे में जमकर विचार-विवाद हुआ था। इस बात पर खूब चर्चा हुई थी कि जब सृष्टि नहीं थी, तब क्या था; क्या सब तरफ पानी-ही-पानी था, क्या शून्य आकाश ही सब ओर व्याप्त था या कि कुछ और भी था? वे इस विषय पर ऊर्म्या से भी बहस कर चुके थे और ऊर्म्या का मानना था कि जब सृष्टि नहीं थी, तब काम था, काम अर्थात् इच्छा, काम अर्थात् सृजन की इच्छा और उसी काम से संपूर्ण सृष्टि का विकास हुआ, पर यह बात श्यावाश्व की समझ में ठीक से आ नहीं रही थी, क्योंकि जब कुछ भी नहीं था तो काम भला कैसे रह सकता था, जो कि मूलतः हमारे मन में निवास करता है?

चिंतनशील, पर कहीं-न-कहीं अति संवेदनशील श्यावाश्व को यह देखकर बहुत हैरानी होती थी कि सृष्टि के नियामक कारणों के बारे में जहाँ वे किसी निष्कर्ष तक नहीं पहुँच पाते थे, वहाँ कई ऋषि ऐसे थे, जो कभी अग्नि तो कभी इंद्र पर, कभी मरुतों पर तो कभी वरुण पर मंत्र लिख देते और इन कल्पित देवताओं को सर्वोच्च शक्ति मानकर कविताएँ लिख लिया करते थे। श्यावाश्व हैरान रह जाते कि कैसे ऋषि लोग कल्पना कर लेते हैं कि इंद्र हैं और वे वज्र धारण करते हैं, वृत्र को मार डालते हैं या कैसे पता चलता है कि मरुतों ने पीठ पर भाला धारण कर रखा है और उनकी छाती पर सोने के आभूषण लहरा रहे हैं, कैसे वे सब ऐसी कल्पनाएँ कर लेते हैं?

भावुक होने के बावजूद श्यावाश्व जितने चिंतनशील थे, उतने कल्पनाशील नहीं। कल्पना का प्रसाद शायद उन्हें थोड़ा कम मिला था, बेशक उसके बीज उनके मन में कहीं-न-कहीं थे, जो अब तक पुष्पित-फलित नहीं हुए थे। भावुक हृदय श्यावाश्व की कल्पनाशक्ति पर शायद उनका चिंतन और स्वाध्याय हावी था, जबकि ऊर्म्या में दोनों

शक्तियों का अद्‌भुत समावेश था। वह बहस भी कर लिया करती और मंत्र भी लिख लेती, पर व्यक्तिगत जीवन में वह व्यावहारिक बनने का अभ्यास किया करती थी और इस काम में उसे सफलता भी काफी मिली थी। इसलिए जब भी दोनों में बहस होती तो जहाँ श्यावाश्व अपने चिंतन की नौका पर बैठकर एक खास दायरे से बाहर नहीं निकल पाते, वहाँ ऊर्म्या कल्पना के वायव्य रथ पर सवार होकर सारा ब्रह्मांड घूम आती। श्यावाश्व प्राय: शंकालु बने रहते, लेकिन ऊर्म्या निश्चिंत-मन होकर खिलखिला उठती और श्यावाश्व की समझ में ही नहीं आता कि कैसे वह अपने निष्कर्षों के प्रति इतना आश्वस्त हो लेती है ?

नहा-धोकर वापस लौटने के बाद श्यावाश्व ने अकेले ही विलंबित हवन किया और प्रातराश कर व्यवस्था-कक्ष में चले गए। प्रात:कालीन स्वाध्याय में आज उनका मन नहीं लगा और देर से उठने के कारण समय भी काफी हो गया। थोड़ी देर बाद जब ऊर्म्या व्यवस्था-कक्ष में आ गई तो श्यावाश्व ने उसे याद दिलाया कि राजा रथवीति दार्भ्य आज शाम पिताश्री से मिलने आश्रम आनेवाले हैं। उनके स्वागत और विश्राम आदि का सारा दायित्व उन्होंने ऊर्म्या को ही सौंपा था। ऊर्म्या रथवीति के स्वागत-विश्राम आदि के प्रबंध के लिए चली गई और श्यावाश्व वहीं बैठे रहकर बाकी कामकाज निपटाने लगे।

श्यावाश्व जिस कुल में पैदा हुए थे, उसे हम अत्रिकुल के नाम से जानते हैं और जब-जब भी अत्रि मुनि की बात करते हैं, तब-तब हमारे मानस-पटल पर अत्रि-अनसूया कथा-प्रसंग उभर आता है। हम नहीं कह सकते कि अपनी किस क्षमता के कारण अत्रि-अनसूया आज तक हमारी स्मृतियों का अमिट हिस्सा बने हुए हैं। पर इसमें संदेह नहीं कि अत्रि जितना अपने कारणों से प्रसिद्ध हैं, उससे कहीं अधिक वे अपनी पत्नी अनसूया के कारण प्रसिद्ध हैं। कैकेयी के वशीभूत होकर जब रघुवंशी दशरथ ने बेमन से राम को चौदह वर्ष तक वनवास का आदेश दिया था तो अपने वनगमन-मार्ग पर राम अत्रि मुनि से उनके आश्रम में मिलने गए थे। यह ऐतिहासिक घटना तब घटी थी, जब अयोध्या वापस लौट चलने के भरत के आग्रह को राम ने ठुकरा दिया था; अपनी चरण-पादुका देकर भरत को अयोध्या लौटा दिया और ऋषियों के आग्रह पर वे चित्रकूट सरीखे मनोरम स्थान को छोड़कर घोर दंडकारण्य में निवास के लिए चल दिए, और अत्रि के आश्रम में राम ने रात्रिवास किया। वहीं अनसूया ने सीता को पतिव्रता-धर्म का उपदेश दिया था और सोने के बहुमूल्य आभूषण उपहार में दिए थे। वनवास की प्रतिज्ञा राम की थी। सीता को वनवास का कोई आदेश नहीं मिला था। वे तो पति के साथ रहने की अपनी अदम्य इच्छा के कारण वन आई थीं। इसलिए नगर जाना या नगरवासियों के समान वस्त्राभूषण धारण करना राम के लिए मना था, सीता के लिए नहीं। अनसूया से मिले आभूषण अपने

विभिन्न अंगों पर धारण कर जब सीता राम के सामने गईं तो स्वर्ण की रक्तपीत आभा के आलोक में दमकते सौंदर्य को देखकर राम चकित और अभिभूत रह गए। वनवास के नीरस वातावरण में रहने का मन बना चुके राम को सीता का वह अद्‌भुत प्रकाशित सौंदर्य सचमुच मरुस्थली में अचानक बरस पड़ी पावस की मधुर धारा जैसा आनंददायक और मोहक लगा। इस तरह अत्रि को इतिहास के कालपात्र में सम्मानपूर्वक स्थापित करने का श्रेय उनकी पत्नी अनसूया को जाता है। ऐसा नहीं कि अत्रि कोई सामान्य पुरुष थे, बल्कि अपने युग के वे एक विख्यात मंत्रकार थे और उस युग में मंत्रकार हो जाना अपने-आप में एक खास उपलब्धि थी, जिसके लिए हर विद्वान् तरसता था। एक तो मंत्रकार होना ही कठिन; ऊपर से किसी के मंत्रों का, वैदिक संहिताओं का हिस्सा बन पाना और भी कठिन; इसलिए कि बड़ी कठिनाई से, बाकायदा विद्वद्-गोष्ठियों की परीक्षा वैतरणी पार कर लेने के बाद ही किसी के मंत्र वैदिक संहिताओं का हिस्सा बन पाते थे। अत्रि ऋषि के मंत्रों का संकलन ऋग्वेद-संहिता में किया गया, यह कोई कम उपलब्धि नहीं थी। बल्कि अत्रि को तो वह ख्याति मिली कि उनके नाम से उनकी सभी परवर्ती संतानों को वंशनाम मिल गया-आत्रेय।

अर्चनाना आत्रेय इन्हीं परम मंत्रकार अत्रि ऋषि के पौत्र थे, जिनके पुत्र श्यावाश्व आत्रेय हुए; पर हमारी स्मृतियों में अत्रि का नाम उनके मंत्रकार होने के कारण नहीं, बल्कि अनसूया के पति होने के कारण अंकित है और अनसूया का नाम इसलिए अंकित है कि वे एक परम विदुषी महिला थीं, जिन्होंने सीता को गृहस्थ-धर्म का दिव्य उपदेश दिया था।

अत्रि के तीन पुत्र हुए—दत्त, सोम और दुर्वासा। ये दुर्वासा वे ही हैं, जो इतिहास में क्रोधी मुनि के नाम-रूप से जाने जाते हैं। अंतिम निष्कर्ष निकाल पाना कठिन है कि दुर्वासा कितने वर्ष जीवित रहे। पांडवों के वनवास के समय यदि द्रौपदी की रसोई खाने की उनकी गाथा को ऐतिहासिक मान लिया जाए तो वे यकीनन कई सौ साल लगभग हजार-ग्यारह सौ साल जिए होंगे। इतना दीर्घायुष्य मानना कठिन है, पर चूँकि उसकी संतति-परंपरा से हमारा कोई परिचय नहीं होता, इसलिए यह कह पाना भी कठिन है कि राम के समकालीन दुर्वासा और पांडवों के समकालीन दुर्वासा का परस्पर संबंध क्या है। खैर, हमारी श्यावाश्व कथा में दुर्वासा कोई भूमिका निभाते नजर नहीं आते। अत्रि के एक पुत्र दत्त आत्रेय के पुत्र थे अर्चनाना आत्रेय, जबकि अत्रि के दूसरे पुत्र सोम आत्रेय ने अपने युग का एक विशेष काम किया था। वे अग्नियाग की प्रणाली को भारत की सीमाओं से बाहर पश्चिम की ओर ले गए और इस प्रकार भारत की यज्ञसंस्कृति को दूसरे देशों में फैलाने का प्रथम श्रेय अत्रियों को जाता है। इसी प्रसार आकांक्षा में अत्रि के पुत्रों ने दंडकारण्यवाला अपना आश्रम छोड़कर इस देश के पश्चिमोत्तर में एक नया आश्रम

बना लिया था और वे कुरुक्षेत्र के आसपास कहीं रहने लगे थे। सरस्वती और परुष्णी नदियों के बीच उनका नया आश्रम पर्वतों की एक उपत्यका में स्थित था।

इसी कुल की एक विशिष्ट संतति थे अर्चनाना आत्रेय। वे अपने समय के एक बड़े विचारक थे और मंत्रकार भी। यज्ञ-विधान में अपने कौशल के कारण दूर-दूर तक उनकी ख्याति थी। अर्चनाना के समय में चारों ओर मंत्र-रचना का बोलबाला था। लगभग दो हजार वर्ष से लगातार मंत्र लिखे जा रहे थे और सारा मामला कुल मिलाकर इतना औपचारिक हो गया था कि मंत्रकार तो दो-ढाई हजार वर्ष से चली आ रही भाषा (संस्कृत) में ही मंत्र लिखते चले आ रहे थे, जबकि बोलचाल (की संस्कृत) के रूप में एक नई भाषा का विकास हो गया था। वाल्मीकि ने इसी नई भाषा में अपना प्रबंध काव्य 'रामायण' लिखा। पर अर्चनाना ने अपने मंत्र उसी पुरानी भाषा में लिखे, जो वैदिक कविता के लिए मानो आरक्षित-जैसी हो चुकी थी।

जिस तरह की दार्शनिक ऊँचाइयों के लिए बाद में भारत प्रसिद्ध हुआ, अर्चनाना के समय में वैसी ही दार्शनिकता का विकास हो रहा था। अर्चनाना स्वयं एक विचारक थे और सृष्टि के रहस्यों के बारे में प्राय: सोचते रहते थे। अपने पुत्र श्यावाश्व के साथ उन्हें इसलिए भी विशेष स्नेह था कि वे अपने विद्वान् पुत्र से दार्शनिक गुत्थियों पर जमकर विचार-विमर्श कर सकते थे। श्यावाश्व प्राय: कहा करते कि यह समस्त जगत् मन के कारण चल रहा है। मन ही हमारी गति को नियंत्रित करता है, हमारे कर्म को पाप और पुण्य के बंधनों में बाँधता और सृष्टि को आगे बढ़ाने में सहायता करता है। मानवी सृष्टि यदि स्त्री और पुरुष के संयोग के कारण संभव हो पाती है तो स्त्री को पुरुष के प्रति और पुरुष को स्त्री के प्रति आकर्षित करनेवाला मन ही तो है! और सृष्टि इसी आकर्षण की चरम रूपाभिव्यक्ति है। श्यावाश्व और ऊर्म्या में यही सूक्ष्म मतभेद चल रहा था। वह सृष्टि को काम से उत्पन्न मानती थी, जबकि श्यावाश्व इस काम को भी मन से ही उत्पन्न मानते थे।

एक विचारक के रूप में अर्चनाना अभी इतनी सूक्ष्मताओं में नहीं उतरे थे। वैदिक मंत्रों के वे पारगामी ज्ञाता थे और संभवत: यही कारण था कि वैदिक मंत्रों का स्वाध्याय और मंत्रों की रचना करते-करते वे मंत्रविद्ध जैसे विचारक हो गए थे। उन्हें यह देखकर बड़ा आश्चर्य होता था कि दीर्घतमा मामतेय ने कैसे जान लिया कि सत्य एक है और विद्वान् लोग उसका बखान अलग-अलग तरह से करते हैं? वह एक सत्य कौन सा है, इस जिज्ञासा में लगे रहने के उनके बौद्धिक स्वभाव ने उन्हें विचारक बना दिया था, पर उनका विचारक मन किन्हीं दृढ अवधारणाओं तक नहीं पहुँच पाया था। वे बस विचारशील थे, इसलिए अपने पुत्र श्यावाश्व और उनकी बालसखी ऊर्म्या से बातें करके उन्हें अपार सुख मिलता था।

प्रसिद्ध अत्रियों के कुल में जनमे अर्चनाना की अपनी ख्याति विचारक या मंत्रकार होने के कारण कम और कुशल यज्ञकर्ता के रूप में ज्यादा थी। दूर-दूर से राजा लोग उन्हें अपने राज्य में यज्ञ करने के लिए बुलाते। राजा रथवीति दार्भ्य आज उनके आश्रम में उनकी इसी ख्याति से बँधे चले आ रहे थे। अर्चनाना के श्रेष्ठ यज्ञकार-रूप ने उनके व्यक्तित्व पर दो तरह से प्रभाव डाला था। यज्ञों में लगातार भाग लेने के कारण जहाँ उनके मंत्रकार-रूप में निखार आ गया था, वहाँ उनका विचारक-रूप उसी अनुपात में मौलिकता से रहित हो गया था और वे दर्शन की दुनिया से सिर्फ विस्मय और चकितभाव से ही जुड़कर रह गए थे।

दो

अर्चनाना नियमों के पक्के थे और आश्रम में हर तरह के नियमों का पालन करवाने पर उनका ध्यान रहता था। इसलिए वे अपने प्रतिभाशाली पुत्र श्यावाश्व से थोड़ा खिन्न रहा करते कि वे देर रात तक दीप जलाकर उसके मंद प्रकाश में पढ़ते रहते हैं और फिर सूर्योदय से पहले उठ नहीं पाते, पर श्यावाश्व का व्यक्तित्व इतना आकर्षक था, उनकी बुद्धि इतनी तीव्र थी और विचारों को प्रस्तुत करने का उनका ढंग इतना प्रभावशाली और मन को मोह लेनेवाला था कि वे श्यावाश्व के विलंब से सोने और विलंब से उठने की आदत से कई बार क्षुब्ध तो हो उठते, पर इस कारण श्यावाश्व से कभी रुष्ट नहीं होते। उनकी सदा यह इच्छा रहती कि श्यावाश्व मंत्र-रचना करें और उनके साथ यज्ञ करवाने के लिए आश्रम से बाहर चला करें, पर वे आज तक श्यावाश्व को इस बात के लिए मना नहीं पाए थे।

आज भी कुछ वैसा ही हुआ। विद्याकुल में शिष्य-शिष्याओं को स्वाध्याय करवाकर जब अर्चनाना अपनी पर्णकुटी की ओर लौट रहे थे तो सहसा व्यवस्था-कक्ष में चले गए, यह सोचकर कि वे श्यावाश्व को मना सकेंगे कि यदि रथवीति दार्भ्य के यहाँ जाकर यज्ञ करवाने का कार्यक्रम बन जाता है तो श्यावाश्व भी उनके साथ चलें।

"तो श्यावा, रथवीति दार्भ्य की सेवा-सुश्रूषा, स्वागत-विश्राम आदि का सारा प्रबंध ठीक से हो रहा है न?" बात शुरू करने के निमित्त अर्चनाना ने पुत्र से पूछा तो अनायास श्यावाश्व के मुँह से निकल गया, "पिताश्री, इन राजाओं को आखिर क्या कमी होती है कि इतने यज्ञादि करवाते रहते हैं?"

"तुम कहना क्या चाहते हो?" अर्चनाना थोड़ा हैरान हुए।

"पिताश्री, आप ही बताइए, जो यज्ञ हम करते हैं, उनका उद्‌देश्य क्या है ?"

अर्चनाना ने पूरी दृढ़ता से उत्तर दिया, "देखो श्यावा, तुम तो ऐसे पूछ रहे हो, जैसे तुम्हें इस प्रश्न का उत्तर पता न हो। पिछले तीस वर्षों से तुम निरंतर स्वाध्याय कर रहे हो और जानते हो कि प्रकृति के विभिन्न रूपों को अधिकाधिक ऊर्जा प्रदान करने के लिए हम यज्ञ करते हैं। फिर भी यह प्रश्न ?"

"हाँ पिताश्री, जानता हूँ। मेघ समय पर वृष्टि करते रहें, इसलिए हमने इंद्र और पर्जन्य की कल्पना कर ली। सभी वनस्पतियाँ कीटमुक्त और स्वस्थ रहें, इसलिए हमने मरुत को देवता मान लिया; तेज हवा चले और वनस्पतियों पर आ बैठे कीट वहाँ से उड़ा दिए जाएँ। इस स्थावर-जंगम जगत् में हर काम अनुशासन से होता रहे, इसलिए हमने ऋत की और ऋत के नियंता वरुण की कल्पना कर ली। यज्ञ में आहुति डालकर हम अपने मन में इस विश्वास को दृढ़ करते हैं कि हमने इन देवताओं को प्रसन्न कर लिया और इस तरह प्रकृति की ऊर्जा बनाए रखने के लिए हम यज्ञ करते हैं।"

"जब इतना सब जानते हो श्यावा, तो क्यों राजाओं के यज्ञों को लेकर संदेह से भरा प्रश्न पूछ रहे हो ?"

"इसलिए पिताश्री," श्यावाश्व ने अपना कथन स्पष्ट करते हुए फिर एक नई बात कह डाली, "कि यज्ञों की यह धारणा तो हम आश्रमवासियों की है, जबकि राजाओं के यज्ञ करने के उद्‌देश्य शुद्ध व्यावसायिक होते हैं।"

"व्यावसायिक ?" अर्चनाना चौंके। उनके लिए 'व्यावसायिक' एक नया शब्द था और इस तरह के नए शब्द-प्रयोगों के लिए वे अपने पुत्र श्यावाश्व पर मुग्ध रहा करते थे।

"व्यावसायिक का अर्थ यह है पिताश्री कि हम आश्रमवासी तो इसलिए यज्ञ करते हैं कि हमारे हृदय में प्रकृति के संरक्षण और परिवर्द्धन की भावना बनी रहे, जबकि राजा लोग इसलिए करते हैं, ताकि उनके राज्य का विस्तार हो, उनकी लक्ष्मी बढ़े, उनको अनेक पुत्रों की प्राप्ति हो, मरने के बाद उन्हें स्वर्ग मिले। अब बताइए, मैं इसे यज्ञों का व्यावसायिक प्रयोग न कहूँ तो क्या कहूँ ?"

"पर श्यावा, आवश्यक तो नहीं कि सभी राजाओं के मन में यज्ञों के व्यावसायिक प्रयोग की ही भावना रहती हो। हो सकता है कि कुछ राजा प्रकृति-पर्यावरण की रक्षा के उदात्त भाव से प्रेरित होकर भी यज्ञ करते हों! हो सकता है कि रथवीति दार्भ्य आज जिस यज्ञ का प्रस्ताव लेकर आ रहे हैं, वह यज्ञ उनके राजकीय व्यवसाय की श्रीवृद्धि की अपेक्षा प्रकृति और पर्यावरण की हित-कामना की इच्छा से किया जानेवाला हो!"

अर्चनाना ने यह तर्क इसलिए दिया था, ताकि वे एक पृष्ठभूमि बना सकें, जिससे

प्रभावित होकर श्यावाश्व उनके साथ रथवीति के राजभवन में होनेवाले यज्ञ में जा सकें, पर श्यावाश्व को उनकी इच्छा के विरुद्ध सहमत कर पाना सरल नहीं था।

"पिताश्री, आपका कहना ठीक हो सकता है कि रथवीति दार्भ्य प्रकृति-पर्यावरण की रक्षा-भावना से प्रेरित होकर यज्ञ का प्रस्ताव ला रहे हों। पर इन राजाओं पर मेरा विश्वास सहसा हो नहीं पाता। अब आप ही देखिए। दशरथ कितने प्रतापी राजा थे! पर उन्होंने यज्ञ इसलिए किया कि उन्हें वृद्धावस्था में भी पुत्र प्राप्त हो सकें और उनके लिए जो यज्ञ उनके कुलगुरु वसिष्ठ की देखरेख में ऋष्यश्रृंग जैसे पवित्रात्मा ऋषि ने करवाया, उसका नाम ही 'पुत्रकामेष्टि' पड़ गया।" कहते-कहते श्यावाश्व ऋष्यश्रृंग की तपस्याशीलता को याद करके मानो आत्मविस्मृत हो गए।

अर्चनाना के पास इस तर्क का कोई उत्तर नहीं था। ऋष्यश्रृंग की तपस्याशीलता उन दिनों इन आश्रमों में भारी चर्चा का विषय रहा करती थी। उनके बारे में प्रसिद्ध था कि पच्चीस वर्ष की उम्र तक नारी से उनका कोई परिचय ही नहीं हो पाया था। काश्यप विभांडक के इस पुत्र ने जब पहली बार सुंदर स्त्री को देखा तो उसके सौंदर्य और अंग-प्रत्यंग का विचित्र वर्णन करते हुए मस्त हो गए। पिता को जब उन्होंने अपना यह नया अनुभव बताया तो चकित विभांडक अपने पुत्र के अजब भोलेपन को बस निहारते रह गए। दशरथ का पुत्रकामेष्टि-यज्ञ इन्हीं ऋष्यश्रृंग ने करवाया था और दक्षिणा में प्रभूत धन-धान्य देने के साथ-साथ दशरथ ने अपनी पुत्री शांता का विवाह भी उनके साथ कर दिया था।

पिता को अवाक् देख श्यावाश्व की तर्कशक्ति को मानो नया बल मिल गया और उन्होंने बोलना शुरू कर दिया, "दशरथ की बात एक बार छोड़ भी दें, स्वयं रामायण के प्रणेता वाल्मीकि उन्हें कामांध कहते हैं, जिन्होंने कैकेयी के सौंदर्यपाश में बँधकर अपने राम जैसे अद्भुत पुत्र को वनवास दे दिया। पर पिताश्री, राम जैसे महान् राजा को सूझी भी तो क्या सूझी? सबकुछ था उनके पास—राज्य, वैभव, कीर्ति, सबकुछ; पर पत्नी सीता का परित्याग करने के बाद उन मर्यादा पुरुषोत्तम की करुणा पर भी ऐसा परदा पड़ा कि उन्होंने भी राज्यविस्तार की व्यावसायिक लालसा से प्रेरित होकर अश्वमेध कर डाला। कहाँ राम दाशरथि और कहाँ रथवीति दार्भ्य, दोनों में कोई तुलना है क्या? एक ओर वाल्मीकि-सदृश आदिकवि के युगप्रवर्तक प्रबंध काव्य के नायक राम और दूसरी ओर एक सामान्य राजा रथवीति। जब राम ही यज्ञ के व्यावसायिक उद्देश्यों से अपने मन को नहीं छुड़ा सके तो रथवीति की क्या बिसात?"

अपने पुत्र की ऐसी ही नई-नई बातों पर मुग्ध होकर अर्चनाना हमेशा श्यावाश्व से बातें करने के अवसर निकालते रहते थे। पुत्र की इसी प्रतिभा के कारण उन्हें विश्वास था कि श्यावाश्व एक दिन बड़े मंत्रकार जरूर बनेंगे। हालाँकि श्यावाश्व की न यज्ञों में

कोई रुचि थी, न ही मंत्र-रचना में। पर अर्चनाना ने अपने प्रयासों में कोई कमी नहीं आने दी। वे बोले, "देखो वत्स, पाँचों उँगलियाँ बराबर नहीं होतीं। जिस राजा रथवीति को तुम छोटा मान रहे हो, हो सकता है उसके मन में यज्ञ को लेकर कोई बड़ी आकांक्षा हिलोरें ले रही हो! अगर राम जैसा बड़ा राजा छोटे व्यावसायिक लक्ष्यों के लिए यज्ञ कर सकता है तो क्या पता रथवीति दार्भ्य जैसे छोटे राजा के सामने कोई बड़ा पारमार्थिक लक्ष्य हो! इसलिए मेरी मानो और मेरे साथ इस यज्ञ में चलो।"

"और यदि रथवीति का यज्ञ भी व्यावसायिक लक्ष्यों से प्रेरित हुआ तो मेरा मन तो वहाँ टिकेगा नहीं और जिस काम पर मन न टिके, उसे व्यर्थ क्यों न माना जाए और क्यों उस पर समय व्यय किया जाए?" श्यावाश्व ने अपनी अनिच्छा पर एक बार फिर विचार की चादर डाल दी।

बेचारे अर्चनाना क्या करते! हर बार श्यावाश्व ऐसे ही किसी-न-किसी अकाट्य तर्क की आड़ में यज्ञ के लिए आश्रम से बाहर जाने से बच निकलते। इस बार भी वे वैसा करने में सफल हो ही गए थे कि अचानक अर्चनाना को श्यावाश्व के ही तर्क में से उन्हें प्रेरित करने का नया आधार मिल गया और उनके चेहरे पर आशा की किरणें बिखर गईं।

"ठीक है श्यावा, तुम यज्ञ करने मत चलो। मेरे साथ वैसे ही चल पड़ो। तुम्हारा मन करे तो यज्ञ में बैठ जाना और यदि दूसरे राजाओं की तरह रथवीति दार्भ्य भी व्यावसायिक स्वार्थ से प्रेरित होकर यज्ञ करते दिखें तो यज्ञ के बाद राजसभा में यश पर तुम एक प्रेरक व्याख्यान देकर राजाओं का मन बदलने का प्रयास करना। ऋषिकुमार होने के नाते तुम्हारा कर्तव्य बनता है कि समाज को नई दिशा दो और राजा भी तो समाज का ही एक अंग है!"

श्यावाश्व को अपने पिता से इस प्रस्ताव की उम्मीद नहीं थी। प्रस्ताव इतना सशक्त था कि श्यावाश्व इनकार नहीं कर पा रहे थे और एकदम से मानते भी नहीं बन रहा था। वे चुप हो गए। कुछ क्षण चुप बैठे रहे। कुछ सोचते हुए वे लगातार जमीन की ओर देखे जा रहे थे। आशा और विश्वास से भरे अर्चनाना की दृष्टि अपने तेजस्वी पुत्र के चेहरे पर टिकी हुई थी। आज पहली बार उन्हें लग रहा था कि वे शायद श्यावाश्व को मना पाने में सफल होंगे।

काफी देर सोचने के बाद श्यावाश्व ने सिर ऊपर उठाया। मंद मुसकान के साथ पिता को देखा। पिता भी मुसकरा रहे थे। फिर धीरे से श्यावाश्व बोले, "पिताश्री व्याख्यान मैं दूँगा या नहीं, यह तो वहीं देखा जाएगा, पर आपके साथ चलूँ ही, इस पर सोचने के लिए थोड़ा सा समय दीजिए।"

अर्चनाना को और क्या चाहिए था। बरफ पिघल चुकी थी। उनकी तो जैसे बाँछें

ही खिल गईं। लगा कि इस विषय को अब यहीं छोड़ देना चाहिए। उन्होंने विषयांतर करते हुए पूछा, “तो श्यावा, रथवीति दार्भ्य के स्वागत-विश्राम आदि का प्रबंध ठीक से हो जाएगा न?”

“पिताश्री, जब तक ऊर्म्या इस आश्रम में है, किसी भी व्यवस्था को लेकर आपको कोई चिंता नहीं करनी चाहिए। आप निश्चिंत रहें, ऊर्म्या इसी काम में लगी हुई है।”

अर्चनाना विशेष उल्लास से भर गए। उन्हें पता था कि ऊर्म्या के रहते किसी तरह की चिंता के लिए कोई अवकाश नहीं है। पर आज उन्होंने अपने पुत्र का मन बदलने में जो सफलता पाई थी, उस उल्लास में भरकर वे आश्रम की व्यवस्थाएँ देखने ऊर्म्या की खोज में चल पड़े।

तीन

पैंतीस की होने के बावजूद ऊर्म्या अभी नवयौवना थी, हर दृष्टि से सौंदर्य और सौष्ठव की प्रतिमान ऊर्म्या इस वय में भी वैसी ही किशोरी नजर आती, जैसे उसके बालसखा श्यावाश्व उसी आयु के होने पर भी युवा नजर आते थे। अर्चनाना के विद्याध्ययन-काल के एक साथी थे शुकनास। दोनों इसी आश्रम में अर्चनाना के पिता दत्त आत्रेय से उनके विद्याकुल में विद्या ग्रहण करते थे। एक साथ पढ़ते-पढ़ते दोनों में प्रगाढ़ मैत्री हो गई थी। विद्यानुरागी स्वभाव और यज्ञप्रेमी शील दोनों में इस हद तक समान था कि दोनों मित्र होने के साथ-साथ जुड़वाँ भाई जैसे नजर आते थे। विद्या संपन्न होने के बाद जब दत्त आत्रेय का आश्रम छोड़कर शुकनास जाने लगे तो अर्चनाना को सहसा विश्वास नहीं हुआ कि अब शुकनास इस आश्रम में नहीं रहेंगे। उन्होंने पिता दत्त से अनुरोध किया कि शुकनास को अपने ही आश्रम में रह जाने के लिए पर्णकुटी बनाने की अनुमति दे दी जाए। अर्चनाना जैसे तेजस्वी पुत्र का अनुरोध कोई पिता कैसे टाल सकता था? शुकनास को दत्त के आश्रम में पर्णकुटी बनाने की अनुमति मिल गई। वहीं फिर उनका विवाह हुआ।

पर शुकनास का जीवन कोई बहुत सुखमय नहीं बीता। उनकी पत्नी यामिनी परम विदुषी थी। अपने पति से वह इतना स्नेह करती थी, उनका इतना ध्यान रखती थी कि शुकनास ने सबकुछ उन पर छोड़ अपने को वेदों के अध्ययन-अध्यापन और यज्ञकर्म की गुत्थियाँ सुलझाने में ही पूरी तरह लगा दिया था। विवाह के चार वर्ष बाद यामिनी ने गर्भ धारण किया, पर बेटी को जन्म देने के कुछ देर बाद ही यामिनी का प्राणांत हो गया।

शुकनास इस धक्के को सह नहीं पाए और बौरा से गए। वे चिंतित हो गए कि नवजाता का लालन-पालन कैसे होगा, कौन करेगा? आश्रम का अभिन्न हिस्सा होने के कारण ऐसी कोई कठिनाई हालाँकि आनेवाली नहीं थी, पर हर स्नेहपूर्ण पिता की तरह शुकनास भी चाहते थे कि उनकी पुत्री का लालन-पालन लाड़ से हो, प्यार से हो और उसे माँ की कमी का एहसास न हो। उन्होंने अपने मित्र अर्चनाना को मन की पीड़ा बताई तो अर्चनाना ने शुकनास की व्यथा का अत्यंत सहज समाधान निकाल दिया। अर्चनाना को उन्हीं दिनों पुत्र की प्राप्ति हुई थी और उन्होंने उसका नाम रखा था—श्यावाश्व। दोनों मित्रों ने मिलकर कन्या का नाम उसकी माँ यामिनी के नामार्थ पर रखा ऊर्म्या, उर्म्या यानी रात्रि।

श्यावाश्व और ऊर्म्या साथ-साथ बड़े होने लगे और अपने मित्र के हाथ कन्या का भार सौंपकर शुकनास निश्चिंत हो गए। अपनी प्रियतमा सहचारिणी के देहावसान के बाद अचानक घोर अकेलेपन का अनुभव करनेवाले शुकनास ने अपने गुरु दत्त आत्रेय से कहकर आश्रम की व्यवस्था का भार अपने ऊपर ले लिया। अब अध्ययन-अध्यापन, यज्ञ-अनुसंधान और आश्रम-व्यवस्था के गुरुतर भार में खुद को डुबोकर, बेटी के लालन-पालन की चिंता से मुक्त होकर शुकनास का जीवन एक यंत्र की नियमितता में बीतने लगा। अपने मन की गहरी उदासी पर शुकनास ने दैनिक अनुशासन का मोटा परदा डाल लिया। अर्चनाना के अतिरिक्त कोई नहीं जानता था कि शुकनास अब कितने अकेले और उदास हो गए हैं।

अर्चनाना और उनकी पत्नी सुभगा ने ऊर्म्या के लालन-पालन में कोई कमी नहीं रखी। ऊर्म्या और श्यावाश्व में उन्हें कभी कोई अंतर नहीं लगा। सुभगा ने जिस स्नेह से अपने वत्सल स्तनों का दूध श्यावाश्व को पिलाया था, ऊर्म्या को भी उसी स्नेह से अपने ममता से भरे स्तनों का दूध पिलाया। बल्कि ऊर्म्या के प्रति सुभगा के व्यवहार में सावधानी का अंश कुछ अधिक ही आ गया था। तीन वर्ष की आयु तक ऊर्म्या उनकी पर्णकुटी में रही और शुकनास प्रतिदिन दो बार तो कभी-कभी तीन बार दुहिता से मिलने वहाँ आ जाते। तीन वर्ष हो जाने के बाद अर्चनाना और शुकनास ने आपस में मिलकर निर्णय लिया कि ऊर्म्या अब पिता के साथ उनकी पर्णकुटी में जाकर रहे और किसी समझदार ऋषिकन्या को उसका दायित्व सौंप दिया जाए। पर इन तीन वर्षों में ऊर्म्या के प्रति सुभगा का मातृत्व इस कदर वात्सल्य और ममता से भर गया था कि वे उसे छोड़ने को तैयार ही नहीं थीं। बहुत समझाए-बुझाए जाने पर उन्होंने इस शर्त पर नई व्यवस्था को स्वीकार किया कि उसे खिलाने-पिलाने और लोरी सुनाकर सुलाने का जिम्मा उन्हीं का रहेगा।

अब ऊर्म्या पिता के घर रहकर बड़ी होने लगी। जन्मकाल से ही उसके चेहरे पर

तेजस्वी ऋषिका के लक्षण थे और उसकी बालसुलभ चेष्टाओं में भी उसकी प्रखरता के दर्शन आश्रमवासियों को हो जाया करते थे। पिता शुकनास से भी कई बार वह ऐसे प्रश्न पूछ लिया करती कि वे भी चकराकर रह जाते। शुकनास को वह दिन नहीं भूलता, जब एक सुबह पर्णकुटी का द्वार खोलते समय उसने अचानक पूछ लिया कि सूर्य हर रोज क्यों एक ही दिशा में उदित और विपरीत दिशा में अस्त होता है ?

ऊर्म्या और श्यावाश्व ने अर्चनाना आत्रेय से अपनी शिक्षा-दीक्षा पाई थी। संयोग ही था कि वे दोनों उन पिताओं की संतान थे, जो उस आश्रम के कर्णधार थे। पर अपने सभी सतीर्थ्य छात्र-छात्राओं के बीच ऊर्म्या और श्यावाश्व ने अपनी प्रतिभा की तीक्ष्णता के कारण ही विशेष स्थान पाया था। स्वाध्याय के बाद श्यावाश्व अपनी पर्णकुटी में जाकर शास्त्रों के अध्ययन में लग जाते तो ऊर्म्या अपने पिता के साथ आश्रम की व्यवस्थाओं में हाथ बँटाने लग जाती। कुलपति अर्चनाना आत्रेय के पुत्र होने के कारण श्यावाश्व को भी आश्रम की व्यवस्थाओं की खोज-खबर रखनी पड़ती और इस तरह ऊर्म्या और श्यावाश्व का काफी समय एक साथ बीतता। अपराह्न में वे प्राय: अपने-अपने घोड़ों पर बैठकर वनविहार करने चले जाते और मनुष्य के स्वभाव, सृष्टि के रहस्यों और विभिन्न शास्त्रीय विचारों पर खूब बातें करते।

ऊर्म्या मझोले से थोड़ा बड़े कद की थी और उसका शरीर भरा-भरा था। उसके चेहरे के नाक-नक्श काफी तीखे थे। वह अत्यंत सुंदर और सौष्ठव-भरी काया की स्वामिनी थी। श्यावाश्व ने उसे योगाभ्यास सिखाया था और श्यावाश्व की तरह उसका शरीर भी पैंतीस वर्ष की आयु स्पर्श करने के बावजूद अभी-अभी युवावस्था में प्रवेश किया हुआ लगता था। अत्यंत आकर्षक और अत्यंत सुंदरी ऊर्म्या में तेजस्वी विचारिका, मंत्रकर्त्री ऋषिका और सावधान व्यवस्थापिका का अद्भुत संगम था।

ऊर्म्या के जीवन में एक समय ऐसा आया था कि उसने श्यावाश्व को अपना जीवनसाथी मानकर उनसे विवाह का प्रस्ताव रखने का निर्णय कर लिया था। तब उसकी आयु चौबीस के करीब रही होगी। श्यावाश्व के प्रति उसका हृदय इतने उदार प्रणय से भर उठा था कि एक क्षण का विलंब भी उसके लिए असह्य हो गया और उसे लगा कि उसे तुरंत जाकर अपने मन की बात श्यावाश्व से कह देनी चाहिए। सावन-भादो की घनघोर अँधेरी रात और अपनी पर्णकुटी के कक्ष में इधर-उधर बेचैन घूमती ऊर्म्या। आँखों से नींद गायब थी। तीव्र प्रणय-लालसा और श्यावाश्व के पास जाकर उसकी सघन अभिव्यक्ति के बीच केवल एक ही बाधा थी—पावस का वह पानी भरा मेघ, जो लगातार बरसते हुए थमने का नाम ही नहीं ले रहा था। वैसी आवेग भरी रात उसके जीवन में पहले कभी नहीं आई थी, पर वृष्टि थमे, वह श्यावाश्व के पास जाकर प्रणय निवेदन कर दे, इसमें इतना

विलंब हो गया कि सहसा उसके मन में एक नया भाव मानो स्थायी जगह बनाकर बैठ गया। ऊर्म्या सोचने लगी कि माँ सुभगा ने उसे भी अपने स्तनों का वही दूध पिलाया है, जो श्यावाश्व को पिलाया है। तो क्या इस नाते वे दोनों भाई-बहन न हुए? एक ही माँ के पेट से चाहे उन्होंने जन्म न लिया हो, लेकिन एक ही माँ का दूध तो उन्होंने पिया ही है। फिर सगे भाई-बहन होने में और क्या कमी रह गई है?

ऊर्म्या इस द्वंद्व का बोझ झेल नहीं पाई और फूट-फूटकर रोने लगी। दूसरे कक्ष में सो रहे पिता शुकनास ने जब उससे रोने का कारण पूछा तो उसने बहाना बना दिया कि वह माँ की याद में अचानक अधीर हो गई थी। लेकिन ऊर्म्या जानती थी कि श्यावाश्व उससे अनन्य स्नेह करते हैं। यह स्नेह एक ऐसे सरल हृदय भ्राता का था, जिसने उसे अपनी सहज सखी भी मान लिया था। श्यावाश्व के स्नेह में प्रणय का भाव रंचमात्र भी न था। इस द्वंद्व की मारी ऊर्म्या ने उस घनघोर रात्रि में एक घोर निश्चय कर डाला कि मन से उसने श्यावाश्व को अपना जीवनसाथी मान लिया है, पर वह न तो उसके सामने कभी विवाह का प्रस्ताव रखेगी और न ही कभी उससे विवाह करेगी। श्यावाश्व का विवाह जिससे होगा, उसके प्रति परम सखी भाव रखेगी। उसे श्यावाश्व का सान्निध्य-सुख हमेशा उपलब्ध रहे, इसलिए वह कहीं अन्यत्र विवाह भी नहीं करेगी और स्वाध्याय के अतिरिक्त आश्रम की व्यवस्थाओं के संचालन में शेष जीवन बिता देगी। यानी श्यावाश्व के साथ अनभिव्यक्त प्रणय और स्नेह भरे सम्मान का एक ऐसा विलक्षण हृदय-संबंध उसने स्थापित कर लिया था, जिसे स्वयं ऊर्म्या के अतिरिक्त दूसरा कोई भी नहीं जानता था; श्यावाश्व भी नहीं; अर्चनाना और शुकनास भी नहीं; माँ सुभगा भी नहीं। विवाह न करने के ऊर्म्या के संकल्प की व्याख्या उस आश्रम में इस रूप में हो गई थी कि वह एक ऐसी तेजस्वी युवती है, जिसके साथ विवाह कर सकनेवाला कोई पुरुष है ही कहाँ। पर ऊर्म्या? उसने अपने जीवन को स्वाध्याय के अतिरिक्त दो कामों के प्रति हमेशा-हमेशा के लिए समर्पित कर दिया—श्यावाश्व के प्रति सखीभाव और आश्रम की व्यवस्थाओं का संचालन। आश्रमवासी समझते थे कि उसने स्वाध्याय और आश्रम के लिए स्वयं को समर्पित कर दिया है और अपने संकल्प पर ऊर्म्या बड़े ही सावधान तरीके से अमल कर रही थी।

दार्भ्य रथवीति के उचित स्वागत-विश्राम आदि की व्यवस्था में दोपहर उतर आई थी। जब तक सब व्यवस्थाएँ पूरी तरह संपन्न न हो जाएँ, ऊर्म्या को चैन कहाँ था? सारा काम संपन्न कर ऊर्म्या जब अपनी पर्णकुटी की ओर जाने लगी तो उसे सहसा अर्चनाना आते हुए दिखे। अर्चनाना को एक दृष्टि देखते ही ऊर्म्या समझ गई कि आज तातश्री सामान्य दिनों की अपेक्षा कुछ अधिक ही प्रसन्न हैं। वे उल्लास में थे और उनके पाँवों

की गति में सामान्य से अधिक तेजी थी। पास आते ही ऊर्म्या ने अर्चनाना से पूछ ही तो लिया, "तात, लगता है कि आज कोई विशेष घटना घटी है। आपका मुख कुछ अतिरिक्त उल्लास से दीप्त नजर आ रहा है।"

"हाँ-हाँ, घटना घटी है, आज विशेष घटना ही घटी है। पर पहले यह बता कि रथवीति दार्भ्य के स्वागत-विश्राम की सारी व्यवस्था हो गई कि नहीं?"

"हो गई है तात," ऊर्म्या ने सहज आत्मविश्वास से कहा, "आश्रम के मध्य में जो सरोवर है, उसके जल की पूरी जाँच-पड़ताल करवा दी है। उसमें अब कोई भी काई-सिवार शेष नहीं है। रथवीति सायंकाल तक यहाँ पधारेंगे तो वे और उनका पूरा विभव थका-माँदा होगा। इसलिए समस्त राजपरिवार के स्नान आदि की पूरी व्यवस्था करवा दी है। आश्रम की अतिथिशाला की साज-सफाई नए सिरे से कर दी गई है। विश्राम करनेवाले राजपरिवार को वहाँ प्रभूत सुख का अनुभव होगा। भोजनशाला में पचास अतिरिक्त व्यक्तियों का भोजन तैयार करने के लिए सामग्री जुटा दी है।"

"क्या-क्या सामग्री जुटाई है?"

"तात, रथवीति दार्भ्य और उनका विभव अन्यत्र कहीं नहीं, एक आश्रम में आ रहे हैं। इसलिए स्नान-भोजन आदि के विषय में उन्हें आश्रम के अनुशासन में ही रहना है। उन्हें किसी तरह का कोई कष्ट न हो, इसलिए सामगान में निपुणता पा चुके चार किशोर छात्रों को राजविभव की प्रत्येक आवश्यकता को पूरा करने के काम में नियुक्त कर दिया है।"

"सामगान में निपुण छात्र ही क्यों?"

"इसके कई कारण हैं तातश्री! एक तो सामगान का प्रचलन हमारे समाज में बस अभी-अभी ही हुआ है, इसलिए राजविभव के लिए सामसंगीत की गुनगुनाहट सुनना एक नितांत नया अनुभव होगा। इसमें निपुण ये किशोर सदा उल्लास में रहेंगे, उनके व्यवहार में सहजता और वाणी में मधुरता रहेगी। अनोखे अपनेपन के भाव से वे उनकी सुश्रूषा में लगे रहेंगे।"

"यह तो तुमने विलक्षण कार्य किया है ऊर्म्ये! अच्छा यह बताओ कि···" इससे पहले कि तात अर्चनाना नया पूछ लें, ऊर्म्या ने उनकी बात काटते हुए पूछा, "तात, रथवीति दार्भ्य बेशक राजा हैं, पर कौन सा कोई राजा पहली बार हमारे आश्रम में आ रहा है,···बताइए न, कोई विशेष बात इस बार क्या है?"

"तुमने उचित ही अनुमान लगाया है, ऊर्म्ये! इस बार विशेष बात यह है कि श्यावा ने मेरे आग्रह पर रथवीति द्वारा कराए जानेवाले यज्ञ में भाग लेने पर विचार करना मान लिया है। इसलिए मैं इस बार के राजा-आगमन को ज्यादा महत्त्वपूर्ण मान रहा हूँ।"

अर्चनाना की बात सुनकर एक बार तो ऊर्म्या भी ठिठककर रह गई। आज ही के दिन उसने श्यावाश्व के व्यवहार में दो परिवर्तन देखे थे—एक तो श्यावाश्व रोज की तुलना में थोड़ा जल्दी उठ बैठे थे, दूसरे वे किसी राजा के यज्ञ में जाने को तैयार हो रहे थे। पर अपने विस्मय को अपनी परिपक्व मनोदशा के पीछे छिपाकर ऊर्म्या ने मानो सहज-संयत स्वर बिखेरते हुए कहा, "तात, यह तो बड़ी शुभ सूचना है। यदि इसमें से यह संकेत निकल रहा हो कि श्यावा अब आपके यज्ञकौशल को अपनाने की सोच रहे हैं तो इससे बड़ी उपलब्धि हम आश्रमवासियों की और क्या होगी?"

ऊर्म्या ने कह तो दिया, पर उसे अभी भी विश्वास नहीं हो रहा था कि श्यावाश्व सचमुच पिता अर्चनाना के साथ रथवीति दार्भ्य के यज्ञ में जाएँगे। उसका हृदय आशंकाओं से भर उठा। वह जल्दी-से-जल्दी अर्चनाना से छुट्टी लेकर श्यावाश्व से बातें करना चाहती थी। बोली, "तात, आप चिंता न करें। रथवीति दार्भ्य के स्वागत-विश्राम आदि की व्यवस्था में आपको कोई भी न्यूनता दृष्टिगोचर नहीं होगी। आपकी आज्ञा हो तो मैं अब अपनी पर्णकुटी में जाकर थोड़ा विश्राम कर लूँ। आज श्यावा मेरे साथ घुड़सवारी करते हुए वनविहार के लिए जाना चाहते हैं। कई दिनों बाद आज उनका मन वन जाने को हुआ है और मैं इस अवसर को व्यर्थ नहीं जाने देना चाहती।"

"पर जल्दी वापस लौट आना बेटी। रथवीति आनेवाले हैं न, इसलिए।"

"तात, रथवीति तो सूर्यास्त के समय तक यहाँ पहुँच पाएँगे और हम दोनों तो अभी थोड़ी देर बाद निकलकर सायंकाल के पहले ही लौट आएँगे।"

"तो ठीक है, जाओ, पर श्यावा से मिलती हुई जाना और मेरे आग्रह को दोहराकर उससे हाँ करवा लेना।" अर्चनाना उसी मनोमुद्रा में बोले।

ऊर्म्या तो श्यावाश्व से मिलने वैसे भी जा रही थी। वह यह जानने को उत्सुक हो रही थी कि आखिर ऐसा क्या हुआ है कि श्यावाश्व, रथवीति के यहाँ जाने को तैयार हो रहे हैं? ऊर्म्या को मालूम था कि रथवीति की एक परम सुंदरी दुहिता है-पीयूषा। जैसा उसका नाम है, वैसी ही उसकी वाणी है—अमृत की वर्षा करनेवाली। क्या श्यावा उसी के आकर्षण में वहाँ जा रहे हैं? अपने हृदय में श्यावाश्व के लिए छिपे बैठे प्रणय को छोड़कर ऊर्म्या ने श्यावा से आज तक कुछ भी नहीं छिपाया था। श्यावाश्व तो इतने सरल हृदय थे कि वे उससे कुछ छिपाते होंगे, ऊर्म्या ऐसा स्वप्न में भी नहीं मान सकती थी। फिर भी, उसके मन में खलबली थी। अगर श्यावाश्व पीयूषा की ओर आकृष्ट हो गए या रथवीति ने पीयूषा का विवाह श्यावाश्व से करने का प्रस्ताव रख दिया और विवाह हो गया तो? बस, यही वह आशंका थी, जो ऊर्म्या के हृदय में खलबली मचा रही थी। वह हृदय से कब की श्यावाश्व की हो चुकी थी, लेकिन श्यावाश्व को उसकी

इस मनोदशा और मनोव्यथा का आभास तक नहीं था, यह भी वह जानती थी, पर अब तक श्यावा किसी और का नहीं हुआ है, यह तसल्ली भी उसे थी। वह श्यावाश्व की पत्नी नहीं हो सकती और एक-न-एक दिन श्यावाश्व का विवाह किसी से होना ही है, यह भी वह जानती थी। श्यावा के विवाह के बाद वह उसकी पत्नी से निश्छल, स्निग्ध सखीभाव रखेगी और श्यावाश्व के गृहस्थ जीवन को फलता-फूलता देखकर प्रसन्न होगी, यह आत्मविश्वास भी उसके मन में कहीं-न-कहीं था। पर हृदय, उसे कौन रोके, उमकी आशंकाओं का कोई क्या करे? मन से विचलित, पर ऊपर से अपने मनोभावों पर पूरा संयम रखकर ऊर्म्या व्यवस्था-कक्ष में पहुँची, जहाँ दिन का कामकाज निपटाकर श्यावाश्व बस उठने की तैयारी में ही थे। ऊर्म्या को देखकर श्यावाश्व का चेहरा खिल उठा। उसे मानो याद दिलाते हुए वे बोले, "ओ ऊर्मि, प्रात:काल की प्रतिश्रुति याद है न? आज वनविहार के लिए चलना है। जाओ, आराम कर लो थोड़ी देर, सुबह से लगी हो राजपरिवार के स्वागत की तैयारियाँ करने में। थक गई होगी। तुम भी क्या हो? अरे ये राजा भी किसी के हुए, क्यों इनके स्वागत की व्यवस्थाओं में इतना खटती हो? वे आश्रम में आ रहे हैं, किसी राजमहल में नहीं! हम कोई उनके सेवक हैं कि आश्रम में भी उन्हें राजमहल का पूरा सुख पहुँचाएँ?"

श्यावाश्व ने सारी बातें अपने स्वाभाविक अंदाज में इस कदर आसानी से कह दी थीं कि ऊर्म्या को भरोसा सा होने लगा था कि यह व्यक्ति रथवीति दार्भ्य के यहाँ जाने से अंतत: मना कर देगा। फिर भी उसने मानो अपने निष्कर्ष की पुष्टि के लिए बात को घुमा-फिराकर कहा, "न, मैं तुमसे सहमत नहीं हूँ। राजा हो या ऋषि, जो भी हमारे आश्रम में आएगा, वह हमारे लिए देवता समान होगा। उसे उसके स्वभाव का स्वागत-विश्राम दिलवाना हमारा कर्तव्य है। याद करो तात अर्चनाना को सुनाई बातें कि कैसे प्रपितामही अनसूया ने दशरथ महाराज की पुत्रवधू सीता को स्वर्ण के आभूषण पहना दिए थे! वे चाहतीं तो न पहनातीं! पर नहीं। उन्होंने सीता के युवराज्ञी होने के कारण पूरा सत्कार-सम्मान किया। फिर जब तुम रथवीति के यहाँ जाओगे तो तुम भी अपने उचित सत्कार की अपेक्षा उनसे रखोगे या नहीं?" ऊर्म्या ने कुरेदते हुए पूछ ही डाला।

"अरे, तुम भी कितनी भोली हो ऊर्मि! कौन जा रहा है महलों की उबाऊ यज्ञशालाओं में? यह विवशता तो हमारे पिताश्री को ही रुचती है।"

श्यावाश्व के इस कथन से ऊर्म्या को आश्वस्ति हुई, किंतु मन…और उसकी आशंका? उसने आखिर कहलवा ही डाला, "पर तातश्री तो कह रहे थे…"

बात को बीच में ही काटते हुए श्यावाश्व बोल पड़े, "यही न कि मैंने रथवीति के यज्ञ में भाग लेने के उनके आग्रह पर विचार करना मान लिया है। अरी पगली, बचपन

से मेरे साथ हो और मेरा मन जानती हो, मेरा इतना ध्यान रखती हो। फिर तुमने कैसे मान लिया कि तुमसे पूछे बिना मैं वहाँ चला जाऊँगा? अब जाओ, विश्राम कर लो थोड़ा। दोपहर ढलते ही घुड़सवारी करते हुए वनविहार को चलेंगे और ढेर सारी बातें करेंगे- तुम्हारी, अपनी और इस सृष्टि की। फिर लौटना भी है, राजा का स्वागत जो करना है तुम्हें!" यह कहकर श्यावाश्व ने अपनी पर्णकुटी की ओर मुँह किया और ऊर्म्या को उसकी पर्णकुटी की ओर भेज दिया।

ऊर्म्या चल पड़ी। उसे निश्चित सा जान पड़ा कि श्यावाश्व को पीयूषा के बारे में कुछ नहीं मालूम। उसे यह भी निश्चित जान पड़ा कि श्यावाश्व का रथवीति के यहाँ यज्ञ में जाना अभी तय नहीं है और अगर उन्होंने जाने का निश्चय किया भी तो उसके पीछे पीयूषा के बारे में कोई सूचना नहीं, तात अर्चनाना का आग्रह ही कारण होगा।

इतने भर से ऊर्म्या को निश्चिंत हो जाना चाहिए था। पर उसका मन इतना विचलित था कि वह बेचैनी से पार नहीं पा रही थी। कभी सोचती कि अगर कहीं पिता का आग्रह मानकर श्यावा वहाँ चले गए और वहाँ उनका पीयूषा से साक्षात्कार हो गया, तो? फिर सोचती कि श्यावाश्व के प्रति मौन प्रणय-बंधन से तो वह बँधी है, किंतु जब श्यावाश्व को उसने अपने प्रणय-बंधन से स्वयं ही मुक्त कर रखा है और श्यावाश्व को उसके मनोभावों का पता तक नहीं है तो क्यों वह श्यावा-पीयूषा के आशंकित मिलन और संभावित विवाह के बारे में सोच-सोचकर इतनी बेचैन हो रही है? सचमुच, अपने-आप पर आज उसका नियंत्रण नहीं है।

चार

हमेशा खुद को संयम और संतुलन में रखनेवाली ऊर्म्या आज काफी उद्विग्न थी। व्यवस्था-कक्ष में श्यावाश्व से विदा लेने के बाद वह बस थोड़ी देर ही विश्राम कर पाई और जल्दी ही तैयार होकर पर्णकुटी से निकल आई। शरद ऋतु के ठंडे दिनों का मध्याह्न अभी थोड़ा गरमा ही रहा था कि वह घोड़े पर सवार होकर श्यावाश्व के पास आ पहुँची, जो लंबी आसंदी पर पीठ टिकाए, टाँगें फैलाए निपट आराम की मुद्रा में अधलेटे बैठे कुछ पढ़ने में मगन थे। उन्होंने बैठे-बैठे ही गवाक्ष से देखा कि ऊर्म्या आ रही है तो वे भी झटपट तैयार होकर पर्णकुटी से बाहर निकल आए।

"क्या बात है ऊर्म्या, आज मध्याह्न में भी विश्राम का मन नहीं किया, जो इतना शीघ्र वनविहार के लिए आ गई?" कहते हुए श्यावाश्व ने पहले तो अपने घोड़े की पीठ

सहलाई, फिर उसके बदन पर प्यार की थपकी देकर उसकी पीठ पर बैठ गए।

"विश्राम तो रोज ही पर्याप्त हो जाता है श्यावा, आज कई दिनों बाद तुम्हारे साथ वनविहार का अवसर हाथ लगा तो सोचा कि इतने अनमोल क्षणों को विश्राम में क्यों गँवा दूँ? सो, घोड़े को तैयार किया और चली आई। जानती थी कि तुम तैयार ही मिलोगे।"

"ऊर्म्या," बात बदलते हुए श्यावाश्व बोले, "उस दिन तुम कह रही थीं कि यह सारा विश्व काम से उत्पन्न हुआ है, जबकि मेरा मानना है कि मन ही सब तरह की क्रियाओं और गतिविधियों का मूल कारण है। फिर काम का जन्म भी तो मन में ही होता है। यदि ऐसा है तो फिर मन को लाँघकर इस सृष्टि को तुम काम से उत्पन्न कैसे मानती हो?"

"देखो श्यावा, तुम्हारी दार्शनिक बातें तो बाद में होती रहेंगी।" ऊर्म्या ने श्यावाश्व की मन:स्थिति को बदलने और अपने अनुरूप बनाने के प्रयास में कहा, "आज कई दिनों बाद हम दोनों एक साथ वनविहार को निकले हैं और वह भी घोड़ों पर बैठकर। तो क्यों न एक बार घोड़ों को सरपट दौड़ाकर सीधे वनप्रांतर में पहुँचा जाए और फिर घोड़ों की चाल धीमी कर बातें की जाएँ?"

"प्रस्ताव अच्छा है, तो फिर मारो एड़!" श्यावाश्व ने कहा तो देखते-ही-देखते उनके घोड़े हवा से बातें करने लगे। ऊर्म्या ने अनुभव किया कि उसका मन घोड़े से भी तेज गति से चल रहा है। उसे अपना चेहरा तनाव से भरा लगा, जबकि श्यावाश्व उसे बेहद सहज नजर आए, जिनके चेहरे पर घोड़े की तेज गति का आनंद लूट लेने का भाव साफ-साफ पढ़ा जा सकता था। ऊर्म्या ने पाया कि श्यावाश्व कितना ठीक कहते हैं कि मन ही हमारी तमाम गतिविधियों को नियंत्रित करता है, अन्यथा एक ही तरह के वातावरण में रहते हुए भी क्यों उसके और श्यावा के चेहरे की प्रतिक्रियाएँ अलग-अलग हैं? चेहरा अंतत: हमारे मन का दर्पण ही तो है! श्यावाश्व की सहज मुखमुद्रा देखकर ऊर्म्या को एक बार फिर विश्वास हो गया कि उसका बचपन का सखा पीयूषा के कारण रथवीति के यज्ञ में नहीं जा रहा, बल्कि तात अर्चनाना के उत्कट आग्रह का सम्मान करने की इच्छा से ही जा रहा है। मान लो कि पीयूषा के कारण जा रहा हो, तो भी क्या? अगर पीयूषा के कारण नहीं जा रहा, तो भी वहाँ जाने के बाद वह पीयूषा से मिलेगा ही और फिर वहाँ कुछ भी हो सकता है। विवाह का प्रस्ताव आ भी सकता है और नहीं भी। प्रस्ताव आने पर श्यावाश्व उसे स्वीकार कर सकते हैं और मना भी। वे मना कर दें, तो भी यदि तात-अर्चनाना का भारी आग्रह रहा तो बरबस स्वीकार भी कर सकते हैं। मध्याह्न से पहले उसके मन में जो खलबली मची थी, फिर से मचने लगी। इस बार अंतर यह है कि वह तीव्र गति से सरपट दौड़ रहे घोड़े की पीठ पर सवार है और उसका मन उससे भी तीव्र गति से भाग रहा है।

ऊर्म्या हैरान थी कि सबकुछ जानते-समझते भी वह अपने मन की गति पर नियंत्रण क्यों नहीं कर पा रही? उसकी समझ में नहीं आ रहा था कि दो टूक निर्णय कर लेने के बाद भी कि वह श्यावाश्व को अपने मन का प्रणय कभी नहीं बताएगी, उससे विवाह का प्रस्ताव कभी नहीं रखेगी, उपयुक्त कन्या के साथ श्यावाश्व के विवाह के लिए हर संभव प्रयास करेगी, उसकी भावी पत्नी से विशिष्ट सखीभाव रखेगी, क्यों उसका मन बेचैन हो रहा है?

जैसे ही वनप्रांतर निकट आने लगा, ऊर्म्या अपने मन में फिर से संकल्प करने लगी कि वह स्वयं पर पूरा नियंत्रण रखेगी और मन में पैदा हो गई अपनी दुर्बलता को श्यावाश्व के सामने प्रकट नहीं होने देगी।

वनप्रांतर आ गया। पहले श्यावाश्व ने अपने घोड़े की वल्गा खींचकर उसकी गति को थामा और उन्हें वैसा करते देख ऊर्म्या ने भी घोड़े की गति को मंद कर दिया। अब दोनों के घोड़े साथ-साथ चल रहे थे, धीरे-धीरे और फिर बातचीत का क्रम ऊर्म्या ने ही शुरू किया—

"श्यावा, यह कथन मेरा नहीं है कि विश्व काम से उत्पन्न हुआ है। मैं तो तुम्हें वह बता रही थी, जो मैं कुछ दिन पूर्व एक परिसंवाद में सुनकर आई थी। वहाँ विवाद यह था कि सृष्टि का मूल कारण क्या है। एक विद्वान् का कहना था कि सारा चराचर जगत् काम से उत्पन्न हुआ है। मुझे बात तर्कपूर्ण लगी और मैंने तुम्हें बता दी।"

"तो अब क्या कहती हो?"

"मुझे ऐसा लगता है श्यावा, कि तुम ठीक कह रहे हो। काम का अर्थ यदि इच्छा है और सारा जगत् यदि इच्छा से पैदा हुआ है तो काम को सृष्टि का कारण मान सकते हैं, पर इच्छा भी तो मन में ही पैदा होती है! इसलिए काम या इच्छा को ही क्यों, उसके उत्पत्ति स्थल मन को सृष्टि का मूल कारण क्यों न माना जाए?"

"तुम जब कहती हो कि काम भी मन में से जन्म लेता है तो मैं एक और बात सोचने को विवश हो रहा हूँ। मन तो एक है, पर उससे उत्पन्न होनेवाले काम या इच्छाएँ अनेक हैं। इनमें से सृष्टि की उत्पत्ति का कारण काम को मान लें तो भी कोई हानि नहीं, क्योंकि मन की एक कामना सृष्टि के जन्म का कारण है तो मन की एक और कामना सृष्टि के विनाश का कारण है। एक कामना मनुष्य को गतिशील बनाती है तो दूसरी मनुष्य की गति के रुक जाने का कारण बनती है। एक कामना किसी व्यक्ति के प्रति आकर्षण का कारण होती है तो एक कामना किसी व्यक्ति से दूर हो जाने की प्रेरणा देती है और हृदय विद्वेष से भर उठता है।"

"पर श्यावा, यदि तुम काम की इतनी बड़ी व्याख्या कर दोगे तो सृष्टि-तत्त्व की

मीमांसा में कहीं नहीं पहुँच पाओगे। मन एक है, उसकी कामनाएँ अनेक हैं, यह ठीक है, पर सृष्टि की उत्पत्ति जैसे गहरे विषय को हम कामनाओं की अनेकता में कैसे उलझा सकते हैं?"

यह सुनकर श्यावाश्व कुछ सोचने लग गए, पर अपने को किसी निष्कर्ष तक नहीं पहुँचते देख ऊर्म्या से बोले, "अच्छा, यह तो बताओ कि इस परिसंवाद में और क्या-क्या विचार रखे गए?"

"मुझे तो लगता है श्यावा, कि तुम जितने साफ तरीके से सृष्टि की उत्पत्ति के बारे में सोच पा रहे हो, उतनी स्पष्ट दृष्टि उस परिसंवाद में किसी के भी पास नहीं थी।"

"यह अचानक आज मेरी इतनी तारीफ क्यों?" श्यावाश्व ने चेहरे पर शरारत लाते हुए पूछा।

"नहीं, इसमें तुम्हारी श्लाघा या तारीफ जैसी कोई बात नहीं।" ऊर्म्या बोली, "अब तुम्हीं सोचो एक मुनि कह रहे थे कि जब सृष्टि नहीं थी, तब सब तरफ पानी-ही-पानी था। दूसरे ने उनकी बात काटते हुए कहा कि नहीं, सब तरफ अँधेरा-ही-अँधेरा था। अब देखो, तर्क तो इन दोनों के ही पास नहीं था अपनी बात सिद्ध करने का, पर कल्पना और अनुमान के घोड़े दौड़ाने से क्या कोई किसी को रोक सका है?"

"अरे, ये तर्कहीन हाँकनेवाले जब हाँकना शुरू करते हैं तो बहुत दूर तक की हाँक लेते हैं। मुझे तो उस दिन बड़ी हँसी आई, जब अपने आश्रम में आए पिताजी के एक बालसखा मुझे निरा बच्चा मानकर समझाने लगे कि देखो श्यावा, यह सृष्टि जब नहीं थी तो ब्रह्मदेव ने अपना वीर्य जल में फेंका तो उससे एक बहुत बड़ा अंडा पैदा हो गया। वह अंडा सोने का था। कई सहस्र वर्ष तक वह अंडा पकता रहा। जब पक गया तो उसके दो टुकड़े हो गए। एक टुकड़ा पृथ्वी बन गया, दूसरा अंतरिक्ष।"

श्यावाश्व ने यह बात इतनी व्यंग्यात्मक शैली में कही कि ऊर्म्या अपनी हँसी रोक नहीं पाई। उसे हँसते देख श्यावाश्व भी हँस पड़े और दोनों थोड़ी देर तक जोर-जोर से हँसते रहे। इस निस्संकोच हँसी के बाद ऊर्म्या ने अचानक अपने भीतर एक विशेष परिवर्तन अनुभव किया। श्यावा-पीयूषा के आशंकित विवाह-प्रस्ताव को लेकर उसके मन में जो उद्वेग पिछले तीन-चार घंटों से ज्वार-भाटा की तरह उठ-गिर रहा था, वह अचानक शांत हो गया। श्यावा से बातें करने के बाद उसे हमेशा ही बहुत अच्छा लगता है। श्यावाश्व अपनी बातों को बहुत ही निश्छल भाव से रख देते हैं और अपनी बात मानने का आग्रह कभी नहीं करते। ऊर्म्या को यह शैली अच्छी लगती है और आकृष्ट करती है। उसने श्यावा के चेहरे को हरदम विचारपूर्ण और उन्मुक्त पाया, इसलिए श्यावा को निहारते रहना, उससे बातें करना उसे हमेशा अच्छा लगता है। आज कई दिन बाद

वह श्यावा से दार्शनिक संवाद कर रही थी, वह भी धीरे-धीरे चल रहे घोड़ों की पीठ पर बैठकर। इससे वह अपने को बहुत प्रफुल्लित और आनंदित अनुभव कर रही थी।

ऊर्म्या के इस आनंद को अतिरेक तक पहुँचाते हुए श्यावा ने पूछा, "ऊर्मि, यह बताओ कि क्या तुमने कभी दीर्घतमा का वह मंत्र पढ़ा है, जिसमें उसने कहा है कि दो पक्षी हैं, उनके सुंदर पंख हैं, दोनों मित्र हैं और दोनों एक साथ एक ही डाल पर बैठे हैं, उनमें से एक स्वादिष्ट फल खा रहा है और दूसरा बिना कुछ खाए हुए उसे बस निहार रहा है?"

"पढ़ा है श्यावा, पढ़ा है," ऊर्म्या एकदम से बोल उठी, "और मैं तो दीर्घतमा की इस एकदम मौलिक उपमा पर मुग्ध हूँ।"

"उपमा, तुम्हें यह उपमा कैसे लग रही है, किस की उपमा है यह?" श्यावाश्व का मनोभाव कुछ विचित्र सा हो गया। अर्चनाना प्राय: दीर्घतमा के मंत्रों की प्रशंसा करते थे और उलाहने के भाव से कहते थे कि उस बेचारे जन्मांध कवि दीर्घतमा की विराट् काव्यदृष्टि की प्रशंसा करनेवाले तो कम हैं, जबकि उसकी बहुप्रचारित कामकथाओं को चटखारे लेकर सुननेवालों की कमी नहीं है, पर पिता के साथ बैठकर पक्षियोंवाले इस मंत्र पर कभी कोई विशेष बातचीत श्यावाश्व ने नहीं की थी। आज ऊर्म्या के साथ दार्शनिक संवाद में उन्हें ऐसा रस आने लगा कि वे अचानक इस मंत्र की चर्चा कर बैठे।

"आओ, तुम्हें समझाऊँ," और सहसा ऊर्म्या ने एक शिक्षक की भूमिका अपना ली, "देखो, आज सायं रथवीति दार्भ्य आश्रम में आ रहे हैं। उनके यहाँ होनेवाले यज्ञ में भाग लेने के लिए तात अर्चनाना तुमसे आग्रह कर रहे हैं, यह बात तुम्हें भी मालूम है और मुझे भी। पर इस बात से तुम्हारा मन उद्वेलित है, जबकि मेरे मन में इसे लेकर कोई उद्वेग नहीं और मैं निश्चिंत भाव से यह देख रही हूँ कि तुम वहाँ जाते हो या नहीं। जाकर वहाँ यज्ञ में भाग लेते हो या कि कुछ और ही चमत्कार करके आते हो।" जब ऊर्म्या ये बातें कह रही थी, तब श्यावा-पीयूषा के संभावित संबंध को लेकर उसके मन में कोई क्षोभ और उद्वेग शेष नहीं बचा था। उसने अपनी बात इस तरह पूरी की, "अब तुम तो श्यावा, वह पक्षी हो, जो फल खा रहा है, उद्वेग का मीठा फल और मैं वह पक्षी हुई, जिसके पास उद्वेग का कोई फल ही नहीं है। मैं तो बस तुम्हें फल खाते चुपचाप निहार रही हूँ, समझे?"

बात पूरी तरह श्यावाश्व की समझ में नहीं आई थी, पर ऊर्म्या ने जिस आत्मविश्वास के साथ उसे उपमा कह दिया था और उसकी व्याख्या भी कर दी थी, ऊर्म्या के इस बुद्धि-लावण्य पर मुग्ध श्यावाश्व प्रसन्न हो गए और उसी प्रसन्न मुद्रा में बोले, "ऊर्म्ये, ऐसी व्याख्याएँ कर तुम सचमुच मुझे मुग्ध कर देती हो। तुम्हारी बात पूरी तरह से तो मेरी

समझ में नहीं आई। पर तुम्हारे यह कहने का क्या तात्पर्य है कि रथवीति के यही जाकर मैं यज्ञ में भाग लेता हूँ या कुछ और ही चमत्कार करके आता हूँ ? तुम आखिर कहना क्या चाहती हो ?"

"अरे श्यावा, तुम्हें अपनी बात समझाने भर के लिए ही मैंने बात का इस तरह से विस्तार कर दिया है, अन्यथा मुझे भला कैसे पता चल सकता है कि तुम वहाँ क्या चमत्कार करके आओगे ?" ऊर्म्या की यह शैली बात टालने की थी। फिर उसने पूरा विषय ही बदल दिया और बोली, "अच्छा सुनो, सायंकाल होने में अब ज्यादा विलंब नहीं है। रथवीति दार्भ्य आश्रम में आते ही होंगे। उनके स्वागत-विश्राम का दायित्व तुम्हारा नहीं, मेरा है। इसलिए घोड़े की वल्गा मोड़ो, उसे एड़ मारो और आश्रम में पहुँचने का सोचो। विलंब से पहुँचे तो तात अर्चनाना रुष्ट होंगे।"

श्यावाश्व ने ऊर्म्या की बात मान ली। दोनों ने घोड़ों का रुख मोड़कर आश्रम की ओर कर दिया। एक बार फिर उनके घोड़े सरपट दौड़े और हवा से बातें करने लगे। इस बार ऊर्म्या का मन विक्षुब्ध था, पर श्यावा पूरी तरह शांत और सहज थे। लौटती बार पासा पलट चुका था। ऊर्म्या पूरी तरह शांत और सहज हो चुकी थी, पर श्यावा के संवेदनशील मन में यह बात कहीं घर कर गई कि ऊर्म्या ने ऐसा क्यों कहा कि मैं रथवीति के यहाँ जाकर पता नहीं यज्ञ में भाग लूँगा या कोई और ही चमत्कार करके आऊँगा ? किस चमत्कार की कल्पना ऊर्म्या के मन में है ? यही सोच-सोचकर और समझ में कुछ भी न आने के कारण श्यावाश्व का मन ऊहापोह से भर गया।

थोड़ी ही देर में दोनों के घोड़े आश्रम के निकट पहुँच गए। सूर्यास्त होने में अभी देर थी। विपरीत दिशा की ओर क्षितिज पर उन्हें धूल उड़ती दिखाई दी। ऊर्म्या ने कहा, "देखो श्यावा, क्षितिज पर उड़ती इस धूल को देखो। लगता है रथवीति दार्भ्य सपरिवार यहाँ पहुँचने ही वाले हैं। चलो, तात को समाचार दें।" ऊर्म्या के ऐसा कहते ही दोनों आश्रम में प्रवेश कर गए।

पाँच

रथवीति दार्भ्य अपने पूरे राजविभव के साथ आश्रम आ पहुँचे। ऊर्म्या ने उनके स्वागत-विश्राम का पूरा प्रबंध कर ही रखा था। राजविभव का उचित सत्कार संपन्न करने के बाद ऊर्म्या जब अपनी पर्णकुटी वापस लौटी तो बहुत थक चुकी थी। राजपरिवार के स्वागत आदि की व्यवस्था में तो उसने श्रम किया ही था, वनविहार के

कारण भी उसका शरीर काफी श्रांत हो गया था। फिर श्यावाश्व को लेकर वह जिस गहरे अंतर्द्वंद्व से गुजरी थी, उसने भी उसके शरीर को काफी थकाया। उसे अपने बाल्यकाल में पिता शुकनास द्वारा सुनाई कहानी याद आ गई। जब वह छोटी थी तो पिता शुकनास उसे यह कहानी प्राय: सुनाया करते थे और जानते-समझते हुए भी उसे वह कहानी अपने पिता के मुँह से बार-बार सुनना बहुत अच्छा लगता था।

कहानी क्या थी, मनुष्य के अहंकार को नष्ट करने के लिए कल्पित की गई एक घटना, जिसमें देवताओं को माध्यम बनाया गया था। एक बार तीन देवता इकट्ठे हुए- अग्नि, वायु और जल। तीनों देवता थे, इसलिए वे अपने को बाकी लोगों से चार अंगुल ऊपर समझते थे। अपनी-अपनी ताकत का अहंकार था उन्हें। ताकत तो प्रत्येक देवता में अलग-अलग थी, पर अहंकार तीनों में बराबर का था। ताकत तीनों में थी, पर तीनों में से कोई मानने को तैयार नहीं था कि दूसरे में भी कोई ताकत है। खुद को सबसे ज्यादा शक्तिशाली मानने का अहंकार तीनों ने पाल रखा था।

एक दिन तीनों इकट्ठा हो गए तो लगे विवाद करने कि आज सिद्ध कर ही लिया जाए कि कौन सबसे ज्यादा शक्तिशाली है। अब लगे तीनों अपनी-अपनी हाँकने। अग्नि ने कहा कि वही सबसे ज्यादा शक्तिशाली है, क्योंकि वह उस धरती पर उपलब्ध हर चीज को जलाकर राख कर सकता है। दुनिया में कोई एक भी पदार्थ ऐसा नहीं, जो उसकी प्रचंड दाहशक्ति के आगे पल भर भी ठहर सके। वह हर चीज को भस्म कर सकता है। वायुदेव सहमत नहीं हुए; बोले कि ऐसा नहीं है, जब तक मैं तुम्हें हवा न दूँ, तब तक तुम्हारी दाह-शक्ति बेकार है। हवा नहीं होगी तो आग फैलेगी नहीं। तुम्हारी शक्ति मेरे कारण है, इसलिए मेरी शक्ति तुमसे ज्यादा है। मैं इस पृथ्वी और आकाश पर जिसको चाहूँ, हटा दूँ, जिसको जहाँ चाहूँ, पहुँचा दूँ। बादलों को उड़ा दूँ, आँधी-तूफान ला दूँ और जो चाहूँ, कर दूँ। मैं रुक जाऊँ तो सारा विश्व रुक जाए। मैं चलना बंद कर दूँ तो सारे प्राणी पलभर में मर जाएँ और सारा वनस्पति-जगत् तहस-नहस हो जाए।

पर जल देवता सहमत नहीं हुए; बोले, "अरे वायु, तुम जिसे चाहो; उड़ा सकते हो पर पर्वतों को तो नहीं उड़ा सकते। उन्हें तो तुम नहीं लाँघ सकते, पर मैं तो पहाड़ों को भी छेद देता हूँ। अपने पानी के जरिए उनके भी आर-पार हो सकता हूँ। जब मैं अपने प्रवाह में होता हूँ तो मेरे सामने जो भी आता है, उसे बहाकर अपने साथ ले जाता हूँ। मैं ही सबसे ज्यादा ताकतवर हूँ, क्योंकि मैं चाहूँ तो आग को भी बुझा सकता हूँ।"

यानी फैसला नहीं हो पा रहा था, क्योंकि तीनों में से कोई भी अपने से बढ़कर दूसरे को कुछ समझने को तैयार नहीं हो पा रहा था। तभी अचानक एक यक्ष का प्रवेश हुआ। यक्ष बोला, "मैंने आप तीनों की बातें सुन ली हैं और मैं चाहता हूँ कि आज अंतिम निर्णय

कर लिया जाए कि आप तीनों में कौन सबसे अधिक शक्तिशाली है। तो लीजिए, यह रहा एक तिनका, इसे मैं आपके सामने भूमि पर रख दे रहा हूँ। जो इसे यहाँ से हटा देगा, वही मान लिया जाएगा सबसे शक्तिशाली देवता।"

सहसा यक्ष को आया देखकर तीनों देवताओं को समझ जाना चाहिए था कि उनकी परीक्षा ली जा रही है, पर वे तो अहंकार के नशे में चूर थे। लगे उसी तिनके पर अपनी ताकत की आजमाइश करने। यक्ष ने वह तिनका उनके सामने जमीन पर रख दिया था। सबसे पहले अग्नि ने जोर लगाया। अपनी लपटों की चपल जीभें लपलपाई। आसपास के सभी पदार्थ जलकर राख हो गए। जब आग शांत हो गई तो देखा कि तिनके का बाल बाँका तक नहीं हुआ है। लज्जित अग्निदेवता एक ओर बैठ गए। अग्नि कुछ नहीं कर पाया था, पर उससे वायु और जल कुछ नहीं सीखे। दोनों ने बारी-बारी से जोर आजमाइश की, पर न तो वायु उस तिनके को अपनी जगह से टस-से-मस कर पाया और न ही जलदेवता उस तिनके के एक भी तंतु को रंचमात्र भी हिला सके; बहा देने की तो बात ही दूर रही।

तीनों परम अहंकारी देवता शर्म के मारे जमीन में गड़े थे। पर ऐंठन ऐसी थी कि न तो यक्ष से क्षमा माँगने को तैयार और न ही एक-दूसरे के गले मिलने को राजी। एक-दूसरे को अपने तेवर दिखाते हुए अलग-अलग दिशाओं की ओर तीनों मुँह करके बैठे थे कि तभी उनके सामने हिमवान की पुत्री हैमवती प्रकट हो गईं। नाम था उमा। पर हिमवान की बेटी थीं, इसलिए हैमवती। उमा बोलीं, "समझे कुछ? लगा अनुमान अपनी-अपनी शक्ति का?...अब सुनो! तुम्हारी शक्ति वास्तव में मैं हूँ। मुझे भुलाकर तुम तीनों ने अपनी-अपनी ताकत का अहंकार करना शुरू कर दिया। यह यक्ष मैंने ही भेजा था आपका अहंकार तोड़ने के लिए। अब कभी नहीं भूलना कि तुम्हारी शक्ति वास्तव में कौन है और मत करना अहंकार!" कहकर उमा हैमवती अंतर्धान हो गईं। यक्ष भी कहीं दिख नहीं रहा था। पर अग्नि, वायु और जल की समझ में आ गया था अपनी शक्ति का रहस्य। कहानी समाप्त हो गई। पर बालपन में पिता शुकनास से कई बार सुनी इस कहानी को अचानक याद करते हुए ऊर्म्या अपनी पर्णकुटी आ पहुँची। वह सोचने लगी कि क्यों आज अकारण ही उसे यह कहानी याद आ गई?

ऊर्म्या ने पर्णकुटी का साँकल से भिड़ा द्वार खोला और अंदर आ गई। ऊर्म्या की पर्णकुटी के तीन कक्ष थे। एक कक्ष पिता शुकनास का था। वे वहीं सोते, उठते और बैठते थे। स्वाध्याय भी वहीं करते। एक कक्ष में रसोई थी। पिता शुकनास के लिए और अपने लिए भोजन ऊर्म्या ही बनाती थी और पिता के साथ ही बैठकर भोजन करती थी। जहाँ तक उसे याद है, वह हमेशा पिता के साथ ही भोजन करती रही है, अकेले नहीं। तीसरा

कक्ष उसका था। इसी कक्ष में पहले उसकी माँ यामिनी अपना स्वाध्याय-मनन आदि करती थी। पिता शुकनास उसे बताया करते हैं कि उसकी माँ रोज प्रात: जल्दी उठ जाया करती, स्नान आदि से निवृत्त होकर नित्य लंबे समय तक प्रणव ओंकार का नाद करती, फिर विश्वामित्ररचित गायत्री मंत्र का कई बार उच्चारण करती और इस तरह नाद-सौंदर्य के समुद्र में डूबकर ध्यानस्थ हो जाती थी। ऊर्म्या को यह सब सुनकर रोमांच हो आता; अपनी माँ की याद में व्याकुल हो जाती और कई बार रो भी पड़ती। माँ की तरह ध्यान लगाने की इच्छा से ही उसने श्यावाश्व से योगाभ्यास सीखा था। अपनी माँ के कक्ष में रहकर वह माँ से सतत तादाम्य की अनुभूति करती रहती।

ऊर्म्या का अपना कक्ष बहुत बड़ा था और उसने उसे काफी सुंदर बना रखा था। एक कोने में उसकी शैया थी, जिस पर वह मध्याह्न में विश्राम करती और रात को शयन। कक्ष के बीचोबीच चार आसंदियाँ पड़ी थीं, जिन पर बैठकर वह श्यावाश्व के साथ शास्त्र-चर्चा किया करती थी। पिता शुकनास तो प्राय: इन चर्चाओं में भागीदारी करते ही थे, कई बार तात अर्चनाना या माँ सुभगा भी आ जाती थीं। पाँच लोग एक साथ आ जुटते तो ऊर्म्या भूमि पर भी बैठ जाती। कक्ष में दो ओर गवाक्ष थे, जिनके कारण वायु का आगमन निर्बाध था और कक्ष में ताजगी बनी रहती। कक्ष में प्रवेश करने के लिए बने द्वार के पास ही एक कोने में ऊर्म्या ने अपना स्वाध्याय-कोना बना रखा था, जहाँ एक चौकी पर कुछ पुस्तकें, लेखनी और स्याही आदि लेखन-उपकरण रखे थे। शैया के पास ही हिंडोला था, जिस पर कभी-कभी अकेले बैठकर झूलना उसे अच्छा लगता।

पिता शुकनास अभी आए नहीं थे, शायद आश्रम की अतिथिशाला में थे, जहाँ रथवीति दार्भ्य के साथ मिलकर प्रात: कुलपति अर्चनाना आत्रेय के साथ संवाद की पूर्व-तैयारी कर रहे थे। ऊर्म्या ने भोजन अतिथियों के साथ ही कर लिया था। उसके लिए कक्ष में कुछ करने को विशेष नहीं था और निद्रा का कोई वेग वह थकान के बावजूद अनुभव नहीं कर रही थी।

उसे लगा कि क्यों न दीप जलाकर हिंडोले पर झूला जाए! उसने वैसा ही किया। दीया जलाते ही सारा कक्ष मंद प्रकाश में नहा गया। फिर उसने एक आले में रखी अगरु जला दी और पूरे कक्ष को सुवासित करने के बाद हिंडोले पर जा बैठी! उसने हलके से डुलना प्रारंभ ही किया था कि अचानक कौंधा कि श्यावाश्व कितना ठीक कहते हैं कि मन ही हर क्रिया और गतिविधि का कारण है! मन ही बंधन का हेतु है तो मन के ही कारण हमें इन बंधनों से मुक्ति भी मिल पाती है। आज देवताओं के अहंकारवाली पुरानी कहानी का अचानक स्मरण आ जाना भी उसे अकारण नहीं लगा। ऊर्म्या सोचने लगी कि आज कहीं-न-कहीं उसके मन में सोया प्रणय- अहंकार जग गया था, जिसने उसके मानस को क्षुद्र

और अहंकारी बना दिया था। क्षुद्र इसलिए कि वह श्यावाश्व के पीयूषा के साथ संभावित विवाह की बात सोचकर बेचैन हो उठी थी। अहंकारी इसलिए कि जब उसने स्वयं ही यह कठोर निर्णय ले लिया था कि वह श्यावाश्व को कभी भी अपना प्रणय नहीं बताएगी तो फिर उसने क्यों उसे अपने प्रसुप्त प्रयण-बंधन में बाँधने का प्रयास किया?

तभी पिता शुकनास ने पर्णकुटी में प्रवेश किया। ऊर्म्या दौड़ी हुई गई और झट से एक पात्र में जल भरकर ले आई। पिता ने स्नेहवश जलपात्र ऊर्म्या से ले लिया और पानी पी लिया, पर साथ ही कहा, "ऊर्म्या, आजकल तो शरद है, जिससे जल पीने की इच्छा नहीं होती, फिर भी तुम अभ्यासवश दौड़ी हुई गई और जल ले आईं।"

ऊर्म्या चुप थी। पिता शुकनास की बात उसने सुन ली थी, पर उसका मन कुछ और ही पूछने को आतुर था। बोली, "पिताश्री, क्या कारण है कि मनुष्य का मन कभी भी अहंकार से पूरी तरह मुक्त नहीं हो पाता?"

"ऊर्म्ये, अहंकार पर विजय पा लेना एक बड़ी साधना है। इस साधना का फल कब मिलेगा, मिलेगा भी या नहीं मिलेगा, इसका कुछ निश्चित नियम नहीं है। कई बार ऐसी तीव्र साधना अचानक पूरी हो जाती है और मनुष्य का मन क्षणभर में ही सदा-सर्वदा के लिए अहंकार-मुक्त हो जाता है, पर कई बार आप जीवन भर साधना करते रहते हैं और अहंकार समाप्त नहीं होता। आपको लगता है कि बस अब कर लिया अहंकार को अपने काबू में, पर अहंकार है कि कहीं मन के किसी अज्ञात कोने में छिपा बैठा रहता है और काम, क्रोध या मोह की थोड़ी सी खाद मिलते ही लहलहा उठता है।"

बात ऊर्म्या की समझ में आ रही थी और आज प्रकट हुए अपने उद्वेग और अहंकार का कारण भी समझ में आने लगा था। उधर पिता शुकनास बोले जा रहे थे, "पर बेटी, अहंकार एक नितांत स्वभावगत वस्तु है, जिसका संबंध अपने कुल या परिवेश से नहीं होता। अब देखा न, रथवीति दार्भ्य एक राजा हैं और ऐसा मान लिया जाता है कि राजा लोग अहंकारी होते हैं। पर क्या तुम्हें रथवीति में अहंकार का लेशमात्र भी अनुभव हुआ?"

ऊर्म्या को पिता का कथन प्रभावित कर रहा था। सायंकाल ही उसने कुलपति अर्चनाना की ओर से अपने पिता के साथ राजा का सत्कार किया था और वह रथवीति की विनम्रता देखकर चकित रह गई थी। वे राजा थे, पर आश्रम जा रहे हैं, इसलिए अपने समस्त आभूषण पीछे ही छोड़ आए थे और उनके वस्त्र भी बहुत सादा थे। इसी से प्रभातित होकर वह कल प्रातः अर्चनाना आत्रेय के साथ राजा के होनेवाले संवाद की उत्सुकता से प्रतीक्षा कर रही थी और उसे लगने लगा था कि श्यावाश्व भी उनसे प्रभावित हुए बिना नहीं रहेंगे। इसलिए वह इस बार श्यावाश्व के पिता के साथ यज्ञ में सम्मिलित होने को लगभग निश्चित मान रही थी।

"पर तुम कहाँ से आज अहंकार आदि के विश्लेषण में पड़ गई हो? रात्रि उतर आई है, अब तुम जाओ और सो जाओ। कल प्रातः सवन आदि के बाद अर्चनाना के यहाँ जाना है और रथवीति दार्भ्य के साथ प्रातराश करना है।" कहकर शुकनास अपने कक्ष में प्रवेश कर गए।

समय चूँकि निद्रा का हो गया था, इसलिए दीप के प्रकाश को थोड़ा मंद करके ऊर्म्या अपनी शैया पर लेट गई। उसे लगा कि अब उसे थोड़ी देर बाद नींद आ सकती है। पर वह सोचने लगी कि अच्छा हुआ श्यावाश्व के साथ अपने संबंधों को लेकर उसमें आज एक बार नए सिरे से छटपटाहट पैदा हुई और फिर शांत भी हो गई। रात सर्द हो रही थी, इसलिए ऊर्म्या ने ऊनी प्रावारक अपने ऊपर ओढ़ लिया। अचानक ही वह प्रसन्न और निश्चिंत अनुभव करने लगी। प्रसन्न इसलिए कि आज उसने श्यावाश्व के प्रति अपने अप्रकट प्रणय-भाव को और भी गहरा कर दिया था। पर साथ ही उसे श्यावाश्व को अपने प्रणय-बंधन से और भी ज्यादा सार्थक ढंग से मुक्त कर देने की निश्चिंतता भी थी। उसके मन पर द्वेष और मोह के रूप में अहंकार ने लगभग वैसे ही आक्रमण किया था, जैसे अग्नि, वायु और जल देवों पर किया हुआ था। पर उसे एक उदात्त गर्व की हलकी सी अनुभूति भी हुई कि उसने अहंकार को अपने ऊपर निर्णायक ढंग से प्रभावी नहीं होने दिया और उसके पाश से बाहर निकल आई। आज के वनविहार के बाद वह श्यावाश्व के साथ और भी गहरे स्नेह-बंधन से बँध गई थी। पर यह बंधन उसके लिए था, श्यावाश्व के लिए नहीं। 'जैसे श्यावाश्व के बंधन में स्वयं को बाँधने का निर्णय मेरा अपना है, वैसे ही श्यावाश्व को भी मुझे पूरी तरह मुक्त कर देना चाहिए कि वह जिसके प्रणय-बंधन में बँधना चाहे, खुद को बाँध ले।' यह सब सोचते-सोचते ऊर्म्या ने करवट ले ली। उल्लास और श्रेष्ठता के मिले-जुले उत्साह में उसे कब नींद आ गई, उसे पता ही नहीं चला। थोड़ी देर बाद पिता शुकनास आए और सर्दी बढ़ती देखकर ऊर्म्या पर एक और प्रावारक डाल गए। उन्होंने दीये के मंद प्रकाश में देखा, ऊर्म्या गहरी नींद में है।

छह

श्यावाश्व को लेकिन नींद नहीं आ रही थी। जैसे-जैसे रात्रि के प्रहर बढ़ रहे थे, उनका मानसिक उद्वेग बढ़ रहा था। वे अपने को बहुत अकेला, खाली-खाली और उदास अनुभव कर रहे थे। इस तरह की मनःस्थिति से वे पहले कभी नहीं गुजरे थे और हैरान थे कि आज उन्हें यह हो क्या रहा है? क्यों वे मन पर नियंत्रण नहीं कर पा

रहे हैं? कारण समझ में नहीं आ रहा था और इसीलिए उद्वेग बढ़ रहा था। उन्हें अपने किसी भी ऐसे परिचित की याद नहीं आ रही थी, जिसके निकट न होने के कारण उनका यह हाल हो। उनका उदास मन उदासी के काले साये से और-और घिरता जा रहा था। वे प्राय: मन के बारे में ही बातें करते थे; मन और सृष्टि के, मन और जीवन के परस्पर संबंधों के बारे में ही सोचा करते थे, पर तय नहीं कर पा रहे थे कि आज उनके मन को आखिर हो क्या गया है, उदासी ने अकारण उन्हें क्यों घेर लिया है?

उन्हें हैरानी तो इस बात पर हो रही थी कि वनविहार से लौटते समय वे ऊर्म्या के जिस कथन से उद्विग्न हो गए थे, उसमें ऐसा क्या था? ऊर्म्या ने इतना ही तो कहा था, "श्यावाश्व, पता नहीं रथवीति के यहाँ जाकर तुम यज्ञ में भाग लेते हो या कि कोई और ही चमत्कार करके आते हो।" क्या था उस कथन में, जो इतना ज्यादा उद्वेग उनके मन में भर गया है कि मध्य रात्रि बीतने को है और उन्हें न तो नींद आ रही है न ही चैन, और उद्वेग है कि बढ़ता ही जा रहा है!

शांत पड़े तालाब के ठहरे जल में फेंका गया एक छोटा सा कंकड़ भी जैसे हलचल मचा देता है, वैसे ही ऊर्म्या के उस छोटे से कथन ने श्यावाश्व के शांत मन को अशांत कर दिया है। वे सोच रहे हैं कि 'चमत्कार' वाली बात से ऊर्म्या का तात्पर्य आखिर क्या है? ऊर्म्या गंभीर स्त्री है, विचारशील भी। शब्दों का प्रयोग वह कभी भी अकारण और निष्प्रयोजन नहीं करती। फिर किस प्रयोजन और तात्पर्य से उसने ऐसा कहा और फिर पूछने पर कुछ बताया भी नहीं। किस चमत्कार की अपेक्षा वह मुझसे कर रही है? जब वह ऐसा कह रही थी तो उसके मन में प्रशंसा नहीं, तीक्ष्णता का भाव था। मेरे चरित्र में उसने क्या कोई ऐसा दोष देख लिया है कि रथवीति के यहाँ जाने के मेरे प्रस्ताव को भविष्य के लिए शुभ नहीं मान रही? मेरे अंदर ऐसी कौन सी दुर्बलता आ गई है, जिसे मैं नहीं देख पा रहा, लेकिन ऊर्म्या ने देख लिया और बता नहीं रही है, पूछने पर भी नहीं?

ऊर्म्या के मुँह से यह बात निकली, तभी से श्यावाश्व का मन उद्विग्न है। इसके पहले वे अपने को पूरी तरह से स्वस्थ पा रहे थे। पर जब उद्वेग आया तो अकेला नहीं आया। जैसे गरीबी अकेले नहीं आती, वैसे ही उद्वेग आया तो उदासी भी लाया और खालीपन की अनुभूति भी, साथ में लाया है यह एहसास भी कि अपने जीवन में वे अभी तक कोई विशिष्ट काम नहीं कर पाए हैं। उद्वेग की इस मनोभूमिका में जब श्यावाश्व ने अपनी आज की पूरी दिनचर्या का आकलन किया तो पाया कि सुबह से ही आज उनके साथ कुछ विचित्र सा हो रहा है। सूर्योदय से पहले ही उठ बैठे और जब दोबारा सोए तो फिर सूर्योदय के बाद उठे। आज पहली बार उन्होंने ऊर्म्या के विवाह के बारे में सोचा और जीवन में पहली बार उन्हें अनुभव हुआ कि अब उन्हें भी विवाह कर लेना चाहिए।

आज पहली बार ऐसा हुआ कि उन्होंने पिता के साथ यज्ञकर्म के लिए आश्रम से बाहर जाने की बात सोची। अलग-अलग करके देखने पर उन्हें ये बातें कुछ विशेष महत्त्वपूर्ण नजर नहीं आ रही थीं, पर अपने मन की उदासी की हालत में इन सभी बातों को एक-दूसरे से जोड़कर देखने को विवश वे उदास हुए जा रहे थे।

श्यावाश्व को पहली बार लगा कि उनका मन कितना संवेदनशील है! वे जानते थे कि ऊर्म्या की तरह वे व्यावहारिक नहीं हैं। पर अपने को इस हद तक संवेदनशील भी नहीं मानते थे कि कोई एक छोटी सी बात कह दे तो उनका मन उनके नियंत्रण से बाहर चला जाए। बेशक विचार करते-करते वे काफी दूर और गहरे चले जाया करते थे। पर अपने को वे मंत्रकार ऋषियों जैसा कल्पनाप्रवण नहीं मानते थे। आज उदासी, खालीपन और अकेलेपन ने उन पर ऐसा आक्रमण कर दिया था कि उनके विचारशील मन को कल्पना और संवेदना के ऐसे पंख लग गए कि वे उद्वेग के अंतहीन आकाश से नीचे उतर ही नहीं पा रहे।

श्यावाश्व चूँकि विचारक थे, इसलिए अपनी इस उदासी को उन्होंने विश्लेषण के भाव से आँकना शुरू कर दिया। वे सोचने लगे कि विद्वानों का कहना है, 'मनुष्य जब उदास होता है तो उसके चित्त का विकास होता है। यदि सब तरफ सुख-ही-सुख हो, आराम-ही-आराम हो, कोई चिंता न हो, विक्षोभ न हो तो मनुष्य के चित्त का विकास नहीं होता। उसके व्यक्तित्व में ठहराव आ जाता है और उसकी रचनात्मकता मंद पड़ जाती है।'

'तो क्या मेरे जीवन में अब तक ठहराव आया हुआ था?' यह सब सोचते- सोचते वे चिंतित हो उठे, 'आखिर मेरी उदासी का कारण क्या है, क्यों मेरा मन आज अकारण या फिर ऊर्म्या के छोटे से कथन के कारण विक्षोभ और उद्वेग से भर गया है या कि यह उद्वेग और विक्षोभ कहीं पक रहा था और ऊर्म्या के कथन ने सिर्फ कपाट खोलने का काम किया है?'

श्यावाश्व तय नहीं कर पा रहे थे और सोच रहे थे, 'क्या मेरे जीवन में कोई बड़ी घटना होनेवाली है या कि कोई नया विचार-बिंदु मेरी जीवन-यात्रा का रूप ही बदल देनेवाला है? क्या जीवन का अंत निकट आ रहा है या इतिहास में कोई बहुत बड़ा योगदान मेरे हाथों होनेवाला है?'

श्यावाश्व को नींद नहीं आ रही थी। अपनी शैया पर जाकर सोने का प्रयास वे करते और नींद न आने पर लंबी आसंदी पर आकर बैठ जाते, अधलेटे से। अपनी छोटी सी दो कक्षोंवाली पर्णकुटी में वे अकेले ही रहा करते थे। एक कक्ष में शैया पड़ी थी तो दूसरा कक्ष उनके लिए आराम से बैठने या स्वाध्याय के लिए था। वे अपना भोजन खुद नहीं

पकाते थे और नित्य सुबह और सायं का भोजन अपनी माँ के पास बैठकर करते थे। उनके मननशील स्वभाव को देखते हुए पिता अर्चनाना ने उन्हें अपनी विशाल पर्णकुटी से अलग पास ही एक पर्णकुटी बनवा दी थी। पर श्यावाश्व ने प्रयास करके उसे छोटा ही बनवाया था। उनकी कुटी में चार लोग निस्संकोच आ जाया करते थे—पिता अर्चनाना, माँ सुभगा, तात शुकनास और बालसखी ऊर्म्या। सबसे अधिक ऊर्म्या ही वहाँ आती थी और जब भी वह आती तो दोनों विचार-विमर्श के समुद्र में पैठकर तर्कों से अठखेलियाँ करते रहते।

श्यावाश्व आज बेचैन थे और उन्होंने अपनी पर्णकुटी में दीप भी प्रज्वलित नहीं किया था। वे अपने-आप से संघर्ष कर रहे थे और अँधेरा उन्हें इस भावसंघर्ष का अनोखा सहचर नजर आ रहा था। अपनी बेचैनी पर पार पाने के लिए श्यावाश्व ने पर्णकुटी के बाहर जाकर घास पर टहलने का विचार किया तो अचानक बिजली चमकने की एक कौंध उनके कक्ष में पड़ी और थोड़ी देर में मेघगर्जन के साथ वृष्टिसंपात होने लगा। श्यावाश्व हैरान थे कि दिन भर तो वायुमंडल नितांत स्वच्छ था, जिसके कारण वे अपराह्न में निर्विघ्न वनविहार कर आए थे। फिर अचानक मौसम में यह उद्वेग कहाँ से आया, क्या मेरे मन का उद्वेग इतना सत्य, तीव्र और घनीभूत है कि उसने मौसम को भी चंचल कर दिया है? अपनी इस दर्प-विलासिता पर श्यावाश्व स्वयं ही मुग्ध हो उठे।

शरद की सर्द रात में वर्षा हो जाने के कारण सर्दी का अनुपात स्वयमेव बढ़ जाता है। श्यावाश्व ने अनुभव किया कि बिना कोई ऊनी वस्त्र डाले वे इस बढ़ती सर्दी से निपट नहीं पाएँगे। अपने शयनकक्ष में गए, दीप प्रज्वलित किया, इससे पहले कि हवा का कोई झोंका दीये को बुझा दे, श्यावाश्व ने शीघ्रतापूर्वक एक मंजूषा खोली और ऊन का लंबा चौल निकाल लिया। शरीर पर चौल डालते समय श्यावाश्व को लगा कि उन्हें अब कोई सहारा चाहिए, अन्यथा उद्वेग और उदासी का कोई एक झोंका उनके हृदय-दीप का प्रकाश छीन सकता है। वे वापस अपनी लंबी-काष्ठ आसंदी पर आकर बैठ गए। आँखें नींद से खाली थीं और मन उथल-पुथल से भरा था। कई तरह की विचार-तरगें और भाव-उद्वेलन उनके मन में उठ-गिर रहे थे।

'यह अचानक विवाह की बात मेरे मन में कहाँ से आ टपकी?' श्यावाश्व सोचने लगे, 'क्यों मैं अपने को भीतर से खाली अनुभव कर रहा हूँ कि उसे भरने के लिए कोई जीवनसाथी चाहिए? क्या पिता अर्चनाना मेरे जीवनसाथी नहीं? क्या माँ सुभगा मेरे जीवन में साथ नहीं हैं? क्यों न तात शुकनास और बालसखी ऊर्म्या को जीवनसाथी मान लूँ? यदि शेष सब वृद्ध हो चले हैं तो ऊर्म्या तो साथ है, क्या वह नहीं है मेरी जीवनसाथी?'

आज प्रात: भी वे ऊर्म्या के बारे में सोच रहे थे और रात के अँधेरे एकांत में फिर से ऊर्म्या उनके मन पर हावी हो रही है। सोचने लगे, 'ऊर्म्या जैसी कोई सखी और कौन

हो सकती है ? मेरे मन को सबसे ज्यादा वही समझती है। मेरे विचार-पोत का सहारा वही है। कभी मेरा विचार-पोत भटक रहा होता है तो अपने निष्कर्षों के लंगर डालकर वही उसे किनारे ले आती है। कभी कहीं उसकी गति मंद पड़ रही हो तो वह उसे उसकी गति फिर से दिला देती है। वैचारिक ही नहीं, दिन-प्रतिदिन की समस्याओं और कठिनाइयों का पूरा ध्यान वही रखती है। आश्रम में व्यवस्थाओं का दायित्व अंततः मेरा है, पर सारे काम स्वयं निपटाकर वही मुझे दायित्वों के दबाव से मुक्त रखकर मेरा उपकार करती है। जब कभी मैं उदास होता हूँ तो वही अपनी उन्मुक्त खिलखिलाहट से मुझे मेरा मनोयोग फिर से दिला देती है। सचमुच वही है मेरी सखी।'

भावनाओं और विचारों के थपेड़ों से टकराते, डूबते और उतराते श्यावाश्व फिर से अपने बारे में सोचने लग गए, पैंतीस वर्ष का हो गया हूँ। जितना समय मिलता है, स्वाध्याय करता हूँ। विचारों के ज्ञानसत्रों में जाता हूँ, कीर्ति लेकर लौटता हूँ। पिताश्री और ऊर्म्या के साथ सृष्टि और ब्रह्मांड के रहस्यों पर संवाद भी चलता रहता है। विमर्श और स्वाध्याय की इतनी पूँजी इकट्ठी कर रहा हूँ, फिर भी क्यों लग रहा है कि कुछ खालीपन है, कुछ कमी है। क्या है वह खालीपन ? क्या है वह कमी ? और उसे भरेगा कौन ?

श्यावाश्व थक गए। जैसे कोई व्यक्ति मरुस्थल में चल रहा हो और उसकी प्यास बढ़ती जाए, पानी पास हो नहीं और मरुस्थल की सीमा कहीं नजर न आ रही हो, कुछ वैसा ही संकट श्यावाश्व के सामने आ उपस्थित हुआ। जिन विचारों को सागर मानकर वे उसमें निरंतर अवगाहन करते रहते थे, आज अचानक एक अपरिभाषित उदासी ने उस सागर को विशाल मरुभूमि में बदल दिया। पर्णकुटी के बाहर रिमझिम बरसता पानी उनकी हृदयभूमि पर फैलते जा रहे मरुस्थल से त्राण पाने में कोई मदद नहीं कर पा रहा था। तिस पर अचानक कुछ कर डालने की यह पिपासा कहाँ से आ टपकी, कुछ न कर पाने का अनुपलब्धि-बोध अचानक क्यों उन पर हावी हो गया, क्यों वे खालीपन अनुभव कर रहे हैं, जीवन में वह कौन सी कमी है, जो उन्हें अचानक कचोटने लगी है ?

श्यावाश्व को न तो इस मरुस्थल का कहीं कोई अंत दिखाई दे रहा था, न ही वे अपने खालीपन को पूरी तरह पहचान पा रहे थे। आखिर वे झुंझला उठे, 'जो होना है, हो जाए! जीवन का अंत निकट आ गया है तो आ जाए! किसी विशिष्ट घटना को जीवन में घटना है तो घट जाए! जो आँधी आनी हो, आ जाए! जो तूफान उठना हो, उठ जाए! जिसे मेरा जीवन बिगाड़ना हो, वह आए और बिगाड़ जाए! जिसे मेरा जीवन सँवारना हो, वह आए और सँवार जाए! मुझे कुछ नहीं करना। जिसे जो करवाना हो, करवा जाए। पर प्रभो, मुझे इस द्वंद्व से मुक्त करो! मेरी उदासी के इस महापोत को किनारा दो! मेरे खालीपन के इस मरुस्थल का अंत करो! मैं तुम्हें समर्पित हूँ प्रभो, मुझे सँभालो, मेरा उद्धार करो!

मुझे समाप्त करो या सँवार दो, पर मेरा उद्धार करो, प्रभो, मेरा उद्धार करो, उद्धार करो!'

जैसे ही श्यावाश्व मन की इस दीनतम दशा में पहुँचे, उनके कानों में एक मीठी आवाज पड़ी, "श्यावा, उठो; सूर्योदय होनेवाला है।" कहते हुए माँ सुभगा ने उनकी पर्णकुटी में प्रवेश किया। श्यावाश्व रात भर सोए ही कहाँ थे, जो उठना पड़ता। वे तो लंबी आसंदी पर अधलेटे बैठे थे। पुत्र को देखकर माँ का चेहरा खिल उठा। श्यावाश्व उठ खड़े हुए। झुककर माँ को प्रणाम किया और आशीर्वाद पाया, "उदित हो रहे सूर्य की तरह सारे विश्व पर छा जाओ मेरे पुत्र!"

श्यावाश्व चकित! रात भर चले अपने भयानक संघर्ष के संदर्भ में इस आशीर्वाद को बार-बार सुनने का उनका मन कर रहा था। पर माँ अब कुछ और ही बताने की जल्दी में थीं, "अच्छा हुआ कि तुम उठे बैठे हो।" माँ को क्या पता कि उसका बेटा किस मानसिक यातना से दो-चार हो रहा है और रात भर सोया नहीं है।

"याद है न, आज रथवीति दार्भ्य आर्य अर्चनाना से मिलने हमारी पर्णकुटी आनेवाले हैं? जल्दी से नित्यकर्म कर लो, तुम सबका एक साथ प्रातराश होना है। शुकनास और ऊर्म्या भी आएँगे। मैं तो प्रातराश की तैयारी में जा रही हूँ। तुम समय पर आ जाना, विलंब नहीं करना, हाँ···" कहकर माँ तो चली गईं, पर बेटे को उस कारा से बाहर निकाल गईं, जिसमें वे रात भर से बंद पड़े थे। श्यावाश्व पर्णकुटी से बाहर आ गए। ठंडी-ठंडी हवा चल रही थी। इस हवा के साथ एकाकार होकर वे तरोताजा होने की कोशिश करने लगे। सोच रहे थे बीते चौबीस घंटों के बारे में, जो उनके जीवन में इससे पहले कभी नहीं आए थे। आसमान की ओर देखा, बादलों का चिह्न तक न था। बादल छँट चुके थे और प्राची में सूर्योदय हो रहा था। उदित हो रहे सूर्य को देखकर उन्हें माँ के आशीर्वाद का स्मरण हो आया। खुद से ही पूछने लगे, 'क्या मेरे मन पर छाए बादल भी छँट गए?'

रात पानी पड़ने के कारण, रिमझिम ही सही, तमाम वृक्ष-वनस्पतियों के पत्तों पर से धूल पुँछ चुकी थी और चारों ओर हरियाली की चमक फैली हुई थी, जिसमें अब प्रात:काल के सूर्य की लाल-लाल किरणों की रोशनी घुली-मिली जा रही थी। भूमि पर कहीं-कहीं छोटे गड्ढों में भरे पानी की फिसलन अभी बनी हुई थी, पर भूमि विचरण के योग्य थी। श्यावाश्व को प्रकृति की इस मनोरम छटा ने प्रसन्न कर दिया। उनका मन स्वच्छ हो गया और शरीर स्वस्थ। जीवन की भयावह रात बीत चुकी थी, अपनी एक अमिट उपस्थिति उनके मन पर दर्ज कर। श्यावाश्व को लगा कि कुछ होनेवाला है, पर इसकी चिंता छोड़कर वे कुछ क्षण घास पर टहलते रहे। फिर एक सपाट प्रस्तर-शिला पर पद्मासन की मुद्रा में बैठ गए। तीन बार प्राणायाम किया और आँखें मूँदकर गंभीर नादस्वर में उच्चारने लगे-ओ३म्॥

सात

कुलपति अर्चनाना आत्रेय की पर्णकुटी में आज खासी चहलपहल थी। अनेक ऋषि अपनी पत्नियों के साथ वहाँ आ जुटे थे। ऋषिकुमार और ऋषिकुमारियाँ कई तरह के छोटे-मोटे प्रबंधों में व्यस्त थे। आश्रम में प्रबंध किस तरह के हो सकते हैं भला? अर्चनाना आत्रेय की पर्णकुटी के भीतर बैठने के लिए रखी गई छह-सात आसंदियाँ सँवारी जा रही थीं। प्रातराश के लिए सामग्री और केले के पत्तों को जुटाया जा रहा था। प्रात:सवन के कार्यक्रम से सभी निवृत्त हो चुके थे और वहाँ इकट्ठा हो रहे तापस-तापसियों को बस दो बातों की प्रतीक्षा थी—पहली यह कि रथवीति दार्भ्य और कुलपति अर्चनाना के बीच किस यज्ञ को लेकर संवाद होनेवाला है और दूसरी यह कि आर्य श्यावाश्व पिता अर्चनाना के साथ यज्ञ में जाने की हामी भरते हैं या नहीं?

अर्चनाना आत्रेय की पर्णकुटी काफी विस्तृत भूमिभाग पर फैली हुई थी। आश्रम के कुलपति की पर्णकुटी होने के कारण वह सबसे बड़ी पर्णकुटी थी। उसके बाहर चारों ओर का भाग भी काफी बड़ा और भव्य था। पर्णकुटी परिसर के बीचोबीच थी। पूरा परिसर बाँस की तीन हाथ ऊँची बाड़ से मानो सीमाबद्ध कर दिया गया था। बाड़ के भीतर चारों ओर बड़े-बड़े वृक्षों से पर्णकुटी-परिसर घिरा हुआ सा था। सभी पेड़ प्राय: फलदार थे, जिनमें आम के पेड़ सबसे ज्यादा थे। पर्णकुटी-परिसर के इस विशाल प्रांगण के पिछवाड़े के दाहिने भाग में कई तरह के कंद-मूल बो दिए गए थे तो वामभाग में हरी शाक-सब्जियाँ लहलहा रही थीं। प्रांगण का अग्रभाग दो हिस्सों में बँटा था, जिसके बीचोबीच एक सीधा मार्ग था, जो पर्णकुटी तक जाता था। इस मार्ग के दोनों ओर हरी घास उगी हुई थी। परिसर में प्रवेश करते ही बाईं ओर यज्ञशाला थी। पास ही बनी गौशाला में गायें खड़ी थीं। उन्हें अभी चरने के लिए जंगल नहीं ले जाया गया था। दाहिनी ओर श्यावाश्व की पर्णकुटी थी। इसी छोटी कुटिया के द्वार पर कल प्रात: ऊर्म्या और श्यावाश्व में संक्षिप्त संवाद तब हुआ था, जब ऊर्म्या प्रात: भ्रमण के लिए जा रही थी। अर्चनाना अपनी पर्णकुटी की यज्ञशाला में यज्ञ प्राय: नहीं करते थे। कभी कोई बड़ा आयोजन हो, तभी वहाँ यज्ञकर्म संपन्न किया जाता था, अन्यथा दैनिक प्रात:सवन तो विद्याकुल में ही होता था, जो आश्रम के दूसरे छोर पर बना था और जिसका परिसर अर्चनाना की पर्णकुटी के परिसर से भी कहीं बड़ा था। वहाँ के प्रात:सवन में आश्रम के तापस-तापसियों के अतिरिक्त विद्याकुल में स्वाध्याय करने आए छात्र और छात्राएँ भी भाग लेते थे। आज आश्रमवासियों का जमघट अर्चनाना की पर्णकुटी के परिसर के आगेवाले भाग में था।

अर्चनाना आत्रेय की पर्णकुटी भी खूब बड़ी थी। कुटी के चारों ओर लंबी-लंबी तीन सीढ़ियाँ बना दी गई थीं, जिन पर पैर रखकर उस बरामदे तक पहुँच सकते थे, जो पर्णकुटी के चारों ओर बना हुआ था और फूस-तिनकों की छत से ढका था। यह छत लकड़ी के खंभों के सहारे टिकी थी। खंभों को सफेद रंग से रँगकर उन पर मनभावन चित्रकारी की गई थी। इसी बरामदे में टहलते आर्य श्यावाश्व, रथवीति दार्भ्य की प्रतीक्षा कर रहे थे। उनके चेहरे और टहलने की उनकी सहज गति को देखकर कोई भी जान सकता था कि वे किन्हीं विचारों में मगन हैं। पूर्णकुटी में प्रवेश करते ही एक विशाल कक्ष था, जिसके हर कोने में सजावट के लिए पर्णकुंभ रखे हुए थे। विशाल कक्ष के बीचोबीच ही वे आसंदियाँ रखी थीं, जिन्हें ऋषिकुमार सँवार रहे थे और जिनके आगे रखी लघुशिलाओं पर केले के पत्ते रखकर ऋषिकुमारियाँ प्रातराश की तैयारी कर रही थीं। इन्हीं आसंदियों पर बैठकर अर्चनाना आगंतुकों के साथ बातचीत करते थे। विशाल कक्ष के दोनों ओर दो-दो कक्ष थे। इनमें से बाईं ओर का पहला कक्ष अर्चनाना और उनकी धर्मपत्नी सुभगा का वास-कक्ष था। उसके साथ सटे दूसरे कक्ष में अर्चनाना स्वाध्याय करते थे और इस समय वे वहीं बैठे स्वाध्याय कर रथवीति की प्रतीक्षा में थे। इसके दाईं ओर के दो कक्षों में से एक कक्ष श्यावाश्व का था, जहाँ वे अपनी पर्णकुटी अलग से बन जाने से पहले रहा करते थे और अब भी दिन में एक या दो बार आकर बैठते और अपनी माँ से बतियाते थे। इसके साथ का कक्ष अर्चनाना के अपने अतिथियों का था, जबकि आश्रम के अतिथि आश्रम की उसी अतिथिशाला में रहा करते थे, जहाँ कल सायंकाल से रथवीति दार्भ्य और उनका राजविभव ठहरा हुआ है। अर्चनाना की पर्णकुटी के विशाल कक्ष के पीछेवाले छोर के बीचोबीच रसोईघर था, जहाँ उस समय आर्या सुभगा प्रातराश की तैयारी कर रही थीं, जिसमें कुछ ऋषिकन्याएँ उनकी सहायता कर रही थीं। पर्णकुटी, उसके बरामदों और सीढ़ियों पर कल शाम ही गोबर का ताजा लेप किया गया था।

थोड़ी ही देर में लोगों ने देखा कि बाँस की मेड़ से पर्णकुटी की ओर जानेवाले मध्यवर्ती मार्ग के एक ओर ऋषिकुमार तथा दूसरी ओर ऋषिकुमारियाँ पंक्ति बाँधकर खड़े हो गए हैं और आर्य श्यावाश्व टहलना बंद कर बाँसों की मेड़ की ओर बढ़ रहे हैं। यह इस बात का संकेत था कि प्रतीक्षित अतिथि आनेवाले हैं। यही हुआ भी और कुछ क्षणों में सभी ने देखा कि आर्य शुकनास और उनकी पुत्री ऊर्म्या के साथ बातें करते हुए रथवीति दार्भ्य बहुत तेजी से चलते हुए अर्चनाना की पर्णकुटी की ओर आ रहे हैं। रथवीति बहुत ही सादे वेश में थे। अपने सिर पर उन्होंने मुकुट के स्थान पर सफेद रेशमी वस्त्र का उष्णीश बाँध रखा था। शरीर पर आभूषणों के नाम पर केवल छोटा

सा स्वर्णहार गले में पड़ा था। सफेद सूती शाटिका से अधोभाग को ढके हुए रथवीति ने ऊनी उत्तरीय गले में डाल रखा था और वे नंगे पैर थे। पर्णकुटी-परिसर के मुख्य प्रवेश पर पहुँचते ही आर्य श्यावाश्व ने रथवीति का मंत्रोच्चारण के साथ सत्कार किया। प्रवेश-मार्ग के दोनों ओर खड़े ऋषिकुमारों और ऋषिकुमारियों ने भी श्यावाश्व के स्वर में स्वर मिलाकर मंत्रोच्चारण में साथ दिया।

"आर्य श्यावाश्व, मेरा अहोभाग्य है कि मुझे आपके दर्शनों का सुअवसर प्राप्त हुआ है।" शुकनास द्वारा परिचय कराए जाने के बाद रथवीति दार्भ्य ने पहले श्यावाश्व के चरणों तक विनम्रतापूर्वक झुककर हाथ जोड़ते हुए और फिर खड़े होते हुए कहा, "आपके ज्ञान और विद्वत्ता की कीर्ति दूर-दूर तक फैली हुई है। आपसे सादर अनुरोध है कि कुलपति अर्चनाना के साथ मेरे यहाँ यज्ञ में पधारने की कृपा करें।"

श्यावाश्व को पहले ही संभाषण में इस अनुरोध की आशा नहीं थी। इसलिए वे थोड़ा संकोच में आ गए, पर तत्काल स्वयं को सँभालते हुए बोले, "राजन् आपका हमारे आश्रम में स्वागत है! हम सबकी कामना है कि आप सदा-सर्वदा प्रजा के हित-साधन में ही अपनी राजशक्ति का सदुपयोग करें। आइए, पर्णकुटी के भीतर चलिए। पिताश्री आपकी प्रतीक्षा कर रहे हैं।"

ऊर्म्या ने ताड़ लिया कि श्यावाश्व ने अभी तक भी रथवीति के यहाँ जाने का अपना संकल्प पक्का नहीं किया है और बड़ी ही शालीनता से उनके अनुरोध को बिना अस्वीकार किए टाल दिया है। तेज-तेज डग भरते हुए सभी लोग पर्णकुटी के भीतर पहुँचे। तब तक अर्चनाना अपने स्वाध्याय-कक्ष से बाहर बड़े कक्ष में आकर पर्णकुटी के द्वार की ओर बढ़ने लगे थे। पहले श्यावाश्व ने विशाल कक्ष में प्रवेश किया। उनके पीछे रथवीति दार्भ्य आए। फिर ऊर्म्या और सबसे अंत में शुकनास ने पर्णकुटी में प्रवेश किया। अर्चनाना को देखते ही रथवीति दार्भ्य ने भूमि पर दंडवत् होकर उन्हें प्रणाम किया।

"उठो राजन्, उठो! तुम्हारा कल्याण हो और तुम सदा प्रजा की कल्याण कामना से राजपाट चलाते रहो, यही मेरी मंगल कामना है और यही मेरा आशीर्वाद है।" अर्चनाना बोले। प्रणाम करने के बाद खड़े होकर प्रसन्नचित्त दिखाई दे रहे राजा रथवीति दार्भ्य ने हाथ जोड़कर कहा, "ऋषिवर, आपके आशीर्वाद से मेरा राजकार्य हर प्रकार से निर्विघ्न चल रहा है। आप जो यज्ञ यहाँ करते हैं, उससे प्रसन्न होकर देवता मेरे राज्य में वृष्टि कर प्रजा को धनधान्य से समृद्ध कर रहे हैं। आपके ही तप का प्रभाव है कि मेरी प्रजा धर्मपूर्वक अपना जीवनयापन कर रही है।"

"राजन्! ऋषियों की तपस्या, यज्ञादि का अपना महत्त्व अवश्य है, पर अंततः

राजा का अपना चरित्र ही प्रजा के लिए आदर्श बनता है।" यह कहते हुए जैसे ही सुभगा ने रसोई-कक्ष के बाहर आकर विशाल कक्ष में प्रवेश किया तो रथवीति ने उन्हें झुककर प्रणाम किया, "इसलिए मेरी कामना और मेरा आशीर्वाद है कि आप सदा चरित्रवान रहकर अपनों और परायों के प्रति राग-द्वेष की भावना से ऊपर उठकर राज्य का संचालन करते रहें।"

"अनुगृहीत हुआ, आर्ये सुभगे।" रथवीति बोले, "पर शासक सदा चरित्रवान बना रहे, उसको कोई पथभ्रष्ट न कर सके, वह न्याय मार्ग का अनुसरण करता रहे, इसके लिए आवश्यक है कि आर्य अर्चनाना जैसे पवित्रात्मा कुलपति शासक वर्ग पर अपना धर्म-नियंत्रण बनाए रखें और राजा तथा प्रजा को सन्मार्ग दिखाते रहें।"

"तो क्या कुछ ऐसा हुआ है कि जिससे आप स्वयं को श्रेष्ठ आचरण का पालन करने में दुर्बल पा रहे हैं?" ऊर्म्या ने अचानक एक सटीक प्रश्न कर दिया।

"नहीं ऋषिके, मैं नित्य अपने को धर्ममार्ग पर अधिक-से-अधिक सुदृढ़ करने के प्रयास में ही लगा रहता हूँ। पर यदि कुलपति अर्चनाना यदा-कदा अपने शुभागमन द्वारा हम सभी का मार्गदर्शन नहीं करते रहेंगे तो कब राजा को सत्ता का मद अपने पाश में फाँस ले, कौन जानता है?"

"ऐसा प्रतीत हो रहा है कि आप पिताश्री को यज्ञ के अतिरिक्त किसी अन्य कार्य के लिए आमंत्रित करने का मन बनाकर आए हैं?" श्यावाश्व ने मंद मुसकान के साथ कहा। सारी बातचीत खड़े-खड़े हो रही थी। उसे बीच में ही काटकर आर्या सुभगा ने कहा, "मेरा प्रस्ताव है कि आप सभी खड़े-खड़े ही पूरा वार्त्तालाप कर डालेंगे तो इन बेचारी आसंदियों को अपनी सार्थकता का आभास कौन कराएगा?"

यह सुनते ही सभी लोग हँसते हुए आसंदियों पर बैठ गए। उनके बैठते ही ऋषि कन्याओं ने सबके आगे पड़ी लघुशिलाओं पर बिछे कदली के पत्तों पर आहार के लिए फल रख दिए और साथ ही हरेक के लिए अलग-अलग पात्र में गरम दूध भी। अर्चनाना की अनुमति पाकर सभी प्रातराश करने लगे। सभी लोग फलों का आहार कर और दूध पीकर प्रातराश से निवृत्त होने को आए तो वातावरण के मौन को तोड़ते हुए आर्या सुभगा बोलीं, "राजन् आपको सुनकर आनंद होगा कि इस बार पहली बार आर्य श्यावाश्व ने आपके यहाँ होनेवाले यज्ञ में भाग लेने पर विचार करना मान लिया है।"

रथवीति इस तरह का अनुरोध पहले ही कर चुके थे। प्रसन्नतापूर्वक बोले, "आर्ये सुभगे, मेरे लिए और मेरी प्रजा के लिए यह सचमुच एक उपलब्धि होगी, इसलिए मैं आर्य श्यावाश्व से ऐसा अनुरोध कर चुका हूँ और उनकी स्वीकृति की प्रतीक्षा में हूँ।"

सहसा उठा दिए गए इस प्रसंग से श्यावाश्व थोड़ा चकित हुए। उन्हें ज्यादा

आश्चर्य इस बात का था कि माँ सुभगा ने अचानक यह बात कह दी थी। उन्हें समझते देर नहीं लगी कि पिता अर्चनाना ने इस विषय पर माँ से बात कर ली है और दोनों के बीच कोई सहमति भी इस पर हो चुकी है। श्यावाश्व के लिए माँ की इच्छा का महत्त्व पिता के आदेश से भी ज्यादा था। कल पिता को तो उन्होंने सोचने की बात कहकर लगभग टाल ही दिया था, पर माँ की बात को वे अब नहीं टाल सकते थे। इसलिए किसी ठीक-ठाक निष्कर्ष पर पहुँचने की इच्छा से उन्होंने रथवीति से जो कहा, उसमें यह भाव भी स्पष्ट दिखाई दे रहा था कि वे रथवीति के व्यक्तित्व से काफी प्रभावित हो चुके हैं।

"माँ, आपकी इच्छा मेरे लिए आदेश के समान है।" श्यावाश्व ने कहा और फिर दार्भ्य की ओर देखते हुए बोले, "तो क्या मैं यह मान लूँ कि रथवीति दार्भ्य अपने राज्य में कोई ऐसा यज्ञ करने की इच्छा रखते हैं, जिसमें वे अपने व्यक्तिगत स्वार्थ की पूर्ति में राजकीय कोष का अपव्यय नहीं करनेवाले?"

श्यावाश्व के इस कथन से ऊर्म्या को बहुत उत्साह मिला। वह तो चाहती ही थी कि कुछ ऐसा हो जाए कि श्यावाश्व इस बार पिता के साथ यज्ञ में जाएँ। इसलिए बात बनाने के प्रयास में उसने कहना शुरू किया, "आर्य रथवीति, आप जानते ही हैं कि आर्य श्यावाश्व बहुत स्वाध्यायशील और विद्वान् व्यक्ति हैं। राजाओं के यहाँ यज्ञों में जाना इन्हें इसलिए अच्छा नहीं लगता, क्योंकि इधर कुछ समय से राजा लोगों ने संतान, वैभव, राज्यविस्तार जैसे क्षुद्र व्यावसायिक लक्ष्यों के लिए यज्ञ करने की परंपरा डाल दी है, जिसमें प्रजा का धन व्यर्थ गँवाया जाता है। प्रजा का धन प्रजा के हित में खर्च हो, राजा के व्यक्तिगत वैभव-ऐश्वर्य को बढ़ाने में नहीं, आर्य श्यावाश्व की यह दृढ़ धारणा रही है। जैसा कि मैं आपके स्वभाव का आकलन कल से कर रही हूँ, आप अपनी प्रजा की हितकामना की बात ही प्रायः सोचते रहे हैं। राज्य में पक्के मार्ग बनवाकर, नए तालाब खुदवाकर, कुओं की सफाई करवाकर, विद्याकुलों में पढ़नेवाले छात्र-छात्राओं के लिए अध्ययन-सामग्री का निःशुल्क प्रबंध कर आपने अपनी राजशैली का अच्छा परिचय हम सबको दिया है। क्या ही अच्छा हो कि आपके यहाँ कोई ऐसा विशिष्ट आयोजन प्रजाहित को ध्यान में रखकर इस यज्ञ के अवसर पर किया जाए, जिसमें भाग लेकर आर्य श्यावाश्व को परम तुष्टि का अनुभव हो?"

"कुलपति अर्चनाना की आज्ञा हो तो मैं जिस उद्देश्य को मन में रखकर आश्रम आया हूँ, उसका प्रस्ताव करूँ?" राजा बोले।

"कहिए न!" अर्चनाना ने राजा का सम्मान रखने के स्वर में कहा।

"आर्य, मैं अपने राज्य में चार दिन का सोमयाग करना चाहता हूँ। आर्य श्यावाश्व

भी जानते हैं कि सोमयाग का एकमात्र उद्‌देश्य प्रजा की हितकामना है और इसमें शासक वर्ग का कोई भी व्यक्तिगत स्वार्थ निहित नहीं होता। यहाँ उपस्थित सभी लोग जानते हैं कि अब तक की परंपरा के अनुसार सोमयाग केवल एक ही दिन का होता रहा है। भारत से बाहर पश्चिम की ओर अग्नियाग के प्रसार के लिए प्रयाण करने से पूर्व ऋषि सोम आत्रेय ने चार दिन के सोमयाग का विधान प्रारंभ किया था। अभी तक किसी भी शासक का ध्यान इस ओर नहीं गया है कि वह चार दिन के सोमयाग का आयोजन अपने राज्य में करे। अपने पितृव्य तात सोम आत्रेय द्वारा चलाए गए इस चार-दिवसीय सोमयाग का पूरा कर्मकांड आर्य अर्चनाना को ज्ञात है। मैं प्रस्ताव लेकर आया हूँ कि मेरे राज्य में प्रजाहित साधन के एकांत उद्‌देश्य से चार दिनोंवाला सोमयाग हो, आर्य अर्चनाना इस सोमयाग को संपन्न कराने का दायित्व अपने ऊपर लें और आर्य श्यावाश्व इस यज्ञ में भाग लेकर मेरे राज्य को कृतार्थ करें।"

प्रस्ताव सुनते ही सबके चेहरे खिल उठे। ऊर्म्या सबसे अधिक उल्लसित नजर आ रही थी तो श्यावाश्व के चेहरे पर एक तरह की निश्चिंतता का भाव उभर आया। वे भूमि की ओर देख रहे थे और चुपचाप बैठे थे। आर्य शुकनास ने धीरे से ऊर्म्या से कहा, "प्रस्ताव तो नया है और उत्साह बढ़ानेवाला है।"

अर्चनाना को श्यावाश्व के साथ हुई अपनी कल की बातचीत का स्मरण हो आया, जिसमें श्यावाश्व राजाओं द्वारा यज्ञ के व्यावसायिक प्रयोग पर दुःखी थे और अर्चनाना ने आशा व्यक्त की थी कि हो सकता है, रथवीति कुछ नया ही प्रस्ताव लेकर आएँ। इसलिए पूरे वातावरण को निर्णायक दिशा देते हुए अर्चनाना बोले, "हे राजन्, आपका प्रस्ताव वास्तव में मेरे हृदय के उल्लास को बढ़ानेवाला सिद्ध हुआ है। इस सोमयाग को संपन्न करवाने में मुझे सचमुच परम आनंद की प्राप्ति होगी और मेरी कामना है कि आपका प्रयास सफल हो और प्रजाहित साधन की आपकी आकांक्षा निरंतर बढ़ती रहे।"

"तो श्यावाश्व, अब क्या कहते हो?" सुभगा ने पूछा तो वहाँ बैठे सभी लोगों की दृष्टि आश्रम के इस नायक पर जा टिकी।

"माँ, तुम्हारा आदेश तो मैं पहले ही शिरोधार्य कर चुका हूँ। अब रथवीति दार्भ्य के प्रस्ताव ने मेरी रही-सही चिंता भी दूर कर दी है। राजन् आप निश्चिंत ही श्रेष्ठ वर्धापन के पात्र हैं, कि इस तरह का यज्ञ करवाने का विचार किया। सोमयाग मूलतः वृष्टिकामी यज्ञ है और भूमि को शस्य-श्यामला बनाने की इच्छा से बढ़कर प्रजाहित की और क्या कामना हो सकती है? मैं आपके यहाँ होनेवाले इस यज्ञ में भाग लूँगा। बस, मेरी एक कामना और है।"

"आज्ञा करें," राजा रथवीति निहाल हो चुके थे। कहीं न जानेवाले आर्य श्यावाश्व

उनके राज्य में आएँगे, इस सूचना-मात्र से प्रजा में उत्साह का संचार हो जाएगा, यह वे भलीभाँति जानते थे।

"यज्ञ तो पिताश्री करवाएँगे," श्यावाश्व बोले, "मैं यज्ञ में अवश्य बैठूँगा, पर इस अवसर पर यदि आप ज्ञानसत्र का भी आयोजन करें, जिसमें इकट्ठा होकर विद्वान् लोग सृष्टि के नियामक कारकों पर आपस में विचार-विमर्श करें तो उसमें भाग लेकर मुझे और भी अधिक आनंद आएगा।"

इस प्रस्ताव पर रथवीति जैसे सात्त्विक प्रवृत्ति के राजा को क्या आपत्ति हो सकती थी! वे बोले, "आर्य कुलपते, मैं कृतार्थ हुआ कि मेरे राज्य में दो-दो यज्ञ होंगे, सोमयाग और ज्ञानसत्र, जिनमें से एक की अध्यक्षता आप करेंगे और दूसरे की आर्य श्यावाश्व। अब मुझे आज्ञा दीजिए कि मैं राजधानी वापस लौटूँ और दोनों यज्ञों की तैयारी में लग जाऊँ। आर्य शुकनास के साथ बैठकर मैं तिथि-मुहूर्त आदि का विचार करवा लेता हूँ।"

और सब उठ खड़े हुए। ऊर्म्या ने श्यावाश्व को प्रशंसा भरी दृष्टि से देखा। श्यावाश्व कहीं विचारों में खो गए थे, मानो ज्ञानसत्र के संचालन की चिंता में अभी से डूब गए हों। सभी लोग पर्णकुटी के बाहरवाले बरामदे में आ पहुँचे तो पर्णकुटी के बाहर इकट्ठा हो चुके सभी आश्रमवासियों की उत्सुक दृष्टि कुलपति अर्चनाना पर जा टिकी। अर्चनाना ने जब बरामदे में सीढ़ियों के पास खड़े होकर भीतर विशाल कक्ष में हुई बातचीत के निष्कर्ष सुनाए तो सभी आश्रमवासियों ने हर्ष-ध्वनि से अपनी प्रतिक्रिया व्यक्त की, जिसका रथवीति दार्भ्य ने प्रणामपूर्वक अभिनंदन किया।

शुकनास और ऊर्म्या के साथ पैदल चलते हुए रथवीति दार्भ्य अतिथिशाला की ओर चलने लगे। अर्चनाना और सुभगा वापस अपने कक्ष में चले गए और पर्णकुटी-परिसर में आ जुटे आश्रमवासियों को भी परिसर खाली करने में कोई देर नहीं लगी। अपनी पर्णकुटी के बाहर सर्दियों की चमकीली धूप में रात की वर्षा के कारण ताजातर हो गई घास पर चहलकदमी करते हुए श्यावाश्व सोच रहे थे, 'कल प्रात:काल से जो हो रहा है, क्या वह केवल संयोग है या प्रकृति का कोई विधान? कल रात जिस मानसिक संघर्ष से मैं जूझा हूँ, उसका आज के घटनाचक्र के साथ कोई संबंध है या नहीं? रथवीति दार्भ्य का आश्रम में एक रात के लिए आना और उसी रात मेरा एकदम नए और विकट अनुभव से गुजरना क्या अलग-अलग घटनाएँ हैं या किसी एक ही बड़ी घटना की योजना के दो पक्ष हैं? मेरा पहली बार किसी यज्ञ के लिए बाहर निकलना और उसके लिए रथवीति के राज्य का चयन क्या परस्पर सापेक्ष हैं या यह एक संयोग मात्र है?' सोचते हुए श्यावाश्व कुछ निश्चित नहीं कर पा रहे थे।

आठ

आज से चार दिन बाद मकर संक्रांति है, उसी दिन राजा रथवीति दार्भ्य के यहाँ चार दिन का सोमयाग प्रारंभ होनेवाला है, जिसके लिए कुलपति अर्चनाना और श्यावाश्व को आज ही प्रयाण करना है। इसलिए आश्रम में खासी चहल-पहल है। श्यावाश्व किसी यज्ञ में भाग लेने के लिए बाहर जा रहे हैं, यही संदेश आश्रमवासियों को पुलकित किए हुए है।

रथवीति से मिलने के बाद श्यावाश्व में विशेष प्रकार का परिवर्तन आ गया है। राजाओं के यहाँ होनेवाले यज्ञों के प्रति एक खास तरह का वितृष्णा-भाव रखनेवाले श्यावाश्व के मन को बदलने में एक राजा का ही व्यक्तित्व कारण बन गया। इस घटना से श्यावाश्व विस्मित हैं। यज्ञ में जाने की स्वीकृति देने के बावजूद प्रारंभ में उन्हें सहसा विश्वास ही नहीं हुआ कि वे सचमुच वैसा करने जा रहे हैं। वैसे राजाओं के यहाँ उनका आना-जाना कोई कम नहीं था। जैसे आश्रमों में ज्ञानसत्रों का आयोजन बहुधा होता ही रहता था, वैसे ही अनेक राजा भी ऐसे थे, जो ऐसे विचार-परिसंवादों का आयोजन करते रहते थे। अपनी विद्वत्ता और विचारशीलता के कारण श्यावाश्व इतने ख्यात हो चुके थे कि उन्हें इन ज्ञानसत्रों के आमंत्रण प्रायः मिलते रहते और वे उनमें भाग भी लेते ही रहते थे। इसलिए उन्होंने जब रथवीति से ज्ञानसत्र के आयोजन का प्रस्ताव किया और रथवीति ने तुरंत मान लिया तो यह कोई आश्चर्य की बात नहीं थी। पर रथवीति की जिस बात से श्यावाश्व प्रभावित हुए थे, वह थी राजा रथवीति की वैचारिक स्पष्टता। पिता अर्चनाना की पर्णकुटी के विशाल कक्ष में रथवीति के साथ अर्चनाना और उनके परिवारजनों का संवाद कुछ क्षण ही चला था। इतने कम समय में रथवीति ने अपना प्रस्ताव एक सटीक समझदारी से रखकर सबसे मनवा लिया और उनके द्वारा रखे गए ज्ञानसत्र के प्रस्ताव को भी उसी कुशल तत्परता से स्वीकार कर लिया। इस बात का श्यावाश्व पर भारी असर पड़ा था। वे इन्हीं विचारों में मगन थे कि उन्हें पिता अर्चनाना और तात शुकनास अपनी पर्णकुटी में प्रवेश करते दिखाई दिए। श्यावाश्व ने झुककर उन्हें प्रणाम किया।

"श्यावा, किन विचारों में डूबे हो आज भी?" श्यावाश्व के प्रणाम को स्वीकार करते हुए आशीर्वाद की मुद्रा में हाथ उठाकर अर्चनाना बोले, "आज तो तुम मेरे साथ एक ऐसे आयोजन में चल रहे हो, जैसे आयोजन में हम दोनों इससे पहले एक साथ कभी नहीं गए। आज मैं कितना प्रसन्न हूँ!" कहते हुए अर्चनाना थोड़ा भावुक हो गए, "पितामह अत्रि के कुल के प्रकाश स्तंभ-जैसे हो तुम श्यावा! अपनी सरलता और

सहजता के कारण तुम कभी जान ही नहीं पाए कि तुम कितने महान् और विशिष्ट हो, पर हम आश्रमवासी यह बात जानते और समझते हैं।"

अर्चनाना बोले जा रहे थे। जहाँ शुकनास उनकी पूरी भावनाओं के प्रति मौन समर्थन के प्रसादपूर्ण संकेत दे रहे थे, वहाँ श्यावाश्व चकित थे कि आज अचानक पिताश्री उन्हें लेकर क्यों इतने भावुक और श्लाघामय हो गए हैं। लेकिन पिता की बातों को विनम्र भाव से सुनने के अलावा कोई विकल्प उनके पास नहीं था।

"वत्स श्यावाश्व," अर्चनाना ने अपना कथन जारी रखा, "पितामह अत्रि के कुल में हम सभी अभी तक यज्ञयाग की परंपरा को ही आगे बढ़ाते आए हैं। तात सोम आत्रेय ने सोमयाग को चार दिन का कर्मकांड बनाकर अपनी विशिष्ट छाप उस परंपरा को दे दी है, पर श्यावा, तुम तो अद्भुत हो। यज्ञों के कर्मकांड तो जैसे तुम्हें हस्तामलकवत् हैं ही, विचारों के विश्व में भी तुम सचमुच ध्वजवाहक सिद्ध हो रहे हो। ज्ञानसत्रों में जिस तरह की ख्याति और सम्मान तुम अर्जित कर रहे हो, वह हम सबके लिए परम रोमांचकारी हो गया है।"

पिता के मुँह से इतनी प्रशंसा और श्लाघा सुनने के बाद श्यावाश्व को संकोच हो आया। उन्हें लगा कि वे उस सम्मान के योग्य नहीं हैं। पर उनके संकोच को मानो बढ़ाते हुए तात शुकनास ने भी अर्चनाना के शब्दों को नया रूप देते हुए कहा, "आर्य श्यावाश्व, कुलपति ठीक कह रहे हैं। वे अपनी ही नहीं, सभी आश्रमवासियों की भावनाओं को व्यक्त कर रहे हैं। तुम जैसे विचारक को अपनों में देखकर हम कितने आश्वस्त और उत्तुंग रहते हैं, इसका अनुमान तुम भला कैसे लगा पाओगे! आज तुम रथवीति दार्भ्य के यहाँ यज्ञकर्म में भाग लेने जा रहे हो, इससे जहाँ आश्रमवासियों में एक विशेष प्रकार का उत्साह है, वहीं एक उदासी भी है, जो हर उस अवसर पर होती है, जब तुम किसी कार्यवश आश्रम से बाहर जाते हो और हमें तुम्हारी अनुपस्थिति व्याकुल कर देती है।"

"पिताश्री," श्यावाश्व को लगा कि प्रसंग बदलना बहुत जरूरी है, "राजा रथवीति दार्भ्य ने मुझे बहुत प्रभावित किया है। जिस संक्षेप और कुशलता से उन्होंने अपना प्रस्ताव रखा और हम सबसे मनवा लिया। फिर हमारा प्रस्ताव सुना और मान लिया, वह मेरे लिए जैसे एक स्मरणीय घटना बन गया है।"

"श्यावा, रथवीति अन्य राजाओं जैसे नहीं हैं। वे बेशक राजमहलों में रहते हों, पर उनका आचरण और व्यवहार हम आश्रमवासियों जैसा ही है। वे वास्तव में राजर्षि हैं। जिस विरक्त भाव से प्रजाहित के बारे में सोचते रहते हैं, उसी के आधार पर मैंने तुमसे उनके यहाँ यज्ञकर्म में भाग लेने का आग्रह किया था।" अर्चनाना ने अपनी बात समाप्त करते हुए कहा, "रथवीति के आगे ज्ञानसत्रवाला प्रस्ताव रखकर तुमने वास्तव में उर्वरा

भूमि में ही विचारों का बीजवपन किया है। जहाँ तक मुझे लग रहा है, स्वयं रथवीति दार्भ्य इस ज्ञानसत्र में पूरा समय बैठेंगे और विचार-विमर्श में सक्रिय भाग लेंगे।"

"आर्य श्यावाश्व", शुकनास बोले, "अब हम चलते हैं, थोड़ी देर बाद हमें आश्रम से चल पड़ना है। जो तैयारी शेष है, वह भी कर लो।"

अर्चनाना और शुकनास चले गए, पर श्यावाश्व को स्वयं अपने-आप में चकित कर गए कि क्यों पिता अर्चनाना आज इतने गद्गद भाव में आ गए थे। श्यावाश्व को इस बात का पूरा आभास था कि पिता अर्चनाना उनके प्रति कितना अधिक स्नेहभाव रखते हैं। पर आज वे जितने भावुक हो गए थे, उसका कोई कारण श्यावाश्व की समझ में नहीं आ रहा था। इन्हीं विचार-तरंगों पर सवार होकर वे अपनी माँ सुभगा के पास जा पहुँचे। संक्षिप्त बातचीत के बाद उन्होंने माँ को वह सब बताया, जो पिता अर्चनाना ने आज अपनी भावुकता के अतिरेक में उनसे कहा था। श्यावाश्व के लिए चकित और संकुचित होने का यह दूसरा अवसर था। वे इस बात पर चकित थे कि जब वे माँ को अपने पिता की भावनाएँ बता रहे थे तो माँ के चेहरे पर एक चपल मुसकान दौड़ रही थी, जिसका अर्थ यह था कि न तो अर्चनाना ने कुछ गलत कहा था और न ही उन्होंने कुछ ऐसा कहा था, जो सुभगा के लिए सुनने में नया हो; बल्कि श्यावाश्व के संकोच को बढ़ाती हुई माँ सुभगा ने पूरी बात सुनने के बाद यह और जोड़ दिया, "श्यावा, स्वर्ण को पता नहीं होता कि धातुओं में वह सर्वश्रेष्ठ है और लोग उसे धारण करने को लालायित रहते हैं। पृथ्वी को यह मालूम नहीं होता कि वह वसुंधरा है और सदियों-सहस्राब्दियों से वह इस लोक का भरण-पोषण करती चली आ रही है। चंद्रमा को पता नहीं होता कि उसकी किरणों से औषधों और वनस्पतियों में रस का संचार होता है। सूर्य को भी यह कहाँ पता होता है कि वह जो धूप धरती पर फैलाता है, उससे अन्न पकता है और लोगों के शरीर में पुष्टि आती है! इसलिए यदि मेरे श्यावा को भी अपनी श्रेष्ठताओं का पता नहीं है तो इसमें क्या आश्चर्य? पहली बार तुम यज्ञकर्म के लिए आश्रम से बाहर जा रहे हो, तुम्हें मेरा आशीर्वाद है कि तुम प्रसन्नता और संतोष की निधियाँ लेकर वापस लौटो। मैं और तुम्हारे पिता अर्चनाना उस दिन की प्रतीक्षा में हैं, जिस दिन हमारा श्यावाश्व मंत्रकार बनेगा और उसकी ऋचाओं का संकलन ऋग्वेद में कर दिया जाएगा।"

माँ का आशीर्वचन इतनी जल्दी क्यों समाप्त हो गया? श्यावाश्व अपनी माँ सुभगा की बातों से इतना विभोर हो चुके थे कि चाहने लगे कि माँ बोलती जाएँ और वे सुनते जाएँ। सुभगा का इतना बड़ा वक्तव्य भी उन्हें संक्षिप्त लग रहा था। वे गद्गद हो गए। उस दिन की रात संघर्षमय थी तो आज का दिन उन्हें विभोर किए जा रहा था। उसी विभोर और तरल गद्गद भाव में श्यावाश्व माँ के चरणों में लेट गए। उनकी आँखों से झर-झर

बहते आँसुओं से सुभगा के चरण भीग गए। माँ ने बेटे को उठाकर गले से लगा लिया। उनकी आँखों में आँसू आ गए और वे बोलीं, "वत्स श्यावाश्व उठो, मंत्रकार बनो! तुम सबकुछ हो और क्या आशीष तुम्हें दूँ? बस, प्रभु से एक ही कामना है कि तुम मंत्रकार बनकर इस देश के विचारों और कल्पनाओं पर छा जाओ!" श्यावाश्व सिर झुकाए खड़े थे और सुभगा के दोनों हाथ उनके सिर पर थे। माँ और पुत्र दोनों की आँखों से अविराम अश्रुपात हो रहा था। थोड़ी देर तक दोनों एक-दूसरे को एकटक देखते रहे। फिर अचानक श्यावाश्व बोले, "माँ, अब मैं चलूँ?"

"आज तो तुम्हें जाना ही है। पीछे देखो तो भला कौन आया है?" सुभगा ने कहा। श्यावाश्व ने घूमकर देखा तो ऊर्म्या मुसकराती हुई खड़ी थी; बोली, "कब से खड़ी हूँ, पर माँ और पुत्र के बीच चल रहे मौन-मुखर संवादों को कहीं पूर्णविराम ही नहीं लग रहा था कि मुझे भी कुछ बोलने का अवसर मिल पाता। श्यावा, तुम्हारे प्रयाण की सभी तैयारियाँ मैंने कर दी हैं। बस, अब चलने की सोचो।"

"तुम भी साथ चल रही हो न?" श्यावा ने पूछा।

"देखो, आश्रम के प्रबंध के लिए कोई तो पीछे रहेगा! अब तुम ठहरे बड़े आदमी। तुम्हारा कार्यक्रम तो आज आश्रम के लिए मानो उत्सव का कारण बन गया है। तात कुलपति तो जाएँगे ही। उनके साथ पिता शुकनास को भी जाना है। बाकी एक मैं ही बची हूँ, जिसको तुम सब पीछे छोड़े जा रहे हो।" ऊर्म्या की बात सुनकर सुभगा को हँसी आ गई।

श्यावाश्व और ऊर्म्या पर्णकुटी के बाहर आ गए। चारों ओर धूप खिली थी और मध्याह्न में अभी देर थी। दोनों बातें करते हुए बाहर जाने के लिए आश्रम के उस छोर की ओर चल पड़े, जिस ओर कुलपति अर्चनाना, शुकनास और दूसरे आश्रमवासी पहले ही जा चुके थे।

"श्यावा," ऊर्म्या बोली, "आज तुम पहली बार यज्ञकर्म के लिए बाहर जा रहे हो, सो तो ठीक ही है, पर अपनी ऊर्जा सोमयाग पर व्यय कर देने की अपेक्षा ज्ञानसत्र पर ही व्यय करना।"

"क्यों, ऐसा तुम क्यों कह रही हो?"

"इसलिए श्यावा कि तुम्हें इस बार ज्ञानसत्र की अध्यक्षता करनी है। सृष्टि के नियामक कारण के बारे में तुम्हारे अपने विचार हैं। ज्ञानसत्र में जो विद्वान् और विचारक भाग लेने आएँगे, वे आवश्यक नहीं कि तुम्हारी बातों से सहमत ही हों, बल्कि दूसरे की बात को न मानना विद्वानों का अहंकारजन्य दुर्गुण होता है। विभिन्न ज्ञानसत्रों में जाकर तुम इस बात का अनुभव स्वयं ही कई बार कर चुके हो। विद्वान् अपनी प्रतिद्वंद्विता की

ईर्ष्या में आकर तुम्हारे बारे में जो कुछ भी धारणा रखते हों, पर मत भूलना कि तुम्हारी ख्याति और प्रतिष्ठा एक बड़े विचारक के रूप में हो चुकी है। मन को सृष्टि की उत्पत्ति और विकास का कारण मानकर तुमने अपना एक सिद्धांत इन ज्ञानसत्रों में बार-बार रखा है। इसलिए जो विद्वान् तुम्हारी अध्यक्षता में चलनेवाले ज्ञानसत्र में भाग लेने आएँगे, उनका पहला लक्ष्य तुम्हारे व्यक्तित्व को विस्थापित करना होगा और अपने विचारों को स्थापित करना उनके लिए इतना महत्त्वपूर्ण नहीं होगा। तुम्हें विस्थापित नहीं कर पाए, तो ही वे अपने विचारों को स्थापित करने का प्रयास करेंगे।"

"ऊर्म्या, आज तो तुम किसी बड़े कूटनीतिज्ञ जैसी बातें कर रही हो, जिसे अपने प्रतिद्वंद्वियों की हर चाल का गहरा ज्ञान होता है और वह अपना हर कदम उसी संदर्भ में आगे बढाता है।" श्यावा ने थोड़ा मजा लेते हुए कहा।

ऊर्म्या इससे विचलित नहीं हुई। श्यावा के साथ चलते-चलते उसने अपनी बात का सिलसिला जारी रखा, "यह सब मैं इसलिए कह रही हूँ कि हमारा लक्ष्य विचारों की स्थापना होना चाहिए। यदि तुम अध्यक्ष के रूप में सुस्थापित रहोगे, तभी तुम दूसरे विद्वानों को विवश कर सकोगे कि वे इधर-उधर की हाँकने की बजाय अपने को विचारों के साथ जोड़े रहें।"

"तुम्हारा तर्क तो समझ में आ रहा है।" श्यावाश्व ने बात की गहराई नापी और अपना मत व्यक्त किया।

बातें करते-करते दोनों आश्रम के बाहरी छोर तक आ पहुँचे।

"इससे पहले कि विदा करने आए आश्रमवासियों के बीच तुम खो जाओ, मुझे तुमसे एक और अति महत्त्वपूर्ण बात कहनी है।" ऊर्म्या ने थोड़ा गंभीर होते हुए कहा।

"क्या बात है, बताओ न!" श्यावा ने प्रयास किया कि ऊर्म्या की गंभीरता में भी थोड़ी सरलता का प्रवेश हो जाए।

"श्यावा, रथवीति दार्भ्य के आकर्षक और प्रभाव पैदा कर सकनेवाले व्यक्तित्व से तो तुम्हारा परिचय हो ही चुका है।"

"हाँ, उसी का तो परिणाम है कि आज मैं पहली बार किसी यज्ञ-कर्म में भाग लेने आश्रम से बाहर जा रहा हूँ।" श्यावाश्व ने ऊर्म्या की बात का समर्थन कर दिया।

"जितना आकर्षक और प्रभावशाली व्यक्तित्व रथवीति दार्भ्य का है, उतना ही आकर्षक और प्रभावशाली व्यक्तित्व उनकी दुहिता का है। रथवीति की इस सुंदरी पुत्री का नाम है पीयूषा। यदि वह तुम्हें ज्ञानसत्र में सक्रिय भाग लेती नजर आए तो इस पर तुम्हें कोई आश्चर्य न हो, इसलिए तुम्हें पहले से ही बता रही हूँ।"

"पीयूषा?" श्यावाश्व ने पूछा।

"हाँ, पीयूषा।" ऊर्म्या ने दोहरा दिया, "वह अत्यंत सुंदर है, विचारशील है, आकर्षक और प्रभावशाली है और उतनी ही स्वाभिमानी भी। अपने विचारों को सुंदर तरीके से रखना उसे आता है। वह अभी तक अविवाहित है और उसने कई विवाह-प्रस्तावों को अपने अयोग्य कहकर ठुकरा दिया है। मेरा आग्रह है कि तुम उससे एक गंभीर संवाद करके आना।"

"ऊर्म्ये, क्या वह तुमसे भी अधिक विचारशील है?"

"देखो श्यावा, विचारों के मानचित्र पर कुछ ऊपर और कुछ नीचे अवश्य होता है, पर इससे चीजों और बातों का महत्त्व कम या ज्यादा नहीं हो जाता। हर विचार यदि महत्त्वपूर्ण है तो हर विचारशील व्यक्ति भी समान रूप से महत्त्वपूर्ण है। इस मामले में तुलनाएँ नहीं करनी चाहिए। अंतर तो व्यक्तित्व की पूर्णता के आधार पर पड़ता है। जो व्यक्तित्व जितना अधिक पूर्ण होता है, वह उतना ही अधिक प्रभावशाली भी होता है। पीयूषा विचारशील है और वह राजकन्या भी है। मेरा फिर से आग्रह है कि उससे गंभीर संवाद अवश्य करना। भूलना नहीं और फिर आकर बताना कि उसके व्यक्तित्व को लेकर तुम्हारा आकलन क्या है।"

"ठीक है ऊर्म्या, तुम्हारी बात को मैं टाल नहीं सकता।" श्यावाश्व ने कहा और दोनों तीव्रता से चलकर वहाँ पहुँचे, जहाँ अर्चनाना, शुकनास और दूसरे आश्रमवासी खड़े थे। श्यावाश्व को यह देखकर आश्चर्य हुआ कि हालाँकि वे कई बार आश्रम से बाहर गए हैं, पर उनकी विदाई के लिए आश्रमवासियों का ऐसा जमघट आज पहली बार ही हुआ है। विद्याकुल के छात्रों और छात्राओं ने उन्हें वहाँ पहुँचते ही घेर लिया और थोड़ी देर के लिए वहीं उनके बीच एक छोटा सा ज्ञानसत्र हो गया। दूसरे आश्रमवासी भी प्रसन्न थे कि आर्य श्यावाश्व रथवीति दार्भ्य के यहाँ यज्ञ-कर्म में जा रहे हैं। सभी आश्रमवासियों से मिलकर और छात्र-छात्राओं के साथ थोड़ा विनोद-व्यंग्य करने के बाद श्यावाश्व पिता अर्चनाना और तात शुकनास के साथ विदा होने को हुए तो दूर से ऊर्म्या ने करीब-करीब चिल्लाते हुए कहा, "श्यावा, मेरी सबसे अंत में कही बात याद रखना, भूलना नहीं!"

स्वीकृति में सिर हिलाकर श्यावाश्व आगे बढ़ गए। वे चलते जा रहे थे और सोचते भी जा रहे थे। पिछले दिनों जो कुछ हुआ, उसके आधार पर उन्हें विश्वास हो चला था कि जीवन में कुछ नया होने जा रहा है। उस रात का उनका भयानकतम मानसिक संघर्ष उन्हें भुलाए नहीं भूल रहा था और भूलता भी कैसे? यदि उनके मतानुसार मन ही सृष्टि की उत्पत्ति और विकास का कारण है; यदि हर उत्थान-पतन के पीछे प्राणिमात्र की संकल्पशक्ति ही काम कर रही है तो उतना भयानक संघर्ष झेलने के बाद मन कुछ-न-

कुछ नया अनुभव किए बिना रह नहीं सकता। उसे विकास, उपलब्धि या वंचित हो जाने के परिणामों को अनिवार्यतः झेलना ही होगा। फिर उन्हें रथवीति के साथ हुई संक्षिप्त भेंट का स्मरण हो आया, जिसने उनकी संकल्प शक्ति को नए आयाम दिए और जिसके परिणामस्वरूप वे आज एक ऐसी यात्रा पर निकले हैं, जैसी यात्रा उन्होंने इससे पहले कभी नहीं की। फिर अचानक आज पिता अर्चनाना द्वारा भावुकता के अतिरेक में आकर वह सब कह जाना भी अति विचित्र लगा, जिसकी उन्होंने कभी कल्पना तक न की थी। वे अपने प्रति पिता अर्चनाना के चरम स्नेह से परिचित थे, पर उस स्नेह में सम्मान का अंश भी है और इतना अधिक है और जिन कारणों से है, इस संपूर्ण अनुभव से भी उनका साक्षात्कार जीवन में पहली बार हुआ था। फिर उन्हें याद आया कि कैसे पहली बार उन्हें अपनी माँ से मंत्रकार होने का आशीर्वाद मिला। पहली बार उन्होंने जाना कि पिता अर्चनाना और माँ सुभगा कितनी तीव्र आकांक्षा से भरपूर थे कि उनका श्यावाश्व मंत्रकार बने। श्यावाश्व को उनकी इस महत्त्वाकांक्षा का कुछ-कुछ पता तो था, पर उसकी तीव्रता के इन आयामों से वे आज तक अपरिचित थे। अचानक ऊर्म्या ने उन्हें किस कदर चेता दिया कि वे ज्ञानसत्र की अध्यक्षता करने जा रहे हैं और इसका अर्थ क्या होता है। बड़ी ही विलक्षण है ऊर्म्या। जाते-जाते उसने उनके मस्तिष्क में एक और बीज डाल दिया है—पीयूषा।

श्यावाश्व इन सभी घटनाओं और अनुभवों को बार-बार आपस में जोड़ने का प्रयास कर रहे थे, पर कोई सूत्र या तार उन्हें ऐसा नहीं मिल रहा था, जो इन सब को जोड़कर उसका अर्थ उन्हें समझा पाता। वे चलते जा रहे थे और सोचते जा रहे थे। अर्चनाना और शुकनास का आपस में संवाद चल ही रहा था और उन दोनों ने श्यावाश्व की विचार-यात्रा को अपने प्रश्न-हस्तक्षेप से भंग करने का कोई प्रयास नहीं किया। इसलिए श्यावाश्व को निष्कर्ष न पा सकने की उलझनों के समुद्र में गोते लगाने में कोई बाधा नहीं थी। निर्बाध गोते लगाते हुए उन्हें प्रभात की वह बेला याद आ गई, जब वे सूर्योदय से पहले उठकर फिर सोने के प्रयास में अपने विवाह के बारे में सोचने लगे थे और आज ऊर्म्या ने मानो बड़े ही जतन से उनके मन में एक नाम का बीजवपन कर दिया है—पीयूषा। क्या इन दोनों बातों में कोई संबंध है? उलझन के इस हद तक पहुँचते ही श्यावाव को लगा कि अगर अनिश्चय के भँवर में इस कदर फँस गए तो फिर निकलना कठिन हो जाएगा। इसलिए एक अजब तेजी से इन संकल्प-विकल्पों के तमाम आक्रमणों को एक ओर झटककर वे पिता और तात की संवाद-परिधि का हिस्सा जा बने और फिर उसमें ही खो गए।

नौ

मकर संक्रांति का वह दिन और मकर संक्रांति की ही रात। दिन श्यावाश्व का था और रात ऊर्म्या की।

रथवीति दार्भ्य के राजप्रासाद में सोमयाग प्रारंभ होने की चहलपहल थी। इस चहलपहल में ऊष्मा कुछ इसलिए भी बढ़ गई थी कि श्यावाश्व पिछले तीन दिनों से राजप्रासाद की अतिथिशाला में थे और वे चार दिन चलनेवाले सोमयाग का कर्मकांडेतर संपूर्ण प्रबंध देख रहे थे। पिता अर्चनाना अपने विलक्षण बेटे की प्रतिभा से सुपरिचित थे। वे चाहते तो इस चार दिवसीय सोमयाग के कर्मकांड का पूरा दायित्व श्यावाश्व के कंधों पर डाल सकते थे। पर दो कारणों से श्यावाश्व पर सीमित दायित्व डालने का निर्णय उन्होंने किया था और इस निर्णय तक पहुँचने में शुकनास का पूरा समर्थन उन्हें था। दोनों ने मिलकर सोचा कि चार दिन के सोमयाग के बाद तीन दिन का ज्ञानसत्र चलनेवाला है, जिसकी अध्यक्षता श्यावाश्व को ही करनी है। इसलिए उन्हें सोमयाग का पूरा काम सौंपकर श्रांत कर देने और थका देने में कोई बुद्धिमत्ता नहीं है। तीन दिन के ज्ञानसत्र का नेतृत्व करने के लिए श्यावाश्व की ऊर्जा को बचाए रखना उन्हें अधिक उचित लगा। दूसरा कारण यह था कि पिता अर्चनाना और माँ सुभगा की इच्छाओं का सम्मान करते हुए श्यावाश्व इस यज्ञकर्म में सम्मिलित हुए थे। इसलिए उन पर उतना ही बोझ डालना व्यावहारिक था, जितना श्यावाश्व को प्रसन्नचित्त बनाए रखता, तथापि सोमयाग की पूरी तैयारियाँ संपन्न करवाने का काम श्यावाश्व को सौंप अर्चनाना काफी निश्चिंत हो गए थे। रथवीति के राजप्रासाद में आने के बाद पिछले तीन दिन में श्यावाश्व इन प्रबंधों में लगे हुए हैं। आज मकर संक्रांति का प्रभात है और आज ही चार दिनों का सोमयाग प्रारंभ होना है। इसलिए आज श्यावाश्व को यह भी देखना है कि प्रबंध पूरे हो गए हैं या नहीं, कहीं कोई त्रुटि तो नहीं रह गई है? सोमयाग-संबंधी उनका यह अंतिम दायित्व था, क्योंकि सोमयाग करवाने का दायित्व तो पिता अर्चनाना का ही था। शेष चार दिन श्यावाश्व को वहाँ बैठना भर था।

प्रभात होते ही जब श्यावाश्व स्नानादि कर्म में लगे थे तो उन्हें बार-बार एक ही बात ध्यान में आ रही थी, 'आज मकर संक्रांति है। भगवान् भास्कर आज मकर राशि में संक्रमण कर जाएँगे और शरद और शिशिर ऋतु के अवसान पर वर्ष का उत्तरायण प्रारंभ हो जाएगा। एक ओर ऋतुचक्र हेमंत में प्रवेश करेगा तो दूसरी ओर शुभ कार्यों की अनुमति देने का प्रतीक उत्तरायण प्रारंभ हो जाएगा।' सूर्य के राशि-संक्रमण के कारण होनेवाले शुभ परिवर्तनों को वे अपने जीवन में संभावित संक्रमण से जोड़े बिना नहीं रह

सके। फिर से सोच में डूब गए, 'पिछले एक पखवाड़े से मेरे जीवन में जो घटित हो रहा है, उसके परिणामस्वरूप मेरे जीवन में भी क्या कोई भारी संक्रमण होनेवाला है, क्या उत्तरायण का सूर्य मेरे जीवन में कोई विशेष परिवर्तन ले आएगा, क्या हेमंत का, हिम के अंत का प्रारंभ मेरे जीवन में भी वह सौंदर्य उत्पन्न करनेवाला है, जो शीघ्र ही वसंत ऋतु के समय खिलनेवाले कई तरह के आकर्षक फूलों के सौंदर्य के रूप में प्रकट होगा? पिता अर्चनाना मुझमें अत्रिकुल का प्रकाश स्तंभ ढूँढ़ रहे हैं तो माँ सुभगा मेरे भीतर छिपे बैठे किसी मंत्रकार को पुकार रही हैं। ऊर्म्या चाहती है कि मैं ज्ञानसत्र के माध्यम से विचारों को अद्‌भुत नेतृत्व दूँ और उसने तो यह भी कहा है कि पीयूषा से मिले बिना न आऊँ। उसके साथ गंभीर संवाद करके ही आऊँ।'

इन्हीं विचारों का ताना-बाना बुनते हुए श्यावाश्व स्नानादि नित्यकर्म संपन्न कर सीधे यज्ञमंडप की ओर चल पड़े, जहाँ की संपूर्ण तैयारियों पर उन्हें अंतिम रूप से दृष्टिपात करना था। जब वे यज्ञमंडप की ओर जा रहे थे तो पिछले तीन दिनों की तरह उन्होंने पाया कि राजमहिषियाँ और राजकन्याएँ राजप्रासाद के विभिन्न कक्षों के गवाक्षों में से उन्हें एक पलक निहारने के लिए बाहर छज्जों पर आ गई हैं। वे यह देखकर एक बार फिर मुसकरा उठे और नित्य की तरह सोचने लगे कि एक व्यक्ति को देखने में आखिर इन सबको ऐसा क्या मिल रहा है, जिससे वे वंचित नहीं रहना चाहतीं? अंत:पुर के बाहर झाँकती दृष्टियों के स्नेह-स्नान से सुवासित होकर वे धीरे-धीरे यज्ञमंडप में आ पहुँचे तो विभिन्न ऋषिकुलों से आए तापसों, छात्रों और छात्राओं ने उन्हें घेर लिया। उन सबसे हलके से बातचीत कर वे कुछ प्रबुद्ध तापसों, छात्रों और छात्राओं के साथ सोमयाग के प्रबंधों की परीक्षा करने में लग गए।

एक विशाल प्रांगण में बना हुआ यज्ञमंडप गोलाकार था। बीचोंबीच स्थापित वृत्त के चारों ओर दो हाथ परिधि के गोलाकार अग्निकुंड के आकाश को छोड़कर शेष यज्ञ-मंडप पर एक वितान छाया हुआ था, जो नीचे भूमि में मजबूती से गाड़े गए बल्लमों से लगी रस्सियों के साथ दृढ़तापूर्वक बाँध दिया गया था। मंडप के उत्तर में भीतर आने का प्रवेश द्वार था, जिसमें से होकर अभी-अभी श्यावाश्व ने प्रवेश किया था। यज्ञशाला ठीक मध्य में थी और उस शाला के चारों ओर भूमि पर आस्तरणिकाएँ बिछी हुई थीं, जहाँ प्रजाजन धीरे-धीरे आकर बैठ रहे थे। यज्ञशाला की परिधि के बाहर पूर्वी दिशा में आस्तरणिकाओं के स्थान पर एक बहुत बड़ा चबूतरा बनाकर उस पर भव्य ऊनी कालीन बिछा दिए गए थे, जिन पर अनेक आसंदियाँ रखी थीं। इन आसंदियों पर रथवीति दार्भ्य के मंत्री और विशेष अधिकारीगण बैठनेवाले थे। इनमें सबसे आगे एक आसंदी विशेष और थोड़ा ऊँची थी, जिस पर राजकुमारी पीयूषा को बैठना था। यज्ञमंडप के बाहर

ब्रह्मस्थान वाले भाग में भोजनशाला थी, जहाँ यज्ञ में आनेवाले आगंतुकों के लिए भोजन की व्यवस्था हो रही थी।

यह सब देखने के बाद श्यावाश्व यज्ञशाला का निरीक्षण करने आए। यज्ञशाला के चार भाग थे। पूर्वी भाग में वृत्त के चारों ओर दो हाथ की परिधि का अग्निकुंड था, जिसके चारों ओर आसन बिछे थे। कुंड के पूर्व की ओर दो चौकियाँ पड़ी थीं, जिन पर यजमान के रूप में रथवीति दार्भ्य और उनकी प्रमुख राजमहिषी को बैठना था। शेष तीन ओर क्रमशः होता, उद्गाता और अध्वर्यु नामक पुरोहितों के आसन थे। एक ओर कोने में थोड़ा ऊँचा आसन बना हुआ था, जिस पर ब्रह्मा पुरोहित अर्थात् कुलपति अर्चनाना को बैठकर पूरे यज्ञ का संचालन करना था। अग्निकुंड के पश्चिम में भूमि में एक लंबा बाँस गाड़ दिया गया था, जो भूमि से एक मँझोले कद के व्यक्ति की ऊँचाई तक बाहर उठा हुआ था। इसी बाँस के ऊपरी हिस्से पर एक दूसरा बाँस नली के आकार में इस तरह बाँध दिया गया था कि इस नली का एक सिरा अग्निकुंड की ओर झुका हुआ था, जबकि दूसरे सिरे में घी डालने की सुविधा बना दी गई थी, ताकि घी उस नली में से होता हुआ सीधा अग्निकुंड में गिरता रहे और अग्नि निरंतर प्रज्वलित रहे। यहीं पर मिट्टी के बने एक विशाल पात्र में पर्याप्त मात्रा में घी पड़ा था, जिसकी सुरक्षा का दायित्व श्यावाश्व ने एक छात्र को सौंप दिया था। यज्ञमंडप के दक्षिण में लकड़ी के एक चबूतरे पर यज्ञ में काम आनेवाले चमस आदि तमाम पात्र पड़े थे, जो लकड़ी के बने हुए थे। यज्ञशाला के पश्चिमी भाग में सोम शकट खड़ा था। इस छकड़े पर सोम की अनेक लताएँ प्रचुर मात्रा में लदी पड़ी थीं और इस शकट के पास ही दो लोग बैठे हुए थे, जो निरंतर इन लताओं को पत्थर पर पीसकर उनमें से सोमरस निकाल रहे थे। यज्ञशाला के उत्तरी भाग में यज्ञ में भाग लेनेवाले पुरोहितों, उनके सहायकों तथा यजमान के विश्राम के लिए स्थान बना हुआ था, जो देखने में बाँसों के एक विशाल कक्ष जैसा था।

सारी व्यवस्थाएँ देखने के बाद श्यावाश्व ने साथ चल रहे विभिन्न विद्याकुलों के छात्र-छात्राओं से पूछा, "सब व्यवस्थाएँ ठीक तो हैं न?" विशेषज्ञों की तरह सभी ने हर्षध्वनि से हामी भर दी तो मुसकराते हुए श्यावाश्व ने सभी को मंडप में जाकर अपना-अपना स्थान ग्रहण करने का निर्देश दिया। यज्ञ प्रारंभ कर देने का समय निकट आ रहा था और श्यावाश्व सोचने लगे कि पिताश्री को अब आ जाना चाहिए। जैसे ही श्यावाश्व प्रबंध-निरीक्षण से निवृत्त होकर यज्ञशाला के उत्तर में बने विशाल कक्ष में अपना स्थान ग्रहण कर लेने के विचार से पहुँचे तो उन्होंने देखा कि उत्तर में ही बने प्रवेश-द्वार से पिता अर्चनाना तात शुकनास और अन्य सहायक यज्ञकर्ताओं के साथ यज्ञमंडप में प्रवेश कर रहे हैं।

"श्यावा जब तुम हो तो मुझे किसी भी तरह की कोई चिंता नहीं।" बाँसों के बने विशाल कक्ष में प्रवेश करते हुए अर्चनाना बोले।

"परंतु पिताश्री, यदि एक बार आपका दृष्टिपात भी संपूर्ण व्यवस्था पर हो जाए तो मैं कृतकृत्य अनुभव करूँगा।"

श्यावाश्व के इस अनुरोध पर अर्चनाना ने वहीं खड़े-खड़े एक दृष्टिपात संपूर्ण व्यवस्था पर किया और प्रशंसाभरी स्वीकृति की एक मधुर मुसकान के साथ अपने पुत्र को निहार लिया। जैसे ही अर्चनाना आदि सभी पुरोहित अपने आसनों की ओर बढ़ने लगे, वैसे ही राजा रथवीति दार्भ्य अपनी राजमहिषी और दुहिता पीयूषा के साथ यज्ञमंडप में प्रवेश करते दिखाई दिए। श्यावाश्व ने सभी को देखा, पीयूषा को भी; पीयूषा को थोड़ा सावधान होकर। थोड़ी देर में सभी ने अपना-अपना आसन ग्रहण किया और 'हरिः ओम्' के उच्च स्वर के साथ सोमयाग प्रारंभ हो गया। श्यावाश्व निश्चिंत होकर विशाल कक्ष में एक आसंदी पर बैठ गए। उन्हें पर्याप्त अवकाश था विचार-यात्रा पर चल पड़ने का।

सहसा ऊर्म्या का संदेश श्यावाश्व के हृदय कपाट पर दस्तक देने लगा, "पीयूषा... सुंदर है, आकर्षक है, प्रभावशाली है, राजकन्या है, विचारशील है, उससे गंभीर संवाद अवश्य करना!" श्यावाश्व ने वहीं बैठे-बैठे यज्ञमंडप के पूर्वी हिस्से में रखी उस विशिष्ट ऊँची आसंदी की ओर देखा, जिस पर पीयूषा को बैठना था। श्यावाश्व ने पाया कि वहाँ जो आकृति बैठी है, वह पीयूषा ही है। पीयूषा को देखते ही श्यावाश्व को ऐसा अनुभव हुआ कि जैसे उनके हृदय में कहीं कोई विशेष प्रकार का स्वर झंकृत हो उठा है। श्यावाश्व अभिभूत हो गए।

'क्या यही वह पीयूषा है, जिससे मिलने को मेरी बालसखी ऊर्म्या मुझे बार-बार कह रही थी? वह आग्रह न करती, तो भी मैं इसे देखने के बाद इससे मिले बिना आश्रम वापस जाने की सोच नहीं पाता। पीयूषा सुंदर है, पर लाल-पीले चटकीले रंगों के कौशेय वस्त्रों में लिपटी पीयूषा का सौंदर्य कई गुना होकर अपनी कांति चारों ओर बिखेर रहा है। पीयूषा आकर्षक है, इतनी आकर्षक कि सदा मेरे अपने निगंत्रण में रहनेवाला मेरा मन भी सहसा इसकी ओर आकृष्ट हुआ जा रहा है। पीयूषा विचारशील है। जाने कब सोमयाग संपन्न होगा और कब मैं उससे संवाद कर ऊर्म्या को बता पाऊँगा कि सचमुच उसके विचारों में गहराई है। पीयूषा राजकन्या है, तो क्या इसीलिए हृदय के किसी मौन-मुखर कोने में चुपचाप पड़ा मेरा विवश मन सोच रहा है कि वह मेरी जीवनसंगिनी बन जाए?'

श्यावाश्व को अपनी भावनाओं के इस उद्रेक के पीछे कोई तर्क-संगति नहीं दिखाई दे रही थी। पर आज वे मानो विवश थे और स्वयं से ही ढेर सारे प्रश्न पूछे जा रहे थे, 'क्या पखवाड़े का मेरा भयानकतम मानसिक संघर्ष इसीलिए उठा था कि उसकी परिणति

यहाँ आकर पीयूषा से मिलने में हो ? क्या रथवीति के यज्ञकर्म में सम्मिलित होने के लिए पिताश्री इसीलिए आग्रह कर रहे थे कि मेरा यहाँ आना हो और पीयूषा के दर्शन हों ? क्या रथवीति से मेरा हृदय इसीलिए क्षण भर में निष्ठा और विश्वास से भर गया था, क्योंकि यहाँ आकर विश्वास और निष्ठा की एक अद्‌भुत निधि से मेरा साक्षात्कार होना था ? क्या पिता अर्चनाना इसीलिए मेरे भीतर अत्रिकुल का एक प्रकाश-स्तंभ देख रहे थे कि उसके प्रकाश को उत्पन्न करनेवाला स्नेह तैल यहाँ विराजमान है ? क्या माँ सुभगा मेरे भीतर कहीं छिपे बैठे किसी मंत्रकार को इसीलिए तलाश पा रही थी, क्योंकि उस मंत्रकार की काव्यशक्ति इस यज्ञमंडप में आसंदी पर सुशोभित हो रही है ? पिछले पखवाड़े की विभिन्न घटनाओं और अनुभवों को जोड़नेवाला सूत्र क्या पीयूषा ही है ?'

प्रश्नों और भावनाओं के इस अचानक आक्रमण के लिए श्यावाश्व तैयार नहीं थे। पर सहसा हो गए इस आक्रमण का लक्ष्य बनने में उन्हें विशेष प्रकार का आनंद भी आ रहा था। सोमरस का पान करने के बाद जैसे मंत्रकार और यज्ञकर्ता को अपनी पार्थिव आँखों के सामने इंद्र, मित्र, वरुण, पूषा जैसे कभी अनुभव का पात्र न बने देवता भी साक्षात् अपने-अपने रथों पर सवार बैठे दिखाई देने लगते हैं और कवि का मन नाच उठता है, कुछ वैसी ही कल्पना-विवशता ने श्यावाश्व को अपने बंधन में बाँध लिया था और श्यावाश्व सोचने लगे थे कि वास्तव में यह बंधन है या आनंद ? यदि आनंद को ही बंधन कहते हों तो प्रभो, इस बंधन में मुझे सदा-सर्वदा के लिए बाँध दो।'

इसी भावोद्रेक में श्यावाश्व मन-ही-मन कहने लगे, 'ऊर्मि, तुम्हारा कृतज्ञ हूँ कि तुमने मुझे बार-बार चेताया कि मैं पीयूषा से संवाद अवश्य करूँ। तुम न चेताती तो सोमयाग के इस मंत्र-कोलाहल में और धूम्रबहुल वातावरण में मैं संभवत: आँखें बंद करके पड़ा ही रहता। पर चेताकर तुमने मेरी आँखें खुली रखीं और मैं पीयूषा को देख पाया। ऊर्मि, यही वह चमत्कार हो गया है, जिसकी चर्चा तुम वन विहार में कर रही थीं और जिसके बाद से मेरा मन संदेहों और शंकाओं के जाल में उलझ गया था। पर चमत्कार का साक्षात् दर्शन करने के बाद ऊर्म्ये, हर उलझन कहीं सुलझती नजर आ रही है।'

आश्रम से दूर मकर संक्रांति की प्रभात-वेला मानो श्यावाश्व के जीवन में एक नया संदेश लेकर आई। हेमंत का प्रारंभ मानो वसंत के शीघ्र आगमन की सूचना दे गया। सूर्य का उत्तरायण-संक्रमण श्यावाश्व के जीवन में शुभ का मानो प्रसार कर गया, पर मकर संक्रांति की रात्रि को उधर आश्रम में क्या हुआ था ?

मकर संक्राति की उसी रात्रि को अर्चनाना के आश्रम में अग्निपूजा का विशेष उत्साहपूर्ण वातावरण बना था। अर्चनाना और श्यावाश्व तो रथवीति के यहाँ यज्ञ करवाने गए हुए थे, पर आर्या सुभगा आश्रम में ही थीं। इसलिए आश्रम के सभी तापस-परिवार

वहीं आकर इकट्ठा हो गए। विद्याकुल के छात्र-छात्राओं ने अपराह्ल में ही बहुत सी लकड़ियाँ बटोर ली थीं और अर्चनाना की पर्णकुटी के परिसर के अगवाड़े के वाम पार्श्व में जमीन खोदकर वहाँ लकड़ियों का एक लघु पर्वत बना-सँवारकर टिका दिया था। एक कोने में दो आसंदियाँ बिछा दी गई थीं, जिन पर आर्या सुभगा और ऊर्म्या बैठ चुकी थीं। शेष सभी आश्रमवासी अपने-अपने साथ लाए आसनों पर बैठे हुए बतिया रहे थे।

आकाश एकदम स्वच्छ था। नीचे तापसों के जमघट-जैसा ही तारों का जमघट आसमान में लगा था। कहने को हेमंत का प्रारंभ आज हो गया था, पर सर्दी अभी थी। आज के दिन अग्निपूजा इसलिए की जाती थी, ताकि शरद की समाप्ति के साथ ही सर्दी का संदेश दिया जा सके कि लो, हमने आज अग्नि की पूजा कर ली, अब तुमसे क्या घबराना ? पर ठंड तो थी ही।

सभी लोग अपने-अपने आसनों पर बैठे हुए थे, पर छात्र-छात्राओं को बैठने से भला क्या मतलब ? वे तो खड़े-खड़े ही बातें कर रहे थे और खिलखिलाते हुए पूरे वातावरण को मिठास से भरे दे रहे थे। सहसा आर्या सुभगा खड़ी हो गईं और उन्होंने लकड़ियों के बनाए उस लघु पर्वत में अग्नि प्रज्वलित कर दी। जैसे ही आग जली, वैसे ही छात्र-छात्राओं तथा दूसरे ऋषिकुमारों और ऋषिकन्याओं का हर्षनाद आकाश को गुँजाने लगा। वे सभी उस जलती आग के चारों ओर घेरा बनाकर खड़े हो गए और नाचने-गाने लगे। पहला नृत्य छात्राओं का हुआ। प्रतियोगिता में इसके बाद छात्रों ने अग्नि के चारों ओर घूमते हुए नृत्य किया। आर्या सुभगा ने छेड़ दिया कि छात्रों और छात्राओं में से हरेक का नृत्य एक-दूसरे से बढ़कर था। इस टिप्पणी ने ऐसी हर्षध्वनि को जन्म दिया कि सभी छात्र-छात्राएँ एक-दूसरे के हाथों में हाथ डालकर अग्नि के चारों ओर घूम-घूमकर नृत्य करने लगे। धीरे-धीरे नृत्य के साथ गान भी प्रारंभ हो गया। काफी देर तक यह कार्यक्रम चलता रहा। जब सब थककर चकनाचूर हो गए और लकड़ियों की आँच मंद पड़ने लगी तो आर्या सुभगा ने कहा, "अब सभी लोग मेरे पीछे-पीछे मंत्र दोहराएँगे, फिर ऊर्म्या सभी को तिलों का मिष्ठान्न देगी और मकर संक्रांति का यह अग्निपूजा उत्सव संपन्न हो जाएगा।" इतना कहकर सुभगा ने मंत्र बोला तो सभी दोहराने लगे, अग्निमीड़े पुरोहितम। यज्ञस्य देवमृत्विजम्। होतारं रत्नधातमम्। मिठाई बँटी और सभी अपनी-अपनी कुटी में चले गए। ऊर्म्या ने कहा, "आर्ये सुभगे, आप पर्णकुटी में जाइए और विश्राम करिए। मैं अभी कुछ देर तक इस ताप को सेंकना चाहती हूँ।" सुभगा चली गई।

आज ऊर्म्या उदास थी। श्यावाश्व के बारे में सोचे जा रही थी। वह आज तक श्यावाश्व से अपना प्रणय-निवेदन नहीं कर पाई थी और उसका निर्णय था कि वह कभी वैसा करेगी भी नहीं। पर मन का क्या हो ?

करीब एक पखवाड़ा पहले ही उसने अशांति का एक महासागर पार किया था, जब उसने चार दिन पहले श्यावाश्व से कहा था कि रथवीति के यहाँ जा रहे हो तो पीयूषा से अवश्य मिलकर आना। वह जानती थी कि इसका क्या परिणाम निकल सकता है। जो श्यावाश्व आज प्रणय के स्तर पर किसी का नहीं है, वह हमेशा के लिए पीयूषा का प्रणयी हो सकता है। फिर क्यों मैंने उसे पीयूषा से मिलने को कहा? क्यों मैंने अपने ही हाथों अपना भावना-भविष्य बिगाड़ दिया?

यह सोचते-सोचते जल रही लकड़ियों पर ऊर्म्या ने अपनी अश्रुपूर्ण दृष्टि टिका दी। सोचने लगी, 'क्यों जल जाती है लकड़ी? क्यों स्वयं को धीरे-धीरे जलाकर दूसरों का शीत दूर कर देती है यह? इस काम में, अपने को जलाने के काम में, अपने बलिदान के इस काम में वह निर्धन और संपन्न में कोई अंतर करती है क्या? नहीं करती, क्यों नहीं करती?'

ऊर्म्या को सहसा अपने में और लकड़ी में बहुत साम्य दिखाई देने लगा। सोचने लगी, 'सचमुच इसमें लकड़ियों के स्वयं जलकर दूसरों की ठिठुरन दूर करने के, निर्धन और संपन्न के भेद को भुलाकर, सभी को सर्दी से राहत देने के बलिदानी भाव का भी कुछ प्रभाव होगा कि मकर संक्रांति की रात्रि में हम सभी, छोटे और बड़े ऊँच-नीच भेद भुलाकर इसके चारों ओर घूम-घूमकर नाचने-गाने लग जाते हैं। पर किसी के बलिदानी भाव को आज तक किसी ने पहचाना है क्या? लकड़ी बेचारी जल जाती है, भस्म हो जाती है, स्वयं को समाप्त कर डालती है। पर इसका महत्त्व कभी किसी ने आँका है क्या? उसके आत्मविसर्जन पर कभी किसी ने कुछ सोचा है क्या? लिखा है क्या? कभी किसी ने इस पर चर्चा तक भी की है? मकर संक्रांति की रात्रि को ही जब वह जलकर क्रमशः भस्म बन रही होती है तो लोग कभी उसकी ओर ताकते हैं क्या? वे तो बस नाचते-गाते रहते हैं। एक लकड़ी भस्म होने को होती है तो आग में एक लकड़ी और डाल देते हैं। थक जाते हैं तो सोने को चले जाते हैं। अधजली लकड़ी फिर भी चुपचाप सुलगती रहती है। प्रभात तक सब भस्म हो चुका होता है। फिर उसकी ओर कोई देखता तक नहीं।'

ऊर्म्या के हृदय में फिर से कोई खलबली मचना चाहती थी। जिस पर कुछ ही दिन पूर्व उसने नियंत्रण पा लिया था, वही फिर उस पर हावी होने जा रही थी। पर ऊर्म्या ने तुरंत ही स्वयं को सँभाल लिया। जिस जलती लकड़ी को देखकर वह नकारात्मक हुई चली जा रही थी, उसी जलती लकड़ी में से उसे प्रेरणा की नई लपट उठती दिखाई दी। वह सोचने लगी, 'संभवतः मैं ही गलती पर हूँ। क्यों? इसलिए कि जिस लकड़ी ने स्वयं को जलाकर भस्म कर दिया होता है, वह तो अपने बारे में कोई बात नहीं करती। उसके

मौन का कितना गहरा अर्थ है? कोई शिकायत नहीं। सिर्फ बलिदान, आत्म बलिदान।' इन विचारों में लीन ऊर्म्या उठी और अपनी पर्णकुटी की ओर बढ़ चली। पिता शुकनास चार दिन से आश्रम में नहीं थे। श्यावाश्व भी नहीं थे। कितनी अकेली थी वह!

दस

सोमयाग संपन्न हो चुका था और रथवीति दार्भ्य बहुत प्रसन्न थे। जब से अत्रि के पुत्र सोम आत्रेय ने चार दिन के सोमयाग की प्रथा डाल दी थी, तब से इस नए कर्मकांड की यज्ञकर्मियों के बीच बड़ी चर्चा थी। रथवीति दार्भ्य की भी यह इच्छा काफी पुरानी हो चुकी थी कि वे अपने राज्य में चार दिन के इस नवस्थापित सोमयाग कर्मकांड का आयोजन करवाएँ और उन्होंने यह यज्ञ मकर संक्रांति के मांगलिक अवसर पर करवा दिया। पर यज्ञ शुरू होते ही उन्हें इस बात का आभास हो गया कि हेमंत के प्रारंभ के बजाय यदि इतनी लंबी कालावधि का यह यज्ञ शरद के प्रारंभ में संपन्न होता तो प्रजाजनों को भागीदारी करने में सुविधा होती और आनंद भी अधिक प्राप्त होता। पर सर्दी की तीव्रता से भी उनके संकल्प और प्रजाजनों के उत्साह पर कोई प्रतिकूल प्रभाव नहीं पड़ा, इस बात का उन्हें संतोष था। उनके संतोष के दो कारण और थे—एक यह कि ऋषि अत्रि के ही पौत्र मंत्रकार अर्चनाना ने इस यज्ञ का संचालन स्वयं किया; उससे भी बड़ा कारण यह था कि उस समय के विख्यात विचारक आर्य श्यावाश्व चारों दिन इस सोमयज्ञ में उपस्थित रहे, जिससे तरुण-तरुणियों की एक बड़ी संख्या भी सोमयाग में मनोयोग से जुड़ी।

संतोष और आंतरिक उल्लास की इसी मनोभूमिका के साथ रथवीति दार्भ्य अपने वास-कक्ष से ज्ञानसत्र में जाने की तैयारी कर रहे थे, जो आज प्रारंभ होकर निरंतर तीन दिन तक चलनेवाला है और जिसका संचालन स्वयं आर्य श्यावाश्व कर रहे हैं। आज उन्हें उस तरह से सादे वेश में जाने की आवश्यकता नहीं थी, जैसे वे पिछले चार दिन से सोमयाग में जा रहे थे। पर रथवीति सामान्य राजाओं की तरह राजसी मनोवृत्ति के नहीं थे। शासन का पूरा भार ठीक तरह से वहन करते हुए भी उनके चरित्र, स्वभाव और सोच में एक विशेष प्रकार का सात्त्विक भाव था, जो उन्हें दूसरे राजाओं से एकदम अलग कर देता था। अपने स्वभाव की गरिमा के कारण उन्होंने श्यावाश्व को क्षणभर में ही प्रभावित कर लिया था, जब वे अर्चनाना की पर्णकुटी में प्रातराश के बाद अपना सोमयाग-संबंधी

प्रस्ताव लेकर गए थे। अपने इसी सात्त्विक स्वभाव के वशीभूत होकर रथवीति ने निश्चय किया कि वे ज्ञानसत्र में तीनों दिन बेशक राजसी वेश में रहेंगे, पर स्वर्ण के विविध आभूषणों की भूषा में स्वयं को नहीं सजाएँगे।

रथवीति ज्ञानसत्र में जाने को तैयार खड़े थे कि तभी सूचना मिली कि द्वार पर राजकुमारी पीयूषा भी ज्ञानसत्र में जाने के लिए तैयार खड़ी हैं। वे शीघ्रता से द्वार पर पहुँचे और पीयूषा को देखकर प्रसन्न हो गए, "पीयूषा, क्या सोमयाग में चार दिन तक लगातार बैठकर तुम थकी नहीं कि अब सुबह-सवेरे ज्ञानसत्र में जाने के लिए तैयार होकर आ गईं?"

"पिताश्री, थकान कैसी?" नमस्कार में हाथ जोड़ने और रथवीति के चरणों को छूने के बाद पीयूषा बोली, "बालपन से ही आपने मेरा प्रशिक्षण कुछ ऐसा कर दिया है कि इस तरह के आयोजनों में भाग लेने में मुझे आनंद आता है। राजा की पुत्री हूँ, इसलिए स्थान-स्थान पर होनेवाले यज्ञों और ज्ञानसत्रों में तो मैं प्राय: भाग ले ही नहीं पाती। पर ज्ञान की सरस्वती अपने ही राजप्रासाद में प्रवाहित होने को आ जाए तो मैं उसमें जी भरकर स्नान करने से भला क्यों वंचित रहूँ?"

"ठीक कह रही हो पीयूषा, पर आज के ज्ञानसत्र की विशेषता का पता है न?"

"हाँ पिताश्री, यही न कि आर्य श्यावाश्व ही तीन दिनों तक इसका संचालन करेंगे और आज विषय का प्रतिपादन भी प्रारंभ में वही करनेवाले हैं?" पीयूषा ने प्रतिप्रश्न कर दिया।

"हाँ और आर्य श्यावाश्व कोई सामान्य व्यक्ति नहीं हैं। मन को सृष्टि का कारण बताकर उन्होंने वैचारिक जगत् में अपना विशेष स्थान बना लिया है। अपनी ख्याति से अप्रभावित आर्य श्यावाश्व इस बार हमारे सोमयाग में पधारे हैं, यह हमारे लिए सचमुच गौरव की बात है।" रथवीति बोले।

पीयूषा ने बात को आगे बढ़ाते हुए पिता से कहा, "पिताश्री, मैं सोमयाग में पूरा समय उपस्थित रही, पर जान नहीं पाई कि आर्य श्यावाश्व कौन हैं और कहाँ बैठे हैं। संकोचवश किसी से पता भी नहीं कर पाई। ज्ञानसत्र का संचालन वे ही करनेवाले हैं और विषय का प्रतिपादन सर्वप्रथम वही करेंगे, इससे मुझे रोमांच हो रहा है। तो पिताश्री, क्यों हम अपना समय यहाँ व्यय करें? क्यों न वहीं चलें, जहाँ दूर-दूर से आए विद्वान् आर्य श्यावाश्व की अध्यक्षता में ज्ञानसत्र चलानेवाले हैं?" सुनकर रथवीति अपनी बेटी के साथ चल दिए।

जिस स्थान पर विद्वानों को तीन दिन निरंतर ज्ञान सरस्वती का प्रवाह आगे बढ़ाना था, वह स्थान अत्यंत मनोरम था। विशाल प्रांगण के मध्य में एक बहुत बड़ा कक्ष बना

था, जिसके चारों ओर कोई दीवार नहीं थी। मजबूत खंभों पर टिके इस विशाल कक्ष के चारों ओर बरामदा था और फिर चारों ओर बनी तीन सीढ़ियों पर चढ़कर वहाँ पहुँचा जा सकता था, जहाँ विद्वानों के बैठने के लिए स्थान बने थे। कोई सावधानीपूर्वक गिन लेता तो उसे पच्चीस विद्वानों के बैठने की व्यवस्था उस कक्ष में दिखाई पड़ जाती। लंबे आयताकार विशाल कक्ष के उत्तरी और दक्षिणी हिस्सों में दस-दस आसन पड़े थे, जबकि पश्चिमी भाग में पाँच आसन रखे थे, जो काफी ऊँचे और गद्देदार थे, जिन पर बैठकर इच्छा होने पर पाँव नीचे भी लटकाए जा सकते थे। पीठ टिकाने की इच्छा हो तो हर आसन के पीछे लकड़ी की एक सुंदर टेक बनी थी और हर आसन के आगे लकड़ी का एक छोटा फलक रखा था, जिस पर आवश्यकतानुसार लेखनी, मसी, पुस्तकें, जल आदि रखे जा सकते थे। विशाल कक्ष के पूर्वी भाग में तीन सुंदर और सुसज्जित आसंदियाँ पड़ी थीं, जिन पर रथवीति दार्भ्य, आर्य श्यावाश्व और पीयूषा को बैठना था। इस मनोरम वातावरण में पुष्पगुच्छों को विशेष पात्रों में सजाया गया था और रोज ताजे फूल सजाने की व्यवस्था थी। चारों ओर दीवार न होने के कारण प्रकाश और पवन का निर्बाध आवागमन वहाँ था, जबकि कक्ष के चारों ओर बने बरामदे के कारण शीत का प्रकोप स्वत: मंद पड़ जाता था। इस कक्ष में रथवीति अपने मंत्रियों और उच्च अधिकारियों के साथ मंत्रणा के लिए प्राय: आया करते थे, पर इन तीन दिनों के लिए यह कक्ष ज्ञानसत्र के लिए आरक्षित कर दिया गया था और उसकी सज्जा भी तद्नुकूल कर दी गई थी।

श्यावाश्व आ चुके थे और कक्ष के बाहर कुलपति अर्चनाना तथा आर्य शुकनास के साथ धूप में खड़े थे। विद्वानों की वेशभूषाएँ अलग-अलग थीं। शाटिका और अंगवस्त्र तो प्राय: सभी ने धारण कर रखे थे; कुछ ने उष्णीश भी पहन रखा था तो कुछ लोग लंबा चौल पहने थे। एक-दो विद्वान् अपने साथ ऊनी प्रावारक भी लाए थे। एक या दो ही ऐसे थे, जिन्होंने सिर के बाल मुड़ा रखे थे, अन्यथा सभी के बाल सलीके से सजे हुए थे। घुँघराले बालोंवाले भी कम नहीं थे। दो-तीन विद्वान् ऐसे भी थे, जिनके शरीर अंगराग से सुवासित थे।

सूचना हुई कि रथवीति और पीयूषा आ रहे हैं तो सभी सतर्क हो गए और विशाल कक्ष के पूर्वी भाग के बाहर आ गए, जहाँ औपचारिक प्रवेश के लिए सज्जा की गई थी। सज्जा का प्रतीक मात्र इतना था कि छत से भूमि तक पाँच पुष्पमाल लटके थे। राजा और राजकन्या के निकट आने पर आर्य श्यावाश्व ने मंत्रोच्चार के साथ दोनों का सत्कार किया। मंत्रोच्चार में कुछ विद्वानों ने उनका साथ दिया, जबकि अधिकांश ने चुपचाप खड़े रहने का विकल्प चुन लिया था। इसके बाद सब ने कक्ष में प्रवेश किया।

तब स्वयं रथवीति दार्भ्य ने अत्यधिक सम्मान और प्रशंसा के साथ आर्य श्यावाश्व को कक्ष के पूर्वी भाग में रखी तीन आसंदियों में से मध्यवाली आसंदी पर बिठाया, जो अगल-बगल रखी दोनों आसंदियों से थोड़ी ऊँची थी। रथवीति श्यावाश्व के दाहिनी ओर बैठ गए। राजकुमारी पीयूषा श्यावाश्व के बाईं ओर रखी आसंदी पर बैठीं।

पीयूषा की बगल में बैठे श्यावाश्व खासे पुलकित थे। पिछले चार दिन से वे लगातार पीयूषा को देख रहे थे। आज खुद को उसके इतना निकट पाकर उनके आनंद की सीमा न रही। पीयूषा के निकट बैठना ही उन्हें अपना परम सौभाग्य लग रहा था और फिर यहाँ तो उससे संवाद का अवसर भी था। आर्य श्यावाश्व के प्रभावशाली व्यक्तित्व से पीयूषा स्वयं को तृप्त और रोमांचित अनुभव कर रही थी। जो ख्याति उसने श्यावाश्व की सुनी थी, वे उसके अनुरूप दिखे। उसे तो विश्वास ही नहीं हो रहा था कि वह इतने बड़े विचारक के एकदम पास बैठी है।

रथवीति ने श्यावाश्व को मध्य में और सबसे ऊँची आसंदी पर बिठाया था, यही विद्वानों के बीच खुसफुसाहट का विषय था। उसी खुसफुसाहट के बीच राजा रथवीति दार्भ्य खड़े हुए और विद्वानों को झुककर प्रणाम करने के बाद ज्ञानसत्र की संक्षिप्त प्रस्तावना बाँधी, "विद्वद्वृंद और विचारशील ब्रह्मबंधु! मैं रथवीति दार्भ्य, इस ज्ञानसत्र में आपका सादर अभिनंदन करता हूँ। आपको विदित ही है कि तीन दिन तक इस कक्ष में प्रवाहित होनेवाली ज्ञान-सरस्वती में हमारे विचार-पोत के कर्णधार आर्य श्यावाश्व हैं, जिनके विषय में अधिक बताने की आवश्यकता नहीं। पिछले कई दशक से हमारे देश में सृष्टि के नियामक कारणों पर विचार-मंथन चल रहा है और स्थान-स्थान पर विद्याकुलों, आश्रमों और राजगृहों में इस विषय पर ज्ञानसत्रों का आयोजन चलता रहा है। आप चाहें तो इस सत्र को भी उसी महती परंपरा का एक अंग मान सकते हैं। पीयूषा, अपनी और आप सबकी ओर से आर्य श्यावाश्व से मेरी करबद्ध प्रार्थना है कि वे विषय का प्रतिपादन कर हमें कृतार्थ करें।"

रथवीति के आसंदी पर बैठने के बाद जैसे ही श्यावाश्व खड़े हुए तो वहाँ उपस्थित तीन लोगों को रोमांच हो आया। श्यावाश्व के बाईं ओर बैठी राजदुहिता पीयूषा, विद्वानों के बीच बैठे कुलपति अर्चनाना और आर्य शुकनास। इन दोनों को यह देखकर रोमांच हो आया कि जिस श्यावाश्व का लालन-पालन वे करते आ रहे थे, वही आज इतने बड़े ज्ञानसत्र की अध्यक्षता करते हुए विषय का प्रतिपादन करने जा रहे हैं। धीर-गंभीर वाणी में आर्य श्यावाश्व ने बोलना प्रारंभ किया, "महाराज रथवीति दार्भ्य, राजकुमारी पीयूषा, पिताश्री अर्चनाना, तात शुकनास तथा उपस्थित विद्वत्-समुदाय…"

इससे पहले कि श्यावाश्व अपने विषय का प्रतिपादन करना शुरू करते, ज्ञानसत्र

में भाग ले रहे एक विद्वान् ने प्रश्नरूपी अस्त्र फेंकने का अभिनय किया, "अध्यक्ष श्यावाश्व¨ !" इस संबोधन में व्यंग्य निहित था।

जैसे ही प्रश्न प्रारंभ हुआ, श्यावाश्व अपने आसन पर वापस बैठ गए।

"अब क्या होगा?" चिंतित स्वर में पीयूषा ने पूछा।

"आर्ये पीयूषे, आप देखते जाइए। मैंने कई ज्ञानसत्रों में ऐसे उच्छृंखल विद्वानों के फटाटोप और कूर्दन देखे हैं। चिंता मत करिए और थोड़ा आनंद से देखिए कि अभी क्या होता है।" श्यावाश्व ने अपने आत्मविश्वास में स्नेह का मिश्रण कर पीयूषा से कहा। उधर उन विद्वान् महाशय द्वारा प्रश्नास्त्र फेंका जा चुका था, "आप विचारक हैं और सृष्टि के कारणों की मीमांसा करने के लिए इस ज्ञानसत्र की अध्यक्षता कर रहे हैं। फिर किस लालच में आकर आपने सोमयाग में भाग लेना स्वीकार किया?"

उन दिनों देश में ऐसे विचारकों की कमी नहीं थी, जो यज्ञकर्म को काफी उपहास की दृष्टि से देखते थे। उन्हें यज्ञकर्ता मूर्ख और भाँड़ दिखाई देते थे, जो मंत्रों का उच्चारण कर-करके और अग्नि में आहुति डाल-डालकर उन देवताओं को रिझाते थे, जिनके अस्तित्व का कोई अता-पता नहीं था। उनके लिए मंत्रकार होना तो गौरव की बात थी, क्योंकि वह उन्हें एक अद्‌भुत काव्यकर्म लगता था। पर यज्ञों में मंत्रों के विनियोग पर वे क्रुद्ध हो जाया करते थे।

इस प्रश्नास्त्र से प्रोत्साहित होकर एक दूसरे विद्वान् ने एक और प्रश्न ठोंक दिया, जिसकी अभी कोई आवश्यकता नहीं थी। वे बोले, "जब सृष्टि बनी थी, तब क्या आप वहाँ स्वयं उपस्थित थे और देख रहे थे कि उसकी उत्पत्ति मन से हो रही है?"

उद्‌दंडता के इस विस्तार से पीयूषा काफी डर सी गई। उसे श्यावाश्व की अध्यक्षता की संभावित असफलता से चिंता होने लगी। वह श्यावाश्व को सफल होते ही देखना चाहती थी। वातावरण को बिगड़ता देख इधर रथवीति दार्भ्य और उधर कुलपति अर्चनाना कुछ बोलना ही चाह रहे थे कि श्यावाश्व ने दोनों को संकेत से मना कर दिया। उन्हें ऊर्म्या का कथन याद आ गया कि कैसे कुछ विद्वान् उन्हें विस्थापित करने का प्रयास करेंगे और उन्हें सफल नहीं होने देंगे। उन्होंने कुछ तय कर लिया। वे फिर खड़े हुए और बोलने लगे, "ज्ञानसत्र को दावानल बनाने में यदि किसी अन्य को भी उच्छृंखलता का घी डालना हो तो वह अभी डाल ले। उसके बाद मैं ऐसा करनेवालों पर अध्यक्ष के रूप में अनुशासन का दंड घोषित कर दूँगा।" श्यावाश्व ने देख लिया था कि ऐसे उद्‌दंड वहाँ ज्यादा नहीं थे।

सभी विद्वान् सहम गए। दंड का अर्थ सत्र से निष्कासन भी हो सकता था। इस शीत में निष्कासन? सोचकर ही सभी चुप हो गए। पीयूषा के चेहरे पर उल्लास का

भरपूर असर दिखाई दिया तो रथवीति और अर्चनाना को श्यावाश्व की घोषणा सुनकर सुखद आश्चर्य हुआ। सभी ओर शांति देखकर श्यावाश्व ने प्रफुल्लित आत्मविश्वास के साथ फिर बोलना शुरू किया, "मित्रो, सभ्य आचरण की अपेक्षा है कि जब कोई बोल रहा हो तो बीच में कोई और नहीं बोलेगा और यदि किसी को बोलने की तीव्र इच्छा हो रही हो तो अध्यक्ष से आदेश मिलने से पहले यदि कोई बोलेगा तो मुझे विवश होकर अनुशासन के बारे में सोचना पड़ेगा।"

इस घोषणा के बाद ज्ञानसत्र का अवशिष्ट समय ठीक तरह से निकल गया। मध्याह्न के भोजनावकाश तक सत्र चलता रहा। सबसे पहले श्यावाश्व ने विषय का लंबा प्रतिपादन किया और विस्तार से बताया कि सृष्टि की उत्पत्ति के बारे में इन दिनों कौन-कौन से सिद्धांत विद्वानों के बीच चर्चा का विषय हैं। फिर अपना विचार अगले दिन रखने की बात कहकर श्यावाश्व ने उस दिन सात-आठ विद्वानों को अपने विचार रखने का अवसर दिया और इस तरह ज्ञानसत्र का प्रथम दिन निर्विघ्न संपन्न हो गया। सब लोग उठकर बाहर धूप में आ गए। माघ मास का कृष्ण पक्ष चल रहा था और मकर संक्रांति बीत जाने के बावजूद शीत अपने शिखर पर था। इसलिए धूप में आते ही सबको अच्छा लगा। रथवीति सीधे कुलपति अर्चनाना के पास गए और कहने लगे, "आर्य, आप सचमुच साधुवाद के पात्र हैं कि आप आर्य श्यावाश्व जैसे अद्भुत पुत्र के पिता हैं। और क्या कहूँ! आज अध्यक्ष और वक्ता के रूप में आर्य श्यावाश्व ने जो प्रभाव छोड़ा, वह किसी भी प्रतिद्वंद्वी विद्वान् के लिए ईर्ष्या का कारण हो सकता है।"

अर्चनाना को अपत्रे पुत्र पर वैसे ही परम विश्वास था। आज श्यावाश्व की अध्यक्षीय प्रतिभा देखकर वे बस खुद में ही मगन हो गए थे। सबसे अधिक पुलकित पीयूषा थी। आँखों में स्नेह और वाणी में माधुर्य भरकर वह श्यावाश्व के पास आई और बोली, "आर्य, मैं धन्य हूँ कि आपसे परिचय हुआ। पर मेरी विचार-तृप्ति अभी नहीं हुई है। आप कृपया भोजनादि से निवृत्त हो जाइए, मैं राजप्रासाद में अपने कक्ष में आपकी प्रतीक्षा करती हूँ। आइए तो आपके विचारों को और अधिक गहराई से जानने का अवसर मिले।"

मानो दैव ने श्यावाश्व को वह अवसर दे दिया, जिसकी इच्छा उनके मन में थी, पर संभवतः वे कह नहीं पाते। चेहरे पर प्रसन्नता के अतिरेक को लाकर उन्होंने कहा, "मेरा अहोभाग्य कि मुझे आपसे संवाद करने का सुअवसर मिल रहा है। गच्छामि पुनर्दर्शनाय। भोजन से निवृत्त होकर आपके दर्शन करने का सौभाग्य प्राप्त करने आता हूँ।" थोड़ी ही देर में सत्र-स्थल खाली हो गया और सब लोग भोजन के लिए चले गए।

ग्यारह

पीयूषा चौबीस वर्ष की राजदुहिता, रथवीति दार्भ्य की एकमात्र पुत्री, समझदार और अल्हड़ भी। एक तो राजकन्या, ऊपर से इकलौती संतान। बिगड़ जाने के लिए इतना काफी था। इसलिए पीयूषा के स्वभाव में अल्हड़पन था और मस्ती भी। एक राजकन्या को भला घर-गृहस्थी का क्या दायित्व हो सकता था! धनधान्य और संपन्नता की कोई कमी नहीं थी। इन सब कारकों-कारणों ने मिलकर पीयूषा को एक ऐसा व्यक्तित्व दे दिया था, जिसे किसी की भी परवाह नहीं थी। पर बुद्धिमत्ता और संकट में धैर्य रखना उसके स्वभाव के दूसरे सहज गुण थे, जिन्होंने उसके स्वभाव में आ गई लापरवाही को एक तरह से ढक दिया था। पीयूषा प्रखर बुद्धि-संपन्न थी। इसीलिए रथवीति दार्भ्य उसे श्रेष्ठ शिक्षा दिला पाए थे। शिक्षा और बुद्धिमत्ता ने मिलकर उसे विचारशील बना दिया। कई बार पिता से कई तरह की चर्चाओं में उलझ जाती और ज्ञानसत्रों में भाग लेने की उसे बड़ी इच्छा रहती। हालाँकि सृष्टि, मनुष्य, यज्ञ आदि के संबंध में वह अपना कोई निश्चित विचार नहीं बना पाई थी, पर ज्ञानसत्रों में बैठकर विभिन्न विद्वानों के विचार सुनना उसे भाता था। प्रकृति ने उसे भाषा पर अच्छा अधिकार दिया था, पर अभिव्यक्ति की वैसी क्षमता नहीं दी थी कि ज्ञानसत्रों में संवाद और विमर्श में सक्रिय रूप से भागीदारी कर पाती। इन संगोष्ठियों में उसकी भूमिका प्राय: श्रवण मात्र तक सीमित रहती और विचार-विवाद का उसका चाव पिता रथवीति के साथ संवाद और चर्चाओं में पूरा हो जाया करता।

पीयूषा अत्यंत सुंदर थी और किसी षोडशी से कम कमनीय नहीं थी। देहयष्टि भरी हुई थी और किसी भी पुरुष-मन में लोभ पैदा कर देने में सक्षम उसकी आँखें, नाक और ओष्ठ गरिमा से भरे थे। चेहरे पर सौम्यता थी, जिसने अंगों के तीखेपन में एक श्रेष्ठ नायिका के आकर्षण को जन्म दे दिया था। श्रृंगार करना और सजना उसको पसंद था और भव्य वस्त्र-परिधान धारण करना उसे अच्छा लगता। घुड़सवारी तो नहीं आती थी, पर रथ चलाना वह जानती थी। कई बार सज-सँवरकर रथ पर टिक जाना उसका शौक था, जिसे वह लगभग हर रोज पूरा करती। अपने अनुकूल वर से ही विवाह करने, अन्यथा आजीवन अविवाहित रहने का संकल्प उसने कर रखा था। कई राजपुत्रों ने उससे विवाह के प्रस्ताव रखे थे, पर कुछ बुद्धि में कम थे, कुछ मद्यप थे तो कुछ लंपट। इसलिए विवाह का हर प्रस्ताव उसने ठुकरा दिया था और अपने इस संकल्प में पिता का उसे पूरा सहयोग था।

श्यावाश्व के बारे में पिता से और कुछ विद्वानों से उसने काफी-कुछ सुन रखा था।

पर श्यावाश्व को देखने का अवसर उसे पहली बार अब प्राप्त हुआ है। यद्यपि श्यावाश्व पिछले पाँच दिनों से राजप्रासाद में थे, पर इस स्वाभिमानिनी और धैर्य की प्रतिमूर्ति बन चुकी राजबाला को किसी संकोच ने श्यावाश्व के बारे में पता करने और जानने से रोके रखा। आज प्रातः ज्ञानसत्र में पहली बार देखते ही पीयूषा को लगा कि श्यावाश्व ही वह पुरुष है, जिसकी उसे प्रतीक्षा थी। संयोगवश उसे श्यावाश्व के पास ही बैठने का अवसर मिला। पर इसे उसने मात्र संयोग ही माना कि वह उनके वाम पार्श्व में बैठी। श्यावाश्व को ऊर्म्या ने बता दिया था कि पीयूषा अविवाहिता है। पर पीयूषा को श्यावाश्व के व्यक्तिगत जीवन के बारे में कुछ भी पता नहीं था। वह उनसे सायुज्य अनुभव करने लगी थी और उनके प्रति हृदय में स्नेह और माधुर्य के स्रोत सहसा प्रवाहित होने लग गए थे। इस बात की परवाह न करके कि श्यावाश्व विवाहित हैं या अविवाहित, पीयूषा ज्ञानसत्र की अवधि का सदुपयोग इस तरह से करना चाहती थी कि श्यावाश्व अधिकाधिक उसके पास रह सकें। यदि श्यावाश्व विवाहित होंगे तो वह उनसे मैत्री करके आजीवन उन्हीं की बनकर अविवाहित भी रह लेगी।

श्यावाश्व को उसने राजप्रासाद में अपने कक्ष में आने के लिए इसी उद्देश्य से कहा था ताकि एक ऐसी मैत्री प्रारंभ हो जाए, जिसे वह आजीवन अपनी थाती बनाकर रखे। ज्ञानसत्र के पहले दिन श्यावाश्व ने जिस आत्मविश्वास से कुछ उद्दंड विद्वानों को अनुशासित कर दिया था और फिर ठीक उद्दाम शैली में अपने विचार रखकर पूरे सत्र का संचालन किया था, उससे वह सचमुच अभिभूत हो उठी थी। उसकी इच्छा हो रही थी कि वह श्यावाश्व को अपने रथ में बिठाकर दूर तक घुमाए और खूब बातें करे।

विचारों में खोई पीयूषा को अचानक अनुचरी ने बताया कि आर्य श्यावाश्व आ रहे हैं तो वह लगभग दौड़कर कक्ष के द्वार तक आ गई। श्यावाश्व द्वार तक आ पहुँचे थे। उन्हें देखते ही पीयूषा ने झुककर उन्हें प्रणाम किया और सादर अंदर लिवा लाई। श्यावाश्व ने देखा, पीयूषा का कक्ष अत्यंत भव्य और विशाल था। बीचोबीच एक बड़ा तल्प पड़ा था, जिस पर मोटे-मोटे गद्दे और गद्दों पर कौशेय की चमकीली चादर बिछी थी। तल्प पर चार-पाँच नरम शिरोधान रखे थे। दीवारों पर बड़े-बड़े रम्य चित्र थे, जिनमें से एक सूर्योदय का था। कोने में एक बड़े काष्ठ-फलक पर पीयूषा का एक चित्र रखा था, जिसमें पीयूषा का सौंदर्य उसके वस्त्रों को नकारता हुआ बाहर फूट पड़ने को आतुर था। दो तरफ दीवारों पर दीपदान टँगे थे, जिनमें रात को प्रकाश के लिए बाती जलाने की व्यवस्था थी। नीचे फर्श पर ऊनी कालीन था। तल्प से थोड़ी ही दूर तीन आसंदियाँ पड़ी थीं। इनमें से एक आसंदी छोटे-मोटे सिंहासन से कम नहीं थी, जिस पर पीयूषा बैठकर आगंतुकों से बातचीत करती थी। आज पीयूषा उस पर नहीं बैठी और उसने आग्रह करके

श्यावाश्व को वहाँ बिठा दिया। इस बड़ी आसंदी को इस तरह रखा गया था कि बैठनेवाले की आँखों के सामने पीयूषा का वह चित्र रहे, जो एक कोने में काष्ठफलक पर रखा था।

"ज्ञानसत्र की यह प्रथम संगोष्ठी कैसी रही?" आसंदी पर बैठते और पीयूषा के चित्र को देखते हुए श्यावाश्व ने पूछा। उत्तर में पीयूषा ने हलके से कहा, "अच्छी रही" तो मानो श्यावाश्व को संतोष नहीं हुआ। वे बोले, "प्रारंभ में तो ऐसा लगा कि मानो कुछ उद्दंड विद्वान् विघ्न डाले बिना नहीं मानेंगे। पता नहीं, कुछ विद्वानों की मानसिकता भी क्या होती है कि वे अपने विचारों की बजाय ऊल-जलूल हरकतों से अपनी ओर ध्यान खींचने की चेष्टा करने लगते हैं!"

"हाँ।" पीयूषा ने कहा।

"जैसे बच्चे होते हैं ना···" श्यावाश्व बोलते जा रहे थे, "आप उनकी ओर ध्यान न दें तो वे ध्यान खींचने के लिए कोई पात्र गिरा देंगे या आक्रोश व्यक्त करने लग जाएँगे या रो पड़ेंगे। ठीक ऐसी बालोचित चेष्टाएँ कुछ विद्वान् भी करने लगते हैं।"

"पर आपने तो सब ठीक कर दिया।" पहली बार पीयूषा पूरा वाक्य बोली।

श्यावाश्व चकित थे कि जिस पीयूषा ने उन्हें आमंत्रित करने के लिए पूरा भाषण जैसा दे दिया था, उसे अब क्या हो गया है, वह बोल क्यों नहीं रही? पर उन्होंने अपनी बात जारी रखी, "हाँ, वह आवश्यक था। ऊर्म्या कह रही थी कि यदि उन ईर्ष्यालु विद्वानों को अनुशासित न किया जाए तो वे अपने विचारों को स्थापित करने की बजाय अध्यक्ष को ही विस्थापित करने में लग जाते हैं।"

"ऊर्म्या,···कौन ऊर्म्या?" पीयूषा चौंकी और स्वाभाविक प्रश्न पूछ लिया।

"ऊर्म्या मेरी बालसखी है। हमारे ही आश्रम में रहती है और तात शुकनास की दुहिता है। परमविदुषी और विचारशील है। पता नहीं किस झोंक में आकर उसने संकल्प कर लिया है कि वह विवाह नहीं करेगी और अविवाहित रहकर जीवन भर विद्याभ्यास करते हुए आश्रम की व्यवस्था देखेगी।"

"पर आपने आज अपना विचार क्यों नहीं रखा?" पीयूषा ने अचानक अपनी जिज्ञासा रख दी। ऊर्म्या प्रकरण को खींचने में उसकी कोई रुचि नहीं थी।

"आर्ये पीयूषे, मेरा मानना है कि मन ही इस सृष्टि का नियामक कारण है। जब मैं अपनी बात कहता हूँ तो कुछ वितंडावादी मेरी बात को समझने का प्रयास नहीं करते और बाल की खाल निकालना शुरू कर देते हैं। मन कोई ऐसा ठोस पदार्थ तो है नहीं कि इससे सृष्टि वैसे ही उत्सन्न हो गई होगी, जैसे मिट्टी में से घड़ा पैदा हो जाता है या तंतुओं में से कपड़ा बन जाता है। सृष्टि का रूप जैसा है, जैसी उसमें विविधता और संपूर्णता है, जैसी उसमें व्यवस्था और नियमितता है, उसे देखते हुए यह कहना मूर्खता ही है कि उसकी

उत्पत्ति किसी ठोस पदार्थ से हुई होगी। कहाँ रखा होगा वह ठोस पदार्थ और किसने कितने समय में ठोंक-पीटकर उस पदार्थ को सृष्टि में परिवर्तित किया होगा। क्या लगता है आपको,⋯आप तो कुछ बोल ही नहीं रहीं?"

"आप बोलते जाइए, मुझे सुनना अच्छा लग रहा है। मैं आपकी सारी बातें समझ रही हूँ।" पीयूषा ने श्यावाश्व को बोलते रहने की प्रेरणा दी।

"पीयूषा, इसलिए मेरा मानना है कि सृष्टि की उत्पत्ति मन से हुई है। मन का तात्पर्य है-संकल्प। आप चाहें तो इस संकल्प को संकल्प शक्ति भी कह सकती हैं। यदि किसी ईश्वर ने इस सृष्टि का निर्माण किया होगा तो उसने भी अपने संकल्प से ही उसे उत्पन्न किया होगा।"

"पर ऐसा आप कैसे जान पाए?"

"वर्तमान के अनुभव से। सृष्टि की उत्पत्ति का अर्थ उतना भर नहीं है कि प्रारंभ में सृष्टि कब और कैसे उत्पन्न हुई। सृष्टि एक ऐसी निरंतर प्रक्रिया है, जो लगातार उत्पन्न होती रहती है और नष्ट भी होती रहती है। हम प्रतिक्षण जो कुछ भी कर रहे हैं, वह अपने-आप में सृष्टि की उत्पत्ति ही है और वह उत्पत्ति हमारे संकल्प से होती है। रथवीति दार्भ्य ने संकल्प किया कि वे सोमयाग करेंगे। कल सोमयाग की सृष्टि हो गई। श्यावाश्व ने संकल्प किया कि वहाँ ज्ञानसत्र भी हो। बस, ज्ञानसत्र की सृष्टि हो गई। उसी श्यावाश्व ने संकल्प किया कि संगोष्ठी में अनुशासन बना रहे और देखिए आज वहाँ अनुशासन की सृष्टि हो गई।"

"इसका अर्थ तो यह हुआ कि हम अपने संकल्प से जो चाहें, कर सकते हैं?" पीयूषा काफी देर बाद बोली।

"हाँ, बिल्कुल!" श्यावाश्व ने उत्तर दिया। पर इस प्रश्न को पीयूषा ने जिस तरह से पूछा था, उसे सुनकर श्यावाश्व को लगा कि पीयूषा की आवाज में कोई ऐसा प्रभाव है, कोई ऐसा आकर्षण है, जिसका वे वर्णन तो अभी संभवत: न कर पाएँ, पर अनुभव के स्तर पर उसे यहण अवश्य कर रहे हैं। इसी मानस में वे बोलते भी जा रहे थे—

"पर एक समय भी है, वह यह कि संकल्प को संकल्पशक्ति का रूप मिलना चाहिए। पीयूषा, सोचो, हमारा मन कितना बलवान है! यह मन ही तो है, जो हमें संसार से बाँध देता है, और मन ही तो है, जो हमें संसार से विरक्त कर देता है। मन की अनुभूति ही हमें किसी से बाँध देती है, मन की संकल्प-शक्ति ही हमें किसी से अलग कर देती है। हमें अपना पुत्र इसलिए प्रिय नहीं लगता कि वह एक पुत्र है; वह हमें इसलिए प्रिय लगता है, क्योंकि वह हमारा पुत्र है। यदि मन का यह बंधन न होता तो क्या हम दुनिया भर के पुत्रों को अपना पुत्र न मानते?" श्यावाश्व को एहसास हुआ कि पीयूषा की आवाज में

कोई ऐसी संजीवनी है कि उसके एक ही प्रश्न-वाक्य ने उनकी अभिव्यक्ति को नए-नए आयाम दे दिए हैं। इसलिए वे बोलते ही जा रहे थे और अभिभूत पीयूषा सुने जा रही थी।

"पर ऐसा कहीं होता है क्या ? हम केवल अपने पुत्र को पुत्र मानते हैं, केवल अपनी माँ को माँ मानते हैं, अपनी पत्नी को पत्नी मानते हैं, अपने पति को पति मानते हैं, क्योंकि हमारे मन का नाता, उस-उसके साथ वैसा जुड़ चुका होता है। मन का नाता नहीं है तो अपना पुत्र भी पुत्र नहीं लगता, अपना पिता पिता नहीं लगता, अपनी पत्नी पत्नी नहीं लगती, अपना पति पति नहीं लगता, यहाँ तक कि अपनी माँ भी माँ नहीं लगती।" यह कहकर श्यावाश्व अचानक रुक गए। उन्हें लगा कि वे बहुत बोल गए हैं। किसी अपरिचित के साथ प्रथम भेंट में इतना बोलना चाहिए था क्या, फिर सोचने लगे कि कैसा अपरिचय ? वे तो अपने मन से पीयूषा के अत्यंत निकट जा पहुँचे हैं और मन से सृष्टि की उत्पत्ति माननेवाले श्यावाश्व चकित थे कि कैसे पहले ही दिन देखने के बाद से वे पीयूषा से स्वयं को अभिन्न मानने लग गए थे और फिर आज तो पीयूषा की आवाज में उन्हें कुछ ऐसा अलौकिक अनुभव होने लगा कि वे चाहने लगे कि पीयूषा बोलती रहे और वे सुनते जाएँ, पर पीयूषा तो बोलती ही नहीं, बहुत ही कम बोल रही है और वे हैं कि बोलते ही जा रहे हैं।

"आर्या पीयूषा, आप भी कुछ बोलिए!" श्यावाश्व ने कहा।

"बोल तो रही हूँ!" पीयूषा फिर एक संक्षिप्त उत्तर देकर चुप हो गई।

"आपका बोलना मुझे अच्छा लगेगा। मैं तो बोलता ही रहता हूँ, इसलिए आज भी बोलता रहा। सुबह से ही बोल रहा हूँ। अच्छा तो अब अनुमति दीजिए। चलता हूँ। कल प्रातः ज्ञानसत्र की दूसरी संगोष्ठी में फिर भेंट होगी।"

श्यावाश्व चले गए, पर पीयूषा को विचारों की डोर में बाँध गए। वह सोचती रही, कितने महान् है श्यावाश्व! मन से सृष्टि की उत्पत्तिवाला उनका सिद्धांत नितांत अनूठा है! किस तरह सरलता और विस्तार का सहारा लेकर वे अपना कठिन सिद्धांत भी मुझे समझा गए! इन सभी बातों पर सोचते-सोचते पीयूषा ने निश्चय कर लिया कि कल वह श्यावाश्व को अपने रथ में बिठाकर दूर कहीं विहार के लिए ले जाएगी।

बारह

पीयूषा रात भर सो नहीं पाई। सुबह श्यावाश्व को देखते ही वह उनके प्रति खिंच सी गई थी। फिर पिता के सहज प्रयास के परिणामस्वरूप उसे श्यावाश्व के निकट बैठने का सान्निध्य-सुख स्वयमेव मिल गया। निकट बैठे-बैठे वह श्यावाश्व से इतना

सायुज्य अनुभव करने लगी थी कि जैसे ही संगोष्ठी में उद्दंडता प्रारंभ हुई, वह विचलित हो उठी, क्योंकि श्यावाश्व की अध्यक्षता के असफल होने की आशंका से वह भयभीत हो गई थी। फिर जब श्यावाश्व ने संगोष्ठी पर अपना विचार-प्रभुत्व स्थापित कर लिया तो उसके आनंद और तृप्ति की कोई सीमा न रही थी। फिर भोजन के बाद श्यावाश्व ने राजप्रासाद में उसके कक्ष में आकर मन से सृष्टि की उत्पत्ति के अपने सिद्धांत को जो व्याख्या की, उसका एक-एक शब्द मानो पीयूषा के मन पर टंकित सा हो गया, 'मन का नाता नहीं है तो अपना पुत्र भी पुत्र नहीं लगता, पिता पिता नहीं लगता, पत्नी पत्नी नहीं लगती, पति पति नहीं लगता, यहाँ तक कि अपनी माँ तक माँ नहीं लगती।' या उनका यह वाक्य कि 'पीयूषा, हमारा मन ही तो है, जो हमें संसार से बाँध देता है और मन ही तो है, जो हमें संसार से विरक्त कर देता है।'

पीयूषा प्रसन्न थी कि आज दूसरी संगोष्ठी के बाद जब उसने आर्य श्यावाश्व से रथ पर बैठकर वनविहार पर चलने का प्रस्ताव रखा तो उन्होंने तुरंत स्वीकार कर लिया। इसलिए वह पूरी तरह से आश्वस्त हो जाना चाहती थी कि उसका रथ पूरी तरह निर्दोष हो और उसमें जुतनेवाले दोनों घोड़े पूरी तरह स्वस्थ हों। इसी चिंता ने उसे विवश कर दिया कि वह जाकर रथ का निरीक्षण स्वयं करे।

पीयूषा अपने कक्ष के बाहरवाले प्रांगण में खड़े अपने रथ और रथ में जुते घोड़ों का निरीक्षण कर रही थी कि आर्य श्यावाश्व आ पहुँचे। आते ही बोले, "पीयूषा, आज भोजन में मीठा थोड़ा ज्यादा खा लिया है, जिससे अब मुँह का स्वाद कषाय सा हो रहा है।"

"कोई बात नहीं। थोड़ी देर में सहज हो जाएगा। आप रथ पर चढ़िए तो जरा..." कहते हुए पीयूषा मुसकराई।

श्यावाश्व रथ पर बैठ गए। पीयूषा भी बाद में आकर बैठ गई। रथ क्या था, चार पहियों का लघु विमान जैसा था। रथ के पीछे के पार्श्व में दो छोटी आसंदियाँ पड़ी थीं। यदि रथ को चलानेवाला कोई दूसरा होता तो पीयूषा और श्यावाश्व दोनों इन आसंदियों पर जाकर बैठते, पर पीयूषा अपना रथ प्रायः स्वयं चलाया करती थी और आज भी वही रथ हाँकनेवाली थी। इसलिए श्यावाश्व और पीयूषा दोनों रथ के आगेवाले पार्श्व में सारथी के बैठने के लिए पड़े काष्ठ फलक पर जा बैठे। फलक चूँकि बहुत बड़ा नहीं था, इसलिए दोनों के शरीर एक-दूसरे को स्पर्श कर रहे थे और दोनों रोमांच की अवस्था में थे। रथ की वल्गा पीयूषा के हाथ में थी और उसने रथ हाँक दिया। दोनों को बातें करनी थीं, किसी गंतव्य तक पहुँचने का कोई दबाव उन पर नहीं था, इसलिए पीयूषा ने दोनों घोड़ों की वल्गाओं को उतना ही ढीला किया कि वे एक सहज गति से चलते रहें।

रथ के घोड़े सरपट चल रहे थे, मंद गति से ठीक वैसे ही, जैसे पीयूषा और

श्यावाश्व के मन एक सहज गति चल रहे थे। दोनों चुप थे, पर दोनों का मौन एक-दूसरे के हृदय को और भी अधिक निकट ला रहा था। पीयूषा वैसे ही कम बोलती थी, पर खूब बोलनेवाले श्यावाश्व भी आज चुप थे। अचानक श्यावाश्व की दृष्टि दूर उभर रहे पर्वतशिखरों पर पड़ी तो श्यावाश्व ने पूछा, "पीयूषा, आपको पता है कि पहले कभी पर्वतों के पंख हुआ करते थे, पर अंततः इंद्र ने उनके पंख काट दिए तो उनका उड़ना बंद हो गया?"

पीयूषा को सुनकर थोड़ा आश्चर्य हुआ कि श्यावाश्व यह क्या कह रहे हैं। इसलिए उसने थोड़ा चकित भाव से पूछा, "आपको कैसे मालूम?"

"मुझे भला कैसे मालूम पड़ सकता है, क्या इंद्र ने पर्वतों के पंख मुझसे पूछ कर काटे थे? अरे, यह सब कल्पना है; पर पीयूषा, क्या कभी-कभी कल्पनाएँ भी नहीं करनी चाहिए?"

"जरूर करनी चाहिए, तो बताइए न, कथा क्या है?"

"कथा बन जाएगी," श्यावाश्व बोले, "वह तो हम दोनों ही बना देंगे। अब सोचिए जरा, एक दिन अचानक उस सामनेवाले पहाड़ ने पाया कि उसके पंख नहीं रहे और वह उड़ नहीं सकता। वह हैरान था कि उसके पंख आखिर गए तो कहाँ गए, उसे विश्वास ही नहीं हो रहा था कि उसके पंख अब नहीं रहे। वे आखिर गए कहाँ, कैसे खत्म हो गए, क्या किसी ने काट डाले, काट डाले तो क्यों काट डाले, कल शाम तक तो उसके पंख थे। कल शाम तक तो वह उड़ रहा था। उड़ता-उड़ता कल शाम ही तो यहाँ आकर बैठा था! तो क्या अब वह कभी नहीं उड़ पाएगा? क्या उसे सदा-सर्वदा के लिए यहाँ बैठे रहना पड़ेगा,··· पीयूषा, कथा कैसी लग रही है?"

"सुनाते जाइए, अच्छी लग रही है।" पीयूषा की रुचि जाग चुकी थी।

"उस पर्वत की समझ में कुछ नहीं आ रहा था। वह याद करने लगा कि वे दिन कितने अच्छे थे, जब वह अपने पंखों के सहारे उड़ता हुआ अनंत आकाश में जहाँ चाहता, वहीं घूमता रहता। नीचे पृथ्वी के लोग उसे देखते और हर्ष-विभोर होकर हाथ उठा-उठाकर उसका अभिवादन करते। पर्वत उन लोगों को भरपूर आत्मतोष के भाव से देखता। कभी मानो दया कर उनके ऊपर से निकल जाता और कभी उन्हें डराता कि मानो उन लोगों के ऊपर ही बैठ जाएगा।"

"कहानी अच्छी बन रही है!" पीयूषा की संक्षिप्त टिप्पणी थी।

"पर अब पर्वत के पंख नहीं रहे तो वह सोचने लगा कि क्यों उसे पंख दिए गए होंगे? इसलिए कि उड़कर वह उन नगरों और ग्रामों के पास जा सके, जहाँ पानी नहीं था, वनस्पतियाँ नहीं थीं, जड़ी-बूटियाँ नहीं थीं, औषधियाँ नहीं थीं, ताकि वह पर्वत जहाँ

जाता, वहाँ कुछ वर्ष ठहरता, वहाँ के लोगों को वे सारे लाभ पहुँचाता, जो वह पहाड़ होने के कारण उन्हें पहुँचा सकता था।"

"फिर उसके पंख क्यों काट डाले गए?" पीयूषा ने पूछा।

यह सुनकर श्यावाश्व खिलखिलाकर हँस पड़े। बोलने लगे, "पीयूषा, आप भी कितनी भोली हैं, जो मेरी इस कपोल-कल्पित कथा को सच मानकर चिंतित हो उठी हैं! पर पीयूषा, मैं आपसे एक बात कहना चाहता हूँ।"

"क्या?" पीयूषा बोली।

"मेरी मित्र बनेंगी आप?"

पीयूषा और चाहती ही क्या थी! श्यावाश्व जैसे भी कहें, वह उनकी होने को तैयार ही बैठी थी। जैसे ही श्यावाश्व ने उसका मनचाहा कहा, पीयूषा की हृदयगति तेज हो गई। उसके हाथों में कंपन साफ दिखने लगा। उसे लगा कि वह रथ को ठीक तरह से चला नहीं पाएगी। कहीं कोई दुर्घटना न हो जाए, इसलिए उसने घोड़ों की वल्गाएँ खींचीं और रथ एक तरफ रुक गया। श्यावाश्व बोले, "पीयूषे, मैं कल से आपको देख रहा हूँ। कल संगोष्ठी में आपको मेरे साथ बैठे-बैठे रोमांच हो रहा था, पुलक हो रही थी। जब कुछ उद्दंड विद्वानों ने कोलाहल मचाया तो मेरी सफलता को शंकित मान आप कितना चिंतित हो गई थीं! फिर मैंने अनुशासन की स्थापना कर दी तो पूरी संगोष्ठी पर मेरी अध्यक्षता प्रतिष्ठित हो जाने पर आपकी प्रसन्नता की कोई सीमा नहीं रही। फिर आपने मुझे अपने राजप्रासाद में बुलाया और आज रथविहार के लिए बुला लिया। मैंने आपकी सभी भावनाएँ पढ़ ली हैं और दोनों दिन आपके आमंत्रण पर चला आया। आर्ये पीयूषे, क्या आप इन सभी स्थितियों को औपचारिक संबंधों का प्रतीक मान सकती हैं?"

पीयूषा चुप थी। उसका शरीर काँप रहा था। आर्य श्यावाश्व उसके मन की ही बातें कर रहे थे। वे बातें, जो वह चाहती थी कि कही जाएँ, पर उसे विश्वास नहीं था कि कभी कही जा सकेंगी।

"नहीं पीयूषा, नहीं। यह सब औपचारिक संबंधों का प्रतीक नहीं हो सकता। सोमयाग के पहले दिन से मेरे हृदय में आपके प्रति सहज आकर्षण पैदा हो गया था। वह भी औपचारिक संबंधों की सूचना नहीं थी। पीयूषा, आप कहें न कहें, मैं कहूँ न कहूँ, हम दोनों एक-दूसरे के मित्र बन चुके हैं।"

पीयूषा फिर भी चुप रही।

"आर्या पीयूषा, दो बातें और कहूँ?"

"कहिए, शीघ्र कहिए आर्य श्यावाश्व!"

"पीयूषा, मैं आपके साथ अनौपचारिक संबंधों की तीव्रता अनुभव कर रहा हूँ। मुझे

लग रहा है कि हमारे संबंध अत्यधिक घनिष्ठ हो गए हैं। चूँकि हम मानने लगे हैं कि हम दोनों के हृदय परम मैत्री के बंधन में बँध चुके हैं, इसलिए मैं आज के बाद आपको आप न कहकर 'तुम' संबोधित करना चाहता हूँ।"

"मैं कृतार्थ अनुभव कर रही हूँ आर्य श्यावाश्व!" पीयूषा ने मानो श्यावाश्व की उत्कट भावनाओं को अपना समर्थन दे दिया।

"पीयूषा, तुम्हारा नाम बहुत मधुर है, पर बहुत बड़ा है। मैं प्रतिक्षण इतना बड़ा नाम कैसे बोल पाऊँगा? इसलिए मैं चाहता हूँ कि मैं तुम्हें पीयूषा नहीं, पीयू केवल पीयू कहा करूँ। बोलो, स्वीकार है?" श्यावाश्व बोले।

"स्वीकार है आर्य, स्वीकार है। सबकुछ स्वीकार है।" पीयूषा ने समर्पित भाव से कहा, "पर मैं आपको आर्य ही कहूँगी, यही मेरी इच्छा है।"

श्यावाश्व और पीयूषा रथ से उतरकर बहुत देर तक वनविचरण करते रहे। श्यावाश्व पीयूषा को बहुत देर तक बहुत कुछ सुनाते रहे। वे बार-बार पीयूषा से भी कहते, "पीयू कुछ बोलो न! बातों को आगे बढ़ाओ न!" पर पीयूषा बहुत कम बोलती थी। फिर आज तो वह परम रोमांच में थी। बोलती भी तो कैसे बोलती, और क्या बोलती?

"देखो तो पीयू," श्यावाश्व बोले, "ये कहानियाँ भी कैसे बन जाती हैं। अब जरा सोचो तो, अभी जो मैं तुम्हें पर्वतों के पंखोंवाली कहानी सुना रहा था, वह कैसे बन गई होगी? एक ऋषि हुए हैं—गृत्समद। उनके मंत्र ऋग्वेद में संकलित हैं। एक बार वे इंद्र की स्तुति कर रहे होंगे। सहसा काले-काले मेघ आकाश में उमड़-घुमड़कर आ गए होंगे। मेघों के बीच में विद्युत् कौंधने लग गई होगी। विद्युत् को इंद्र के वज्र का प्रतीक मान लिया गया है। अब उस ऋषि ने सोचा होगा कि इतना बलशाली इंद्र, उसका इतना तीक्ष्ण अस्त्र है वज्र, तो क्या वज्र ने मात्र पोपले मेघों को विदीर्ण कर दिया होगा, मेघों के शरीर भेदने में इंद्र का क्या शौर्य और उसके वज्र का क्या प्रताप? सो, ऋषि ने कल्पना कर डाली होगी कि ये काले मेघ नहीं, भारी-भरकम ठोस पर्वत हैं, जो उड़ते चले आ रहे हैं, पर जिन्हें इंद्र ने अपने वज्र से थाम लिया है। बस, ऋषि ने लिख दिया—यः प्रकुपिताँ पर्वताँ अरम्णात्। अब ऋषि की वाणी है, ऊर्जा और प्रभाव से भरपूर। सो, जनसामान्य ने उसके आधार पर कथा बना डाली कि पहले पर्वतों के पंख हुआ करते थे, जिन्हें बाद में इंद्र ने काट डाला। कहो पीयू कैसी लगी कल्पना?"

पीयूषा चकित थी कि आर्य श्यावाश्व कैसे क्षण भर में गाथाओं की सृष्टि कर लेते हैं? उसे श्यावाश्व में कई प्रकार की विशिष्ट संभावनाएँ दिखने लगीं, पर अभी वह उन सब बातों पर नहीं सोचना चाहती थी। वह तो इसी परम आह्लाद से भर गई थी कि जिस श्यावाश्व को विचार-जगत् अपना नायक मानता है, जिसे एक झलक देखने

के लिए विद्याकुलों के छात्र और छात्राएँ लालायित रहते हैं, जिन्होंने मन को सृष्टि का नियामक कारण बताकर अपना एक नया सिद्धांत चला दिया है, वही श्यावाश्व, वही आर्य श्यावाश्व आज उसके इतना निकट आ गए हैं कि उसे 'तुम' कहकर संबोधित कर रहे हैं और वह उनकी पीयू बन चुकी है।

चकित और आह्लादमयी पीयूषा ने अब लौटने की बात सोची। बोली, "आर्य श्यावाश्व, इससे पहले कि भगवान् सूर्य अस्तगामी दिशा की ओर बढ़ चलें, हमें राजप्रासाद लौट चलना चाहिए।"

"ठीक है, कहकर श्यावाश्व ने अपने हाथ का सहारा देकर पहले पीयूषा को रथ पर चढ़ाया और फिर स्वयं बैठ गए। इस ऊष्म स्पर्श से पीयूषा को अद्भुत आनंद मिल रहा था। रथ राजप्रासाद की ओर चला जा रहा था, पर श्यावाश्व और पीयूषा पहले ही एक-दूसरे के हृदय-प्रासाद में अपना आवास बना चुके थे। जो श्यावाश्व और पीयूषा रथ पर बैठकर आए थे, वे दूसरे थे और जो श्यावाश्व और पीयूषा रथ पर बैठकर जा रहे हैं, वे दूसरे हैं। श्यावाश्व निश्चिंत थे, पर पीयूषा सोच रही थी, 'अब क्या होगा?'

तेरह

रात्रि का समय और आर्य श्यावाश्व भोजन आदि से निवृत्त हो चुके हैं। ज्ञानसत्र की दूसरी संगोष्ठी समाप्त हो चुकी थी और उसमें श्यावाश्व की भूमिका अब लगभग पूर्ण होने को है। कल प्रात: सत्र की तीसरी और अंतिम संगोष्ठी में श्यावाश्व को अवशिष्ट विद्वानों को बोलने का अवसर देने के बाद रथवीति दार्भ्य से समारोप की प्रार्थना भर करनी है। उनका अपना अध्यक्षीय भाषण आज दूसरे सत्र के प्रारंभ में ही हो गया, जिस पर गहन-विमर्श भी हो चुका था। श्यावाश्व के इस बार दो भाषण हो गए थे। एक भाषण-जैसा उनका कार्यक्रम मानो तब संपन्न हो गया था, जब उन्होंने कल पीयूषा के कक्ष में अपने सिद्धांत को समझाया था। वही बातें, थोड़ा अधिक विस्तार से उन्होंने आज के अपने अध्यक्षीय भाषण में कह दी थीं। ज्ञानसत्र में अपनी सफल भूमिका से वे तुष्ट थे और लगभग निश्चिंत जैसे हो गए थे। उन्हें संतोष था कि वे वापस आश्रम जाकर ऊर्म्या को अपने संचालन के बारे में अच्छी सूचना दे सकेंगे।

उतना ही संतोष और तृप्ति उन्हें इस बात की थी कि यहाँ आने के बाद उनका परिचय पीयूषा से हुआ। प्रारंभ में वह परिचय एकपक्षीय था। फिर दोनों ओर से हो गया और अंतत: आज सायं उन दोनों का परिचय घनिष्ठ आत्मीयता और परम मैत्री में बदल

गया। वे इतने मोद और आह्लाद में थे कि मन-ही-मन बार-बार ऊर्म्या के प्रति कृतज्ञता अनुभव कर रहे थे, जिसने आश्रम से आते समय उनसे बार-बार और बल देकर कहा था कि पीयूषा से संवाद अवश्य करना। वे ऊर्म्या को उसके इस आग्रह को पूरा करने की हर्ष-सूचना देने को उतावले हो रहे थे।

विचारों में खोए श्यावाश्व को लगा कि जीवन में कुछ निर्णायक करने का अवसर आ गया है। राजप्रासाद की अतिथिशाला के जिस कक्ष में उन्हें ठहराया गया था; उसका पिछवाड़ा प्रासाद के उद्यान की ओर खुलता था और उद्यान की सीमा जहाँ समाप्त होती थी, वहाँ से वनप्रांतर प्रारंभ हो रहा था। इसी उद्यान में एकाकी टहलते हुए श्यावाश्व विचारों में लीन थे। मन में एक विचार आया कि जाकर पिता अर्चनाना को अपने दोनों अनुभवों के बारे में उन्हें बताएँ। पर लगा कि पिताश्री को बताने से पहले उन्हें स्वयं पर्याप्त आत्ममंथन कर लेना चाहिए। फिर विलंब से सोने का अभ्यास उनका है, पिताश्री का नहीं। वे तो सो चुके होंगे, इसलिए कल ज्ञानसत्र के बाद उनसे सभी बातें कहने का फैसला कर वे अपने कक्ष से एक काष्ठ-पीठिका उठाकर बाहर उद्यान में ले आए। उस पर बैठे और आँखें मूँदकर विचारलीन हो गए। उनके ध्यान के केंद्र में वे स्वयं थे। जब भी उन्हें किसी निष्कर्ष तक पहुँचना होता, वे इसी तरह ध्यानलीन हो जाया करते थे। उनके हृदय और मस्तिष्क में मंथन प्रारंभ हो गया था, 'पखवाड़े से भी ज्यादा समय बीत चुका है। कैसी विचित्र थी वह सुबह और कैसी विचित्र थी वह रात! लगभग तीन सप्ताहों में मेरा जीवनचक्र कितनी तेजी से घूमा है! उस दिन प्रभात-वेला में उनींदे पड़े मेरे मन में सहसा कौंधा था कि मुझे अब अपने विवाह के बारे में गंभीरतापूर्वक सोचना चाहिए। फिर यह भी एक विचित्र संयोग था कि उनींदे क्षणों में उठी इस गंभीरता के बाद जब पिताश्री से भेंट हुई तो उन्होंने भी मेरे अब तक अविवाहित रहने पर काफी खीझ जता दी थी। तो क्या पीयू का इस तरह मेरे जीवन में सहसा, बिना किसी पूर्वयोजना के अनायास प्रवेश कर जाने का संबंध उस प्रभात के विचारचक्र से है? यदि यह सत्य है कि स्त्री-पुरुष के हृदय-संबंधों का निर्धारण प्रकृति की किसी योजना से ही होता है तो क्या पीयू से मेरे भावी हृदय-संबंधों के बीज स्वयं प्रकृति ने आज से बीस-इक्कीस दिन पूर्व मेरे मस्तिष्क में बो दिए थे, क्या पीयू मेरे हृदय की स्वामिनी बनने के बाद मेरे जीवन की स्वामिनी भी बननेवाली है, क्या मुझे उसके आगे विवाह का प्रस्ताव रख देना चाहिए?'

इस सीमा तक पहुँचकर समाधिलीन श्यावाश्व के विचार-तंतुओं में थोड़ी रुकावट पैदा हो गई। वे काष्ठ-पीठिका से उठे और उद्यान की घास पर टहलने लगे। उन्हें

अनुभव हुआ कि आश्रम में उनकी पर्णकुटी के आगे जो घास उगी है, उसमें और इस राज-उद्यान की घास के स्पर्श में बड़ा अंतर है। यहाँ के स्पर्श में कोमलता है। उन्होंने निश्चय किया कि कल पीयू से बात करने के बाद वे वह विधि जानने का प्रयास करेंगे कि कैसे घास को कोमल बनाया जाता है।

थोड़ा टहलकर वे अपने कक्ष में गए। ऊनी प्रावारक उठा लाए और उसे ओढ़कर वापस काष्ठ-पीठिका पर आ बैठे और फिर से ध्यानलीन होकर सोचने लगे—

'यदि मन से संपूर्ण सृष्टि की उत्पत्ति, विकास और ह्रास का मेरा सिद्धांत ठीक है, तो अपने नए अनुभवों और अपने जीवन में पिछले दिनों घटी घटनाओं का आकलन मुझे उसी संदर्भ में करना चाहिए। सहसा उस अपराह्न वनविहार के समय ऊर्म्या ने मुझसे कह दिया कि जाने कौन सा चमत्कार तुम रथवीति के यहाँ करके आओगे। चमत्कार तो हो ही गया है। पीयू से मिलने को मैं अपने जीवन में चमत्कार से कम भला कैसे मान सकता हूँ! ऊर्म्या का कथन शतशः सत्य सिद्ध हुआ है। पर तब से लेकर आज तक मेरी समझ में यह नहीं आ रहा कि ऊर्म्या के इस कथन में तीक्ष्णता और आवेश क्यों था? वह तो मेरी बालसखी है और मुझसे सदा अपनेपन से बात करती है। उस दिन उसके कथन में अपनापन तो था, पर तीक्ष्णता क्यों थी?'

श्यावाश्व इसका रहस्य क्या कभी समझ पाएँगे? वे इस प्रश्न से भी अपरिचित थे और इसी रहस्य में ऊर्म्या के व्यक्तित्व की सारी ऊर्जा छिपी थी, पर वे सोचे जा रहे थे, 'मुझे उसके बाद उस रात जिस भयानकतम तरीके से अपने मन से संघर्ष करना पड़ा, वह ऊर्म्या की इसी तीक्ष्णता में से ही कहीं-न-कहीं उपजा था। उस रात का स्मरण करके शरीर में कैसी सिहरन सी हो जाती है। उस रात मैं कितना अकेलापन महसूस कर रहा था। कितना उदास और कितना खाली-खाली सा!' अचानक फिर श्यावाश्व उसी रात की तरह मन की उदासी और व्यक्तित्व के संबंधों के बारे में सोचने लग गए, 'चूँकि उदासी से व्यक्तित्व का ठहराव समाप्त होता है और विकास के नए-नए आयामों की संभावनाएँ बनती हैं, इसलिए पागलपन की हद तक इस धारणा के विश्वासी होने के कारण कुछ लोग अपने ऊपर उदासी ओढ़ लेते हैं और अकारण ही अपने लिए तनाव पैदा किए रहते हैं; दुःखों को न्योतते रहते हैं और सोचते हैं कि उनके व्यक्तित्व का विकास हो रहा है और इस तरह स्वयं को सामान्यजन से पृथक् और चार अंगुल ऊपर मानने लग पड़ते हैं।

'पर मैं इस परिचित और आरोपित उदासी की धारणा से कभी सहमत नहीं हो सकता। उदासी निस्संदेह विकास का कारण बनती होगी, पर क्या बलात् ओढ़ी हुई

उदासी भी मनुष्य का वैसा विकास कर सकती है ? उदासी और विक्षोभ विकास का कारण बनते हों या न बनते हों, पर निश्चित ही उदासी और विक्षोभ अकारण नहीं होते और जब वे अकारण नहीं होते तो निश्चित ही वे परिवर्तनों का कारण बन जाते हैं। प्रमाण ? मैं जो सामने हूँ।' श्यावाश्व का विचार-तंत्र ऐसा अव्याहत चल रहा था कि उन्हें आभास ही नहीं हो पाया कि अर्द्धरात्रि बीतने को है।

'उस रात्रि की उदासी के बाद, खालीपन और निरर्थकता की गहन अनुभूति के बाद अगले दिन प्रात:काल रथवीति दार्भ्य से मिलना भी अपने-आप में एक अनुभव ही रहा। उनके व्यक्तित्व से आकृष्ट मैं यज्ञ में भागीदारी के लिए मान गया और मेरे अनुरोध को मानकर उन्होंने ज्ञानसत्र का आयोजन करवा दिया। फिर जब मैं रथवीति के राजप्रासाद जाने के लिए आश्रम से निकला तो ऊर्म्या ने बार-बार आग्रह किया कि मैं पीयूषा से अवश्य मिलूँ। यहाँ आकर उससे भेंट हुई और उसका सम्मोहन ऐसा है कि मेरी पीयू बन बैठी और इसमें दोनों की सहमति है।'

श्यावाश्व विचार-तंद्रा में लगभग लीन हो गए। काष्ठ-पीठिका पर बैठे-बैठे ही उन पर समाधि और निद्रा का सम्मिलित प्रभाव पड़ गया। प्रभाव होने को आया। शीत का प्रकोप बढ़ा और उनके शरीर में सिरहन सी पैदा होने लगी। उनकी तंद्रा टूटी तो उन्होंने सोचा कि अब क्या सोना ? उनके मन में संकल्प का उदय हुआ कि पीयू के समक्ष विवाह का प्रस्ताव रख ही देना चाहिए। जिस राजकन्या को देखने के क्षण से वे सम्मोहित हो गए हैं, जिसकी आवाज उनके मन और मस्तिष्क पर जादू और संजीवनी जैसा काम कर रही है, जिसके साथ वनविहार करते समय उनके सीमित माने जानेवाले कल्पनालोक में गाथाओं का असीमित उद्‍भव होने लग गया है, 'ऐसी अद्‍भुत प्रेरणास्रोत पीयू को अपनी जीवनसंगिनी बनाकर मैं धन्य हो जाऊँगा। ईश्वर का यही विधान है तो उसे पूरा हो ही जाना चाहिए। उस प्रभात और उस भयानक रात के बाद जितना घटनाचक्र चला है, उसका परिणति-केंद्र संभवत: पीयू ही थी, जिसे देखने के बाद मेरा चित्त विक्षोभ उदात्तता के शिखर पर आरूढ़ होकर शांत हो गया है और जिससे मिलने के बाद, जिसकी आवाज सुनने के बाद मुझे अपने जीवन में कुछ विलक्षण कर गुजरने की प्रेरणा मिल रही है। इस पीयूषा को, प्रियतमा पीयू को अब मेरी पत्नी हो ही जाना चाहिए।

'तो क्या पिछले कुछ सप्ताहों का विशिष्ट घटनाचक्र और विचित्र अनुभूति-जगत् मुझे विवाह के बंधन के लिए तैयार कर रहा था और यह विवाह क्या मेरे जीवन में कोई नवोन्मेष लानेवाला है ? क्या होगा वह नवोन्मेष ?' इन तीव्रतम अनुभूति-क्षणों में उठे विवश प्रश्नों का उत्तर देने के लिए ही मानो अर्चनाना वहाँ आ पहुँचे।

"वत्स श्यावाश्व, आज ज्ञानसत्र की अंतिम संगोष्ठी है। रथवीति दार्भ्य के आतिथ्य का भी आज अंतिम दिन है। कल हमें अपने आश्रम लौट जाना है। राजप्रासाद में इतना लंबा प्रवास कैसा लगा श्यावा?" अर्चनाना ने कुरेदा।

अर्चनाना कुलपति थे, तो एक पिता भी थे। फिर वे तो श्यावाश्व जैसी विलक्षण संतान के पिता थे। श्यावाश्व के हृदय को वे अच्छी तरह पढ़ सकते थे। उसके विचारों और भावनाओं के सागर की गहराइयों को नाप सकते थे। सोमयाग के प्रथम दिन से ही श्यावाश्व किस तरह राजदुहिता पीयूषा के प्रति आकृष्ट हैं, इसका अध्ययन वे सतत कर रहे थे। ज्ञानसत्र के दौरान श्यावाश्व और पीयूषा के पारस्परिक संवाद की अंतरंगता को और किसी ने भाँपा हो या न भाँपा हो, अर्चनाना ने उसे गहरे जाकर समझ लिया था। इस पूरे घटनाचक्र पर वे अतिप्रसन्न थे और भविष्य के कुछ संकेत वे इसमें से खोज रहे थे। दोनों दिन संगोष्ठी के बाद श्यावाश्व पीयूषा से मिलने गए थे, इस समाचार ने उन्हें अपार संतोष दिया था। कल इन दोनों के वनविहार के बाद अर्चनाना काफी उत्साह में थे और श्यावाश्व से मिलकर, कुछ पूछने की, कुछ जानने की उनकी इच्छा तीव्र हो रही थी। वे सूर्योदय के समय श्यावाश्व के जागने की प्रतीक्षा नहीं कर पाए और इससे पहले ही उन्हें जगाने के लिए उनके कक्ष में आ पहुँचे। उन्हें यह देखकर अच्छा लगा कि श्यावाश्व पहले से ही जागे हुए हैं। बस, उन्हें इतना भर मालूम नहीं था कि श्यावाश्व आज रात सोए नहीं, विचार-तंद्रा में लीन रहे हैं।

"पिताश्री, जैसे रथवीति का हमारे आश्रम में आना मेरे जीवन का एक नया और सुखकारी अनुभव बन गया था, वैसे ही हमारा इस राजप्रासाद में आना मेरे लिए विलक्षण अनुभव बन गया है।"

"वह कैसे?"

"वह ऐसे पिताश्री" श्यावाश्व बोले, "कि यहाँ आकर आर्या पीयूषा से मिलने के बाद मैं संपन्न और कृतकृत्य अनुभव कर रहा हूँ। कल हम दोनों रथ पर बैठकर वनविहार के लिए गए थे और हम दोनों मैत्री के बंधन में बँध गए हैं।"

यह सुनकर अर्चनाना परम संतुष्ट हुए। उन्हें लगने लगा कि अपने विचारक पुत्र के अब तक अविवाहित रहने के कारण उन्हें जो चिंताएँ घेरे रहती थीं, उनका अंत अब निकट है। फिर भी, श्यावाश्व को थोड़ा कुरेदने का मन किया। उन्होंने पूछा, "श्यावा, पीयूषा ने चौबीस-पच्चीस वर्ष की आयु हो जाने पर भी अब तक विवाह नहीं किया है। क्या उसने भी ऊर्म्या की तरह आजीवन अविवाहित रहकर ज्ञानसत्रों में भाग लेते रहने का संकल्प किया हुआ है?"

श्यावाश्व समझ नहीं पाए कि पिता उनसे ऐसा प्रश्न क्यों कर रहे हैं। क्या वे अचानक व्यंग्य और परिहास की मुद्रा में आ गए हैं या कि कोई गंभीर प्रश्न उनके मन में जन्म ले रहा है? बोले, "पिताश्री, मैं और पीयूषा कल बहुत समय एक साथ रहे, हमने काफी बातें कीं, पर मुझे तो एक बार भी ऐसा नहीं लगा कि पीयूषा ने सदा अविवाहित रहने का कोई निर्णय ले रखा हो!"

"फिर उसने अब तक विवाह नहीं किया, यह जानने की तुम्हारी कोई इच्छा नहीं हुई?"

"पिताश्री, हम इतनी तरह की बातें करते रहे कि इस तरह का प्रश्न पूछने का मुझे कोई विचार तक नहीं आया। पीयूषा बहुत कम बोलती है, लगभग नहीं के बराबर। पर पिताश्री, वह जब भी बोली, मुझे उसकी आवाज में प्रेरणा की स्वर लहरियाँ सुनने को मिलीं। उसने मुझे कोई बहुत बड़े प्रेरणा के वाक्य बोल दिए हों, ऐसा नहीं हुआ। पर उसके साथ रहना और उससे बातें करना ही मानो मुझे कुछ करने की प्रेरणा दे रहा है।" अर्चनाना अनुभवी थे। वे देख रहे थे कि श्यावाश्व ने पीयूषा के लिए एक बार भी आदरसूचक बहुवचन का प्रयोग नहीं किया। वे लगातार मैत्रीवाले स्वर में बोल रहे थे। इसके साथ ही पीयूषा को प्रेरणास्रोत जैसा मानने की बात भी श्यावाश्व ने की। इतने मात्र से उन्हें विश्वास हो गया कि श्यावाश्व और पीयूषा के बीच घनिष्ठ संबंधों का उदय हो चुका है। उन्हें लगा कि अब उन्हें श्यावाश्व से वह बात भी कर लेनी चाहिए, जो कहने के लिए वे कल शाम से उतावले हो रहे हैं, पर उन्हें अवसर नहीं मिल पा रहा।

"देखो श्यावा, तुम ऋषिकुमार हो और पीयूषा राजकन्या है। ऋषिकुमारों और राजकन्याओं के विवाह होते आए हैं। अभी कुछ ही समय पूर्व ऋषि ऋष्यशृंग और दशरथ-पुत्री शांता का विवाह हुआ था, जिसकी चर्चा स्वयं तुम एक दिन कर रहे थे। यदि तुम्हें कोई आपत्ति न हो तो मैं रथवीति दार्भ्य से तुम दोनों के विवाह का प्रस्ताव रखूँ? क्या तुम्हें विश्वास है कि पीयूषा इस प्रस्ताव को ठुकराएगी नहीं?"

"हाँ पिताश्री, प्रस्ताव रख सकते हैं और जितना मैं समझ पाया हूँ, पीयूषा को यह प्रस्ताव स्वीकार्य ही होगा।"

श्यावा के इस कथन पर अर्चनाना प्रसन्न हो गए। अपने विलक्षण विचारक पुत्र के कथन की प्रामाणिकता पर संदेह करने का उनके पास कोई कारण नहीं था। बोले, "चलो, अब प्रभात के स्नानादि-नित्यकर्म से निवृत्त हो जाओ। प्रातराश करके संगोष्ठी के समापन-सत्र में भी जाना है।"

"हाँ पिताश्री!"

अर्चनाना चले गए और श्यावाश्व नित्यकर्म में लग गए।

चौदह

"आर्य श्यावाश्व, मैं रथवीति आपके प्रति हृदय से कृतज्ञ हूँ कि आपने यहाँ पधारकर मेरी प्रजा को, मुझे, मेरी पुत्री पीयूषा और मेरे पूरे परिवार को कृतार्थ कर दिया है। जिस कुशलता, योग्यता और विद्वत्ता से आपने तीन दिन के इस ज्ञानसत्र का संचालन किया है, उसे मैं आजीवन अपना रिक्थ बनाकर रखूँगा।"

"राजन्, आपके इन शब्दों से मुझे बहुत संकोच हो रहा है।" राज्ञ और श्यावाश्व के बीच यह संवाद ज्ञानसत्र के बाद विशाल कक्ष के बाहर खुले प्रांगण में मध्याह्न की धूप में खड़े-खड़े हो रहा था। सभी विद्वानों ने अपने को दो-दो, चार-चार के समूहों में बाँध रखा था और जगह-जगह अनौपचारिक संवाद चल रहे थे। अपनी बात को आगे बढ़ाते हुए श्यावाश्व बोले, "राजन् आपने अपने समारोप-संभाषण में भी मेरी बहुत श्लाघा कर दी। मैं स्वयं को उसके योग्य नहीं पा रहा हूँ।"

बातचीत चल ही रही थी कि कुछ विद्वान् बातें करते-करते वहाँ आ गए, जहाँ रथवीति दार्भ्य, पीयूषा, कुलपति अर्चनाना, आर्य श्यावाश्व और आर्य शुकनास खड़े बातें कर रहे थे।

"आर्य श्यावाश्व," एक विद्वान् थोड़ा गंभीर होकर बोले, "मन से सृष्टि के उत्पन्न, विकसित और प्रणष्ट होने के आपके सिद्धांत से हम बहुत प्रभावित हुए हैं, पर आपने हमारे एक साथी की शंका का निराकरण नहीं किया।"

"कौन सी शंका?" श्यावाश्व थोड़ा सतर्क हुए।

"आपने पहले ही दिन अनुशासन के घोषणापाश में हम सबको ऐसा बाँध दिया कि किसी को वह शंका फिर से रखने का साहस ही नहीं हुआ।" वे बोले।

"पर शंका तो बनी ही हुई है।" दूसरा विद्वान् समर्थन में बोला।

"पर वह शंका है कौन सी?" श्यावाश्व ने पूछा।

"आर्य श्यावाश्व," अब बारी उसी विद्वान् के बोलने की थी, जिसने ज्ञानसत्र के पहले ही दिन प्रश्न का प्रक्षेपास्त्र फेंका था। इतने में एक राज-भृत्य शीशे के सुंदर पात्रों में फलों का रस लेकर आया। अब सबके हाथों मे फलों का रस था और संवाद जारी था, "आपने यह नहीं बताया कि आपने किस कारण से सोमयाग में भाग लेना स्वीकार किया?"

इस प्रश्न के पुनः उत्पन्न हो जाने पर अर्चनाना थोड़ा विक्षुब्ध हुए और रथवीति अप्रसन्न, पर श्यावाश्व ने दोनों को मानो आश्वस्त करते हुए उत्तर दिया, "विद्वद्वरेण्य, मैंने तीन कारणों से आपके प्रश्न का उत्तर नहीं दिया। एक, इसलिए कि हम सृष्टि के

नियामक कारणों की मीमांसा के लिए आए थे, इसलिए अप्रासंगिक बातों पर समय नष्ट करना ठीक नहीं था। दूसरा, इसलिए कि आपके प्रश्न के पीछे मनोभाव जिज्ञासा का नहीं, अध्यक्ष को विस्थापित करने का था और आपके कूटजाल में फँसना मुझे अनावश्यक लगा। तीसरा, इसलिए कि उस समय आपने प्रश्न उस सभ्य तरीके से नहीं किया, जैसे आप अब कर रहे हैं।"

श्यावाश्व का सटीक उत्तर सुन प्रश्नकर्ता को काटो तो खून नहीं! पीयूषा प्रमुदित, अर्चनाना और शुकनास आश्वस्त तो रथवीति संतुष्ट, पर श्यावाश्व का कथन जारी था—

"मित्र, मैं आपके प्रश्न का उत्तर इस समय भी नहीं दूँगा। यदि आपको इन तीन दिनों में ज्ञानसत्र के अनुभव के बाद विश्वास हो गया हो कि श्यावाश्व कोई भी कार्य अकारण नहीं करता, वह कपटी नहीं है और उसके व्यवहार में प्रौढ़ता है तो मेरा आपको निमंत्रण है, आप कभी हमारे आश्रम में पधारिए तो मैं आपको विश्वास दिला दूँगा कि क्यों आपका श्यावाश्व रथवीति दार्भ्य के सोमयाग में भाग लेने आया था।"

बातचीत जिस शैली में हो रही थी, उसे देखते हुए यह स्वाभाविक था प्रांगण की धूप में फलों का रस पीते खड़े विद्वान् श्यावाश्व के आसपास आ खड़े हों। श्यावाश्व के अंतिम वाक्य में जिस आत्मविश्वाम को उन्होंने पाया, उसके प्रभूत दर्शन वे तीन दिनों के ज्ञानसत्र में बार-बार कर चुके थे। वे सभी प्रभावित थे। इसलिए एक ने कहा, "आर्य श्यावाश्व, यह तो कोई न्याय नहीं हुआ कि जिसने उद्दंडता दिखाई, उसे तो आप आतिथ्य प्रदान करें और हम जो आपके अनुशासन में रहे, उनका कोई महत्त्व नहीं?" विद्वानों की भीड़ में से एक ने कहा तो श्यावाश्व ठहाका लगाकर हँस पड़े। चारों ओर हँसी का फव्वारा छूट गया।

"इस विवाद का निपटारा तो पिताश्री ही कर सकते हैं।" हलके ढंग से श्यावाश्व ने बात को निपटाना चाहा, पर अर्चनाना ने बाकायदा उसे औपचारिकता प्रदान कर दी, "आप सभी विद्वानों से मेरा निवेदन है कि इस बार के शारदीय नवरात्र में हमारे आश्रम में होनेवाले चार-दिवसीय सोमयाग और त्रिदिवसीय ज्ञानसत्र में आप सभी उपस्थित हों। इस बार ज्ञानसत्र का विषय रहेगा—क्या दार्शनिकता और यज्ञकर्म में कोई विरोध है? आप सभी आर्य शुकनास के आतिथ्य में वहाँ रहेंगे।"

सभी ने समर्थन में हर्षध्वनि की तो रथवीति बोले, "कुलपते, यह तो फिर से अन्याय हो गया! इस बार यह अन्याय मुझसे और पीयूषा से हुआ है। क्या हम पिता-पुत्री को आप वहाँ नहीं बुलाएँगे?"

"आर्य राजन्," अर्चनाना ने कहा, "आप वहाँ कैसे नहीं रहेंगे? अभी तो भोजन के उपरांत हम तीनों आपके पास एक गंभीर विचार-विमर्श के लिए आ ही रहे हैं। उसी में

आपके प्रश्न का न्यायपूर्ण उत्तर अपने-आप मिल जाएगा।"

"मेरा अहोभाग्य!" रथवीति ने कहा, "पीयूषे, इन सबके लिए मेरे व्यक्तिगत अतिथिकक्ष में प्रबंध करवा देना और उस विचार-विमर्श में तुम भी बैठना।"

"जैसी आपकी आज्ञा।" पीयूषा ने कहा और प्रांगण में खड़े सभी लोग मध्याह्न के भोजन के लिए चले गए। प्रांगण खाली हो गया। राजभृत्य विशाल कक्ष की सफाई में पहले से लग चुके थे।

पीयूषा ने पिता रथवीति का व्यक्तिगत अतिथिकक्ष ठीक-ठाक करवा दिया था और उसमें बैठने के लिए छह आसंदियाँ रखवा दी थीं। वह सोच रही थी कि क्या बात करने के लिए कुलपति अर्चनाना यहाँ आ रहे हैं और क्यों पिता रथवीति ने उसे भी इस मंत्रणा में बैठने के लिए कहा है ?

'कुछ होगा।' अपनी संकल्प-विकल्पनाओं को इसी तर्क के सहारे सौंपकर पीयूषा निश्चिंत हो गई। जैसे ही उसका मन इस दबाव से मुक्त हुआ, उसने पाया कि आर्य श्यावाश्व उसके मन में आकर बैठ गए हैं। वह श्यावाश्व में खो गई। सोचने लगी कि कितना शीघ्र आर्य श्यावाश्व ने उसे अपना लिया है। वह प्रसन्न थी कि आर्य उसे 'तुम' कहकर पुकारा करेंगे। उसे आश्चर्य और आह्लाद इस बात का था कि आर्य श्यावाश्व ने उसका एकदम नया नाम रख दिया था, पीयू। कितना सुंदर नाम है यह मेरा! कल ही रखा गया यह नाम लगता है कि जैसे जन्म से ही रख दिया गया था। वह गुनगुनाने लगी—पीयू पीयू पीयू पीयूषा···और फिर मगन हो गई।

कल पर्वतों के पंखों की कल्पना कर श्यावाश्व ने जो गाथा कल्पित कर ली थी, उससे पीयूषा को विश्वास हो चुका था कि आर्य श्यावाश्व वास्तव में प्रखर प्रतिभाशाली हैं। वे जिस तरह मेरे में अनुरक्त हो गए हैं, मैं यदि उन्हें प्रेरणा देकर ऊँचा उठा सकूँ तो वे एक महान् मंत्रकार हो सकते हैं। बस, उनकी कल्पनाशक्ति को थोड़ा उत्थापित करने की आवश्यकता है। वे अपने विचारक-रूप के कारण देश में प्रतिष्ठित हो चुके हैं। उनके विचारक व्यक्तित्व को यदि मैं कल्पना के पंख प्रदान कर सकी तो आर्य श्यावाश्व की प्रतिभा को फिर विशिष्ट मंत्रकार बनने से कोई रोक नहीं सकता।

'पर कैसे करूँ यह काम ?' पीयूषा सोचने लगी, 'कल तो वे वापस आश्रम को चले जाएँगे ? क्या मैं भी कुछ दिनों के लिए पिता से अनुमति लेकर उनके साथ चली जाऊँ और वहाँ रहकर उनकी प्रेरणा को उद्‍बोधन दूँ, या किसी अन्य कार्यक्रम के बहाने उन्हें फिर से राजप्रासाद में बुला लूँ। पर वे बार-बार राजप्रासाद क्यों आएँगे ? इस बार ही कितनी मुश्किल से आए हैं। पर अब तो उन्हें मैं बुलाऊँगी, क्या फिर भी नहीं आएँगे ? क्या पता। कौन जाने!'

पीयूषा विचारों और भावों की उधेड़बुन में खोई हुई थी कि पिता रथवीति ने कक्ष में प्रवेश किया और बोले, "तो अतिथियों के स्वागत की तैयारियाँ पूरी हैं?"

"हाँ पिताश्री, पर मैं समझ नहीं पा रही हूँ कि वे क्या मंत्रणा करने के उद्देश्य से यहाँ आ रहे हैं?"

"कुछ ठीक-ठाक अनुमान तो मैं भी नहीं लगा पा रहा हूँ।" रथवीति के चेहरे पर सोचने का भाव पैदा हो गया, "पर बेटी, अर्चनाना अपने आश्रम के कुलपति हैं और आर्य श्यावाश्व के बारे में जितना प्रशंसात्मक कहा जाए, कम ही रहेगा। इसलिए हम निश्चिंत रह सकते हैं कि वे जो भी कहने जान रहे हों, शुभ ही होगा।"

पिता और पुत्री में बातचीत चल ही रही थी कि समाचार आया, आर्य श्यावाश्व और आर्य शुकनास के साथ कुलपति अर्चनाना पधार चुके हैं। पीयूषा को उसी कक्ष में खड़ा कर रथवीति दार्भ्य बाहर उनकी अभ्यर्थना के लिए तीव्रता से निकल गए। वापस सभी अतिथिकक्ष में आए तो पीयूषा ने अर्चनाना के चरणों को स्पर्श किया और शेष दोनों को हाथ जोड़कर प्रणाम किया।

"पुत्री, अखंड सौभाग्य की अधीश्वरी बनो!" अर्चनाना आशीर्वाद की मुद्रा में बोले तो रथवीति ने तुरंत ही कहा, "कुलपति को ज्ञात ही है कि दुहिता पीयूषा अभी अविवाहिता है। इसलिए मैं आपके आशीर्वाद को उसके शीघ्र विवाहाकांक्षा के रूप में ही समझ पा रहा हूँ।" रथवीति ने संशय मिटाने की इच्छा से कहा।

"राजन् रथवीते, मैं पुत्री पीयूषा के लिए विवाह का प्रस्ताव लेकर ही आया हूँ।" यह सुनते ही राजा बोले, "यह तो कुछ मांगलिक प्रस्ताव हो गया, जिसमें राजमहिषी की सम्मति जानना अनिवार्य होगा।" कहकर रथवीति ने एक राजभृत्य को भेजकर रानी को बुलवा लिया।

अर्चनाना ने जैसे ही विवाह के प्रस्ताव की बात कही, पीयूषा को समझते देर नहीं लगी कि बात उसके और आर्य श्यावाश्व के बारे में होनेवाली है। वह चकित थी कि तीन-चार दिन में ही कैसे प्रकृति ने अपना चमत्कार दिखा दिया! अभी कल तक वह जिन श्यावाश्व के बारे में सुनती रहती थी, जिनसे मिलने की इच्छा उसके हृदय में कब से थी, जिनसे अचानक ज्ञानसत्र में मिलना भी हो गया, परसो एकांत में संवाद हुआ और कल मैत्री भी हो गई, उन्हीं श्यावाश्व की ओर से आज विवाह-प्रस्ताव आ जाएगा, इसकी तो उसने दूर-दूर तक कल्पना भी नहीं की थी। वह हृदय से श्यावाश्व की हो चुकी थी। पर क्या इतनी त्वरा में विवाह करना ठीक होगा, क्या श्यावाश्व का विकास अभी मंत्रकार के रूप में नहीं होने देना चाहिए?

पीयूषा विचारों में इस कदर लीन हो गई कि उसे पता ही नहीं चला कि कब उसकी

माँ ने कक्ष में प्रवेश किया और आसंदी पर आकर बैठ गईं। उसकी विचारलीनता तब टूटी, जब रथवीति दार्भ्य ने फिर से बोलना शुरू किया, "कुलपति अर्चनाना, साम्राज्ञी के साथ अब मैं आपका प्रस्ताव सुनने को तत्पर हूँ।"

अर्चनाना ने सभी को देखा। पीयूषा को पुन: देखा। श्यावाश्व को भी फिर से देखा। रथवीति को संबोधित करते हुए अर्चनाना ने कहना प्रारंभ किया, "राजन् आप तो जानते ही हैं कि राजदुहिताओं का विवाह ऋषिकुमारों से होता आया है और विवाह के बाद राजदुहिताएँ राजप्रासाद छोड़कर अपने पति के आश्रम में जाकर रहती रही हैं। इसके विपरीत भी हुआ है और ऋषिकन्याएँ विवाह के बाद राजप्रासादों में जाकर रही हैं। आप ऐसे अनेक उदाहरण जानते हैं। ऋषि कण्व की मानसपुत्री शकुंतला का विवाह महाराज दुष्यंत से हुआ था। महाराज दशरथ की दुहिता शांता का विवाह अभी कुछ समय पूर्व ही ऋषि ऋष्यशृंग से हुआ है। आश्रमों और राजप्रासादों की उसी परंपरा को साक्षी रखकर मैं अत्रि ऋषि के प्रपौत्र अपने पुत्र आर्य श्यावाश्व के लिए आपकी दुहिता पीयूषा का हाथ माँगता हूँ।"

रथवीति प्रसन्नता और आह्लाद से भर गए। चेहरे पर उल्लास लाकर बोले, "मैं जानता हूँ कि पिछले दो दिनों से आर्य श्यावाश्व और पुत्री पीयूषा का परस्पर एकांत संवाद चला है। दोनों ने एक-दूसरे से निकट का परिचय पा लिया है। मेरी पुत्री आर्य श्यावाश्व जैसे महान् विचारक की धर्मपत्नी बने, इससे बड़ा अहोभाग्य मेरे लिए क्या हो सकता है! जैसा कि मैं अपनी रानी को समझ पा रहा हूँ, उनकी सहमति भी मेरे विचारों को है। परंतु कुलपते, आप तो जानते ही हैं कि विवाह का अंतिम निर्णय लड़के और लड़की को ही करना होता है, इसलिए क्यों न पुत्री पीयूषा और आर्य श्यावाश्व का मत जान लिया जाए?"

"इसमें भला किसे आपत्ति हो सकती है?" अर्चनाना बोले, "परंपरा के अनुसार पहला अधिकार दुहिता का है। वह अपनी राय दे और विवाह के लिए कोई समय (शर्त) हो तो वह भी बताए।"

"आर्य कुलपते, पिताश्री, आर्य श्यावाश्व, माँ, आर्य शुकनास, मैं सबको प्रणाम कर एक निवेदन करना चाहती हूँ।" यह सुनकर श्यावाश्व को आश्चर्य हुआ। वे इस प्रस्ताव पर पीयूषा की स्वीकृति को लगभग मानकर ही आए थे। पर शीघ्र ही उन्होंने स्वयं को संयत किया और सुनने लगे कि उनकी पीयू आखिर कहती क्या है?

"आर्य श्यावाश्व से मेरा विवाह हो, इससे बढ़कर मेरा सौभाग्य क्या हो सकता है! मेरा इस पर कोई समय भी नहीं है, कोई बंधन भी नहीं है। पर अपनी 'हाँ' कहने से पहले मैं आर्य श्यावाश्व से एकांत में कुछ क्षण बात करना चाहती हूँ। यदि कुलपति

अर्चनाना अनुमति दें तो हम सभी अंतिम निर्णय के लिए कल मिलें। कुलपति कल प्रातः ही सपरिवार अपने आश्रम को प्रस्थान करनेवाले हैं। यदि किसी को आपत्ति न हो तो कल उससे कुछ क्षण पूर्व मिल लिया जाए?" सुनकर सभी को आश्चर्य हुआ, श्यावाश्व को विशेष रूप से, पर ऊर्म्या ने कहा था कि पीयूषा स्वाभिमानी है, यही सोचकर श्यावाश्व ने प्रतीक्षा करना उचित समझा।

कल प्रातः इसी कक्ष में फिर मिलने का निश्चय कर सभी उठ खड़े हुए।

पंद्रह

"आर्य श्यावाश्व!" यह पीयूषा की आवाज थी, जो अब तक श्यावाश्व के लिए संजीवनी जैसी बन चुकी थी। श्यावाश्व चकित कि आज अपराह्न की बातचीत का तात्पर्य तो यह समझ में आ रहा था कि पीयू मुझसे प्रातः आश्रम की ओर प्रस्थान करने से पहले हमसे मिलेगी। पर इस समय रात्रि को सहसा पीयू यहाँ कैसे आ गई? इससे पहले कि श्यावाश्व और अधिक चकित होते, पीयूषा कक्ष के भीतर आ गई।

"क्या मेरा प्रणाम भी स्वीकार नहीं करेंगे आर्य श्यावाश्व, क्या मुझसे बहुत अधिक रुष्ट हैं आप?" पीयूषा ने साहस करके पूछा।

"पीयू तुमसे भला मैं क्यों रुष्ट होऊँगा, मैं तो बस चकित हूँ कि तुम इस समय यहाँ?" श्यावाश्व बोले।

"हाँ आर्य!" पीयूषा ने अपने दोनों हाथों से श्यावाश्व के हाथों को थाम लिया और कहा, "आप सोच रहे होंगे कि मैं आपसे अब कल प्रभात में ही आपके जाने से पहले मिलूँगी। यही सोच रहे थे न आप?"

"हाँ पीयू और यह भी सोच रहा हूँ कि तुम्हें इस समय कहाँ बैठने के लिए कहूँ? यहाँ तो एक भी आसंदी नहीं है।"

"मैं बैठने नहीं, आपसे बातें करने आई हूँ। मैं जानती थी कि मेरे आज के प्रत्युत्तर से आप कई तरह के सोच-विचार के भँवर में फँस गए होंगे। मैं अपने आर्य श्यावाश्व को उस भँवर से निकालने के लिए ही आई हूँ। चलो, पीछे के उद्यान में भ्रमण करते हुए बातें करते हैं।" पीयूषा ने श्यावाश्व के दोनों हाथ अभी भी अपने हाथों में थाम रखे थे और श्यावाश्व ने भी उन्हें छुड़ाने का प्रयास नहीं किया, बल्कि पीयूषा के हाथों में अपने हाथों को पाकर श्यावाश्व आह्लाद और आश्वस्ति की अद्भुत भाव-तरंगों में खो गए थे।

थोड़ी देर में दोनों बाहर उद्यान में पहुँच गए। यह वही उद्यान था, जहाँ कल रात

श्यावाश्व एक काष्ठ-पीठिका पर रात भर ध्यान, समाधि और विचारों की मिली-जुली तंद्रा में बैठे रहे थे। उसी उद्यान में आज रात वे पीयूषा के हाथ में हाथ डालकर भ्रमण कर रहे हैं। यह उनके जीवन का एक और नया अनुभव है। दोनों प्रसनचित्त हो बातों में खो गए।

"हाँ तो पीयू यह बताओ···" श्यावाश्व ने अपनी वाणी के संयम और गरिमा को फिर से प्राप्त कर सधे हुए ढंग से बात शुरू की, "आज अपराह्न तुमने पिताश्री की ओर से आए विवाह-प्रस्ताव पर कोई निर्णय क्यों नहीं दिया ?"

"आर्य, क्या आप मेरा निर्णय नहीं जानते ? मैं आपकी पीयू हो चुकी हूँ, आपकी पीयू। आपका आदेश हो तो मैं अभी इसी क्षण आपके साथ विवाह-बंधन में बँध जाने को तैयार हूँ। क्या आपको इसमें कोई संदेह है ?" प्रायः चुप रहनेवाली पीयूषा की वाणी मानो मुखरित हो उठी थी।

श्यावाश्व सचमुच पीयूषा की बातें सुनकर अधिकाधिक तृप्त हुए जा रहे थे। वे तो बस अब अपनी पीयू की आवाज सुनने को लालायित रहने लगे थे और आज उनकी वह लालसा स्वयमेव पूरी हो रही है, "यही तो मेरे लिए आश्चर्यकारक हो गया है। कोई तो कारण अवश्य है, जिसने तुम्हें उस समय कुछ भी निर्णय देने से रोक दिया ?" श्यावाश्व ने रुककर पूछा।

"है, कारण है आर्य श्यावाश्व, है !" पीयूषा ने खड़े-खड़े उत्तर दिया और फिर भावविह्वल होकर प्रेम-परिपूर्ण हृदय से अपना सिर श्यावाश्व के वक्ष पर रख दिया। स्नेहाभिभूत श्यावाश्व ने भी उसे अपनी बाँहों में थाम लिया। थोड़ी देर के लिए पीयूषा चुप हो गई और श्यावाश्व ने अनुभव किया कि उनके अपने हृदय की गति बहुत तेज हो गई है, पर वे दृढ़तापूर्वक पीयूषा को थामे रहे। क्षण भर के बाद उन्हें लगा कि उनकी बाँहों पर पानी की कुछ बूँदें गिरी हैं। पीयूषा भावुक होकर रो रही थी। श्यावाश्व ने उसकी आँखों के आँसू अपने हाथों से धीरे से पोंछे और अपनी हथेलियों को पीयूषा के गालों पर रखकर स्नेहातिरेक में डूबते हुए पूछा, "पीयू बताओ न, क्या बात है ? जल्दी बताओ ! मैं तुम्हारी आवाज सुनने के लिए उत्कंठित हो रहा हूँ। संभवत: तुम नहीं जानती कि परसों तुमसे बातें करने के बाद से तुम्हारी आवाज मेरे लिए प्रेरणास्रोत जैसी हो गई है, संजीवनी जैसी हो गई है। मन करता है कि तुम बोलती रहो, मैं सुनता रहूँ, पर तुम तो बोलती ही बहुत कम हो। आज तुम्हें बोलना होगा। पीयू बताओ न, क्या कहना चाहती हो ? मैं तुम्हारी हर बात मानने की प्रतिज्ञा करता हूँ।"

इतनी देर में पीयूषा स्वस्थ हो चुकी थी। उसने फिर से अपने दाएँ हाथ में श्यावाश्व का बायाँ हाथ थाम लिया और चलते हुए बोली, "आर्य श्यावाश्व, आप महान् हैं।

विचारक के रूप में पूरे देश में आप ख्याति और प्रतिष्ठा पा चुके हैं। यज्ञकर्म में आप परम निणात हैं। पर जैसा मैं आपको पिछले तीन दिनों में देख और समझ पाई हूँ, आपकी प्रतिभा का वास्तविक विस्फोट अभी होना है। आपको मंत्रकार अभी बनना है।"

बात कुछ-कुछ श्यावाश्व की समझ में आने लगी थी। वे चुपचाप सुनने में मगन थे और पीयूषा की वाणी आज वैखरी हो उठी थी। वह बोलती जा रही थी, "आर्य, ये मंत्रकार कोई आकाश से उत्पन्न नहीं होते। ये भी इसी पृथ्वी के प्राणी होते हैं। आपसे मिलने के बाद मेरे मन में एक महत्त्वाकांक्षा जागी है कि मेरे आर्य श्यावाश्व की कीर्ति मंत्रकार के रूप में भी प्रतिष्ठित हो। उनके मंत्रों का संग्रह ऋग्वेद में हो और भारत के अमर महाकवियों में उनकी गणना हो।"

श्यावाश्व को आश्चर्य हुआ कि पीयूषा के मन में वही महत्त्वाकांक्षा पल-पुस रही है, जो उनकी माँ सुभगा के मन में थी और आश्रम से प्रयाण करनेवाले दिन भावुक आशीर्वाद के रूप में प्रकट हो गई थी। वे बोले, "पीयू मैं मंत्रकार बनूँ, यह आकांक्षा तुम्हारी भी है और मेरी माँ की भी। पिता अर्चनाना भी यही चाहते हैं। पर पीयू तुम जानती हो कि मंत्र रचना जीवन की श्रेष्ठतम काव्याभिव्यक्ति मानी जाती है और काव्य का प्रस्फुटन तभी होता है, जब मन में भावोद्रेक अपने शिखर पर हो और कल्पना को भाषा का सुघड़ परिधान पहनाने की क्षमता भी हो।"

"आर्य श्यावाश्व, आपमें सभी गुण हैं। आपके पास संवेदना है, कल्पना भी। विचार हैं, भाव भी। भाषा है और परमश्रेष्ठ अभिव्यक्ति भी। कल वनविहार के समय आपने जिस सहजता से काले मेघों को पर्वत का आकार दे दिया था और पर्वतों के पंख होने और फिर इंद्र द्वारा काट दिए जाने की परिकल्पना को गाथा का रूप दे दिया था, वह अपने-आप में श्रेष्ठ कविता ही थी। उसे मंत्र के रूप में पिरोया-भर नहीं गया।"

"परंतु पीयू सृष्टि के संपूर्ण अंग-उपांगों की तरह काव्य की सृष्टि भी मन में होती है।" श्यावाश्व बोले।

"और मैं उसी मन को उठाने और जगाने आई हूँ, प्रेरणा से भर देने आई हूँ।" यह कहकर पीयूषा ने अचानक श्यावाश्व को अपने आलिंगन में बाँध दिया। उसी अवस्था में वह श्यावाश्व को देखती हुई बोली, "प्रियतम, मैं ही आपकी प्रेरणा हूँ और मैं ही आपकी कविता हूँ। मुझे पाने के लिए आपको अपने मन की उन श्रेष्ठताओं को पहचानना होगा, जो, आपके पास अक्षय निधि के रूप में हैं। मुझे पाने के लिए मेरे प्रियतम आर्य श्यावाश्व को मंत्रकार बनना होगा, सूक्तकार बनना होगा, देश के कवियों में अमर स्थान बनाना होगा। बताओ न आर्य, मैं गलत कह रही हूँ, बताओ न?"

पीयूषा को अपनी विशाल और पुष्ट भुजाओं के बंधन में और भी कसकर बाँधते

हुए श्यावाश्व ने कहा, "नहीं पीयू, तुम गलत नहीं कह रही हो। तुम्हीं मेरी प्रेरणा हो, तुम्हीं मेरी कविता। तुम्हें मैंने पा लिया है तो कविता से कैसे वंचित रह सकता हूँ? पीयू, मैं अब काव्यकर्म करूँगा। जब मेरे मंत्रों और सूक्तों की कीर्ति तुम्हारे कानों तक पहुँचे, तब तुम मेरे पास दौड़ी चली आना। मुझे ज्यादा प्रतीक्षा में मत रखना! तुम्हारी आवाज सुने बिना मैं बहुत दिन स्वयं को संयम और नियंत्रण में रख नहीं पाऊँगा।"

"आऊँगी आर्य श्यावाश्व, आऊँगी। मैं तो आपकी प्रिया पत्नी बन चुकी हूँ। आप ही तो कहते हैं कि बंधन मन के होते हैं। मन के इस बंधन में तो मैं आपके साथ सदा-सर्वदा के लिए बँध चुकी। केवल औपचारिक विवाह-संस्कार ही तो होना है! मंत्रों के आह्वान से उसके लिए मुझे बुला लेना आर्य, देर मत करना!"

पीयूषा और श्यावाश्व थोड़ी देर उसी तरह आलिंगनबद्ध खड़े रहे। फिर पीयूषा ने स्वयं को अलग किया और कहा, "अब मैं चलती हूँ आर्य! जाओ, सो जाओ! मेरी स्नेह-कामना है कि कल प्राची में सूर्योदय के साथ इस धरा पर एक नए महाकवि का जन्म हो, महाकवि श्यावाश्व का।"

पीयूषा चली गई, पर श्यावाश्व को एक नया मनुष्य, एक नया पुरुष बना गई। श्यावाश्व आह्लाद और मोह की परम अवस्था में पहुँच गए। पीयूषा को पाने के लिए वे कुछ भी करने का संकल्प कर सकते थे। वे शैया पर जाकर सोए तो रात्रि देवी को प्रणाम कर प्रार्थना करने लगे, "हे रात्रि, पीयू को प्रसन्न और स्वस्थ रखना!" और फिर पता नहीं, उन्हें कब नींद आ गई, गहरी नींद।

सोलह

कुलपति अर्चनाना की पर्णकुटी। अपराह्न का समय। ज्ञानसत्र की समाप्ति के बाद अर्चनाना, श्यावाश्व और शुकनास आज प्रातः रथवीति दार्भ्य के राजप्रासाद से चल पड़े थे और अभी-अभी आश्रम पहुँचे हैं। आर्य शुकनास विश्राम के उद्देश्य से सीधे अपनी पर्णकुटी में चले गए। उन्हें घर से गए सप्ताह से ऊपर हो चुका था और वे दुहिता ऊर्म्या से मिलने को आतुर थे। अर्चनाना के आते ही सुभगा ने पिता-पुत्र को पाद्य, अर्घ्य आदि के लिए जल दिया। हाथ-पैर और मुँह धोने के बाद दोनों स्वस्थ हो गए। फिर श्यावाश्व पर्णकुटी के भीतर गए और तीन आसंदियाँ निकालकर बरामदे में रख दीं, जिन पर बैठकर तीनों लोग बातें करने लगे।

"वत्स श्यावा," सुभगा ने छूटते ही पूछ लिया, "इस यात्रा में तुमने जीवन के दो

नए अनुभव प्राप्त किए हैं। जरा बताओ तो सही, दोनों उपक्रम कैसे रहे?"

"माँ, सोमयाग मैं तो मैंने बस केवल भाग ही लिया। यज्ञ का सारा दायित्व तो पिताश्री को निभाना था। मेरे जिम्मे तो केवल यज्ञ की तैयारियोंवाला काम था, जो मैंने पहले दो दिनों में ही कर दिया। उसके बाद तो मैं यज्ञमंडप के विशाल कक्ष में बैठा भर रहा। हाँ, कुछ स्वाध्याय अवश्य किया।"

"श्यावा, मेरी इच्छा तो तुम्हारी अध्यक्षता के बारे में जानने की है।"

"माँ, मैं स्वयं को अपनी परीक्षा में अंक कैसे दे सकता हूँ? पिताश्री से पूछो न।" "सुभगे, तुम्हें अपने पुत्र की कुशलता में कोई संदेह है क्या?" अर्चनाना बोले, "ज्ञानसत्र के अध्यक्ष के रूप में तो इसने एक नहीं, दो-दो इतिहास बना दिए हैं।" कहते-कहते प्रसन्न-वदन अर्चनाना के चेहरे पर शरारत के भाव आ गए।

"थोड़ा विस्तार से बताएँ तो मैं भी उस आनंद में सम्मिलित हो जाऊँ, जो आप दोनों वहाँ प्राप्त करके आए हैं। आर्य अर्चनाना, यूँ शरारत भरी मुसकान से पहेलियाँ मत बुझाइए।" सुभगा ने आग्रह किया।

"आर्ये सुभगे," अर्चनाना बोले, "तुम मेरे साथ एक-दो ज्ञानसत्रों में गई हो। जानती ही हो कि ऐसे हर आयोजन में एक-दो पागल किस्म के विचारक भी भाग लेने आ जाते हैं और वे अपनी उद्दंडता से कैसे अध्यक्ष की नाक में दम कर देते हैं, इसका एक दृश्य तुम्हें आज भी याद होगा।

"वही, जो पिछले वर्ष राजा पुरुमीढ के यहाँ ज्ञानसत्र में हुआ था?" सुभगा याद करते हुए बोली।

"अरे हाँ, वही झक्की पागल इस बार के ज्ञानसत्र में भी आ गया था। अपनी उद्दंडता के लिए कुख्यात पाँच-छह विचारकों में से वह एक है, फिर भी पता नहीं क्यों, रथवीति ने उसे अपने ज्ञानसत्र में न्योत लिया।"

"पिताश्री," श्यावाश्व बोले, "एक बात तो है। इन पगले झक्कियों के आने से ज्ञानसत्रों की एकरसता में सुखद परिवर्तन अवश्य पैदा हो जाता है।"

"सो तो ठीक है, पर जब ऐसे लोग पूरे परिसंवाद को ही बिगाड़ने पर तुल जाएँ तो फिर इनके आने का क्या लाभ?" अर्चनाना ने संदेह व्यक्त किया, "अब देखो, यदि तुमने उस पर अनुशासन का प्रचंड अंकुश न रखा होता तो उसने पूरा स्वाद बिगाड़ने में कोई कोर क़सर नहीं छोड़ी थी।"

सुभगा को आभास हो गया कि कोई खास बात हुई है। उसने अब अपना आग्रह पूरी तरह रख दिया, "बाकी सारी बातें बाद में होंगी, पहले यह बताओ कि ज्ञानसत्र में हुआ क्या?"

श्यावाश्व बोले, "माँ, सुनो, मैं ही बताए देता हूँ। जिस झक्की की बात पिताश्री कर रहे हैं, उसने मेरी प्रस्तावना शुरू होते ही पूछ लिया कि मैं ठहरा विचारक, फिर किस लालच के मारे रथवीति दार्भ्य के सोमयाग में भाग लेने चला आया?"

"तो फिर?" सुभगा को आश्चर्य हुआ।

"फिर क्या होना था! ऐसा मूर्खतापूर्ण प्रलाप एक-दो और लोगों ने भी करना शुरू कर दिया। मुझे लगा कि इन पर अंकुश लगाना होगा। सो, मैंने कहा कि जिसे जो प्रलाप करना हो, कर ले, पर इसके बाद यदि कोई मुझसे अनुमति लिये बिना बोलेगा तो उसे अनुशासन का दंड पाना होगा। बस, इसके बाद सब चुप हो गए और तीनों दिन संगोष्ठियाँ शांतिपूर्वक चलीं।"

"ठीक किया तुमने।" सुभगा बोलीं।

"पर श्यावा," अर्चनाना को आज सहसा जिज्ञासा पैदा हो गई, "यह तो बताओ कि तुमने अनुशासन के रूप में क्या दंड सोचा था?"

"यही, निष्कासन, इसके दो परिणाम होते। तात्कालिक परिणाम यह होता कि उन महाशय को माघ का शीत अकेले ठिठुरते हुए भोगना पड़ता। दूरगामी परिणाम यह होता कि भविष्य में ज्ञानसत्रों में उन्हें मिलनेवाला आमंत्रण संदिग्ध हो जाता।"

अर्चनाना को शरारत सूझी तो वे बोले, "हाँ, एक और ऐतिहासिक उपलब्धि भी श्यावाश्व ने इस बार की है। श्यावा, तुम्हीं बताओ न! तुम जैसा वक्ता कहाँ मिलेगा?"

श्यावाश्व को लगा कि थोड़ा मजा ले लिया जाए। बोले, "माँ, पिताश्री ने वहाँ आए सभी विद्वानों को आगामी वर्ष शारदीय नवरात्र में हमारे आश्रम में होनेवाले चार दिनों के सोमयाग और तीन दिनों के ज्ञानसत्र में आने का निमंत्रण दे दिया है।"

"उस पागल को भी?" सुभगा ने हँसते हुए पूछा।

"हाँ माँ, यही तो ऐतिहासिक है!" श्यावाश्व बोले।

"सुभगे, तुम तो एकदम भोली हो। जरा सोचो तो, यदि मैंने उस पागल को भी अपने यहाँ आने का निमंत्रण दे दिया है तो इसमें श्यावाश्व की कौन सी ऐतिहामिक उपलब्धि हो गई?" अर्चनाना ने सुभगा से स्नेहपूर्ण शैली में कहा।

"हाँ, इसमें ऐतिहासिक तो क्या, कोई उपलब्धि भी नहीं है।" सुभगा बोली, "लगता है, कोई बड़ी बात हुई है, जो श्यावा मुझसे छिपा रहा है।"

"हाँ माँ, बड़ी बात हुई है," श्यावाश्व बोले, "ध्यान से सुनो! रथवीति दार्भ्य की एक कन्या है-पीयूषा, बहुत ही विचारशील और स्वाभिमानी। अत्यंत सुंदर और प्रभावशाली। मेरी उससे मैत्री हो गई है। पिताश्री ने हम दोनों के विवाह का प्रस्ताव रथवीति के सामने रखा। उन्हें यह प्रस्ताव स्वीकार है, पर पीयूषा इसके बारे में अंतिम

निर्णय तब करेगी, जब वह शारदीय नवरात्र में हमारे यहाँ होनेवाले सोमयाग और ज्ञानसत्र में अपने पिता के साथ आएगी।"

सारी बातें सुनकर माँ सुभगा आनंद से विभोर हो गई। उसकी आँखों में हर्ष के आँसू आ गए। उठकर उसने श्यावाश्व को गले लगा लिया और उसका सिर सूँघती हुई बोली, "श्यावा! धन्य है पीयूषा, जिसे तुम जैसा पति मिलेगा और धन्य हो तुम, जिसे पीयूषा जैसी पत्नी मिलेगी। वत्स श्यावा, मैंने ऊर्म्या के मुँह से पीयूषा के बारे में बहुत कुछ सुन रखा है। इस बात को दो वर्ष से ऊपर हो गए। इसलिए जब तुम पिता के साथ रथवीति के यहाँ जा रहे थे, तब मुझे पीयूषा का सहसा विस्मरण हो गया था। अब तुमने कहा है तो मुझे ऊर्म्या की कही बातें याद आ रही हैं।"

"पर श्यावा, यह तो बताओ," अर्चनाना ने पूछा, "विवाह के बारे में हाँ या न करने के लिए पीयूषा ने इतना लंबा समय क्यों लिया है ? कल जब उसने आज पूर्वाह्न में अपना निर्णय देने की बात कही तो मुझे लगा कि तुमसे एकांत संवाद करने के बाद वह हाँ या न कर देगी, पर उसने तो टाल ही दिया। बताने योग्य मानो तो बताओ कि उसने एकांत में तुमसे क्या कहा ?"

"पिताश्री, आप जानते हैं कि पीयूषा विचारशील है और स्वाभिमानी भी। वह मुझसे मैत्री कर सकती है, पर विवाह करने का निर्णय करने से पहले तो उसे काफी कुछ सोचना पड़ेगा, क्यों माँ ?"

सुभगा ने कुछ ताड़ लिया। अर्चनाना के पूछने पर भी श्यावाश्व ने नहीं बताया कि उन दोनों के बीच एकांत संवाद क्या हुआ। उसे लगा कि अवश्य कुछ महत्त्वपूर्ण और व्यक्तिगत हुआ है, जो श्यावाश्व बताना नहीं चाहते। पर वे बार-बार मैत्री की बात बड़े विश्वास और भरोसे के साथ कह रहे हैं। सुभगा ने भाँप लिया कि अवश्य श्यावाश्व-पीयूषा के बीच कुछ सकारात्मक निर्णय हो गया है, जिसका ठोस रूप शारदीय नवरात्र में सामने आएगा। इसलिए उसने श्यावाश्व से अकेले में बात करने की सोच अभी बात को टालने की शैली में कहा, "सायंकाल होनेवाला है। आप दोनों सायं-कृत्य से निवृत्त हो जाएँ तो फिर भोजन करें।"

"यह ठीक रहेगा।" कहकर अर्चनाना उठ खड़े हुए और स्नान के लिए चले गए। श्यावाश्व का स्नान करने का मन नहीं था। वे वहीं बैठे रहे और माँ से बोले, "माँ, मैं तो स्नान करूँगा नहीं। वैसे ही वस्त्र बदलकर और अर्धस्नान करके संध्या वंदन कर लूँगा, पर यह तो बताओ माँ कि तुम उस दिन मुझे मंत्रकार बनने की प्रेरणा दे रही थीं। ऐसा क्यों, मंत्रकार नहीं बना तो क्या जीवन में कुछ कमी रह जाएगी, क्या तुम्हें लगता है कि मुझमें मंत्ररचना की प्रतिभा है ?"

"सुनो श्यावा, ध्यान से सुनो। इस धरती पर लाखों लोग ऐसे हैं ही, जो मंत्रकार नहीं हैं। क्या उनका जीवन व्यर्थ है? मंत्रकार होने का संबंध जीवन की सार्थकता या निरर्थकता से नहीं है। जब मैं तुम्हें मंत्र-रचना के लिए प्रवृत्त होने की कामना करती हूँ तो इसका कारण यह है कि मैं चाहती हूँ कि तुम्हारी प्रतिभा का विस्फोट हो, जो तुम्हारी लापरवाही के कारण अभी तक पूरी तरह हो नहीं पा रहा है।"

श्यावाश्व सोचने लगे कि पीयू भी लगभग यही तर्क दे रही थी। पर उन्होंने अपने को माँ के कथन पर फिर से केंद्रित कर दिया। सुभगा कह रही थी, "यदि हमारे पास कोई क्षमता है और हम उसका पूरा उपयोग नहीं करते तो यह हम एक प्रकार से समाज के प्रति और स्वयं के प्रति अपराध कर रहे होते हैं। श्यावा, हम सबको प्रकृति ने बनाया है। हमारे भीतर गुणों-अवगुणों का संचार प्रकृति ने ही किया है। प्रकृति ने हम पर दायित्व डाला है कि हम अपने अवगुणों को मंद कर गुणों का पूरा विस्फोट करें; जैसे प्रकृति अपने हर गुण का लाभ हमें देती है, वैसे ही हम प्रकृति-प्रदत्त अपने गुणों का पूरा लाभ समाज को दें।"

श्यावाश्व चकित थे कि माँ सुभगा ने आज कुछ ऐसा कह दिया है कि जिस पर कभी उनका पहले ध्यान तक नहीं गया था। मंत्र-रचना उनका कर्तव्य है, दायित्व है, ऐसा कुछ माँ समझा रही थीं और कह रही थीं, "श्यावा, तुम्हारे भीतर एक मंत्रकार छिपा बैठा है। अपने लापरवाह आचरण से तुमने उसकी ओर पीठ कर रखी है। उसे देखो, पहचानो और जगाओ! उठो श्यावा, मंत्रकार बनो!"

श्यावाश्व इस उद्बोधन से प्रसन्न हो गए। बस परिवर्तन के लिए जाने से पहले उन्होंने माँ से एक बात और पूछनी चाही, "माँ, यदि अपने गुणों को पूरा प्रस्फुटित करना हमारा कर्तव्य और दायित्व है तो जिनके जिम्मे प्रकृति ने प्रेरणा देने का काम सौंपा है, उनके बारे में क्या कहती हो?"

"श्यावा, जिन लोगों के जिम्मे प्रकृति ने प्रतिभाओं के विस्फोट की प्रेरणा का दायित्व डाला है, वे यदि अपना कर्तव्य सच्चे दिल से नहीं निभाते तो वे भी समाज और प्रकृति के अपराधी माने जाएँगे। जान लो कि मैं क्यों तुम्हें बार-बार मंत्रकार होने की प्रेरणा देती हूँ। यह मेरा कर्तव्य है और मैं इस कर्तव्य से कभी भी विमुख नहीं होऊँगी। अब जाओ और संध्या वंदन करके लौट आओ। फिर हम लोग भोजन करेंगे।"

सुभगा रसोई में चली गई और श्यावाश्व अपनी पर्णकुटी की ओर। वे सोचते जा रहे थे कि पीयू कितनी महान् है! माँ का कहना ठीक है तो मुझे मंत्ररचना की प्रेरणा देकर पीयू कितना स्वाभाविक और दायित्वपूर्ण काम कर रही है! इसके लिए विवाह तक

को स्थगित कर उसने स्वयं को और मुझे परीक्षा में डाल दिया है। क्या हमें यह परीक्षा उत्तीर्ण नहीं करनी चाहिए और फिर पीयू से की गई प्रतिज्ञा, क्या माँ के उद्बोधन का अर्थ मुझे नहीं समझना चाहिए, क्या मुझे अब मंत्रकार बन नहीं जाना चाहिए?

सत्रह

भोजन इत्यादि के बाद श्यावाश्व का मन विश्राम करने का नहीं हुआ। उन्हें ऊर्म्या से मिले लगभग दस दिन हो गए थे और इतने दिन उससे दूर रहना उन्हें अच्छा नहीं लगता था। फिर इस बार के प्रवास में तो उन्हें एकदम नए अनुभव हुए थे, जिन्हें अपनी बालसखी को बताना उन्हें जरूरी लग रहा था। वे सोच रहे थे कि यदि उस दिन वनविहार के समय ऊर्म्या रथवीति के यहाँ मेरे हाथों होनेवाले किसी चमत्कार की बात न करती तो क्या उन्हें उस रात इतना उद्वेग होता, जिसने उनके मन को कहाँ-से-कहाँ पहुँचा दिया था? यदि प्रयाणवाले दिन ऊर्म्या बार-बार चेताकर न कहती कि रथवीति के यहाँ जाना तो उनकी पुत्री पीयूषा से अवश्य मिलकर आना, तो क्या वे पीयूषा को लेकर इस कदर सतर्क हो पाते? इसी विचारमाला के साथ अठखेलियाँ करते हुए श्यावाश्व ऊर्म्या की पर्णकुटी में जा पहुँचे।

ऊर्म्या पर्णकुटी में ही थी। वह पिता शुकनास को भोजन परोस चुकी थी। श्यावाश्व को देखकर उसका चेहरा खिल उठा। स्नेह से बोली, "आओ श्यावा, तुम भी भोजन कर लो।"

"तो क्या तुम ऐसा मानती हो कि पुत्र दस दिन बाद घर आए और माँ उसे भोजन कराए बिना पर्णकुटी से बाहर निकलने देगी?" श्यावाश्व ने कहा, "आज कई दिन बाद माँ के हाथ का भोजन मिला है। रोज मध्याह्न-सायं राजभोज कर-करके मुझे अजीर्ण की शंका होने लगी थी। आज माँ के हाथ के बने करंभ खाए तो लगा कि कुछ तृप्ति हुई।"

"सारे करंभ तुम्हीं समाप्त करके आए हो या कुछ मेरे लिए भी बचाकर रखे हैं?"

"माँ को तो तुम जानती ही हो ऊर्म्या! तुम्हें खिलाए बिना स्वयं कभी करंभ खा सकती हैं भला?"

"तो चलें माँ की पर्णकुटी में?" उत्साह से भरकर ऊर्म्या बोली।

"चलेंगे, पर थोड़ा इधर-उधर आश्रम की सीमा में ही भ्रमण करते हुए चलेंगे। तुमसे तमाम बातें करनी हैं!"

"ठीक है," ऊर्म्या बोली। फिर पिता शुकनास की ओर मुँह करके कहा, "पिताश्री, आप भोजन करके पात्रों को भस्म से स्वच्छ कर लीजिएगा। मैं श्यावा के साथ माँ सुभगा के पास जा रही हूँ।"

पिता के उत्तर की प्रतीक्षा किए बिना ऊर्म्या श्यावाश्व के साथ चली गई। आर्य शुकनास अपनी पुत्री के इस स्वभाव से परिचित थे। इसलिए उन्होंने कुछ भी अन्यथा नहीं लिया। उधर पर्णकुटी से बाहर निकलते ही ऊर्म्या ने श्यावा को प्रशंसाभरी दृष्टि से देखते हुए कहा, "श्यावा, तुम सचमुच बधाई के पात्र हो। पिता ने आते ही तुम्हारे ज्ञानसत्रवाले व्यक्तित्व के बारे में मुझे सभी सूचनाएँ दे दी हैं। उनकी बातें सुन-सुनकर मेरा मन कह रहा था कि काश! तुम्हारा प्रस्ताव मानकर मैं भी तुम्हारे साथ चलती।"

"हाँ ऊर्म्या, यदि हम दोनों रहते तो जो दो-एक उद्दंड विद्वान् वहाँ आ गए थे, उनका उचित बौद्धिक प्रबंध कर देते, इतना उचित कि उन्हें आजीवन नहीं तो वर्षों तक अवश्य याद रहता।"

इस पर दोनों खिलखिलाकर हँस पड़े।

"तो इस ज्ञानसत्र में से क्या निर्णय निकला? क्या सृष्टि के नियामक कारण के बारे में तुम्हारा सिद्धांत सर्वसम्मत हुआ?" ऊर्म्या ने उत्कंठा से पूछा।

श्यावाश्व ने कुछ नया सा उत्तर दिया, "नहीं ऊर्म्या, मैं यहाँ तुमसे सहमत नहीं।"

"अर्थात?"

"यही कि ये ज्ञानसत्र किसी निर्णय तक पहुँचने के लिए नहीं होते।" श्यावा समझाने की मुद्रा में बोल रहे थे, "ज्ञानसत्रों का उद्देश्य किसी निर्णय तक पहुँचना नहीं, अपितु चर्चा और विमर्श को आगे बढ़ाना होता है, ताकि वहाँ भाग ले रहे प्रत्येक विद्वान् का ज्ञान बढ़े और उसके सोचने-विचारने की क्षमता में वृद्धि हो। याद करो कि महाकवि दीर्घतमा मामतेय ने अपने प्रसिद्ध अस्यवामीय सूक्त में क्या कहा है—'एकं सद् विप्रा बहुधा वदन्ति।' जब सत्य एक है और विद्वान् लोग उसका वर्णन कई तरह से करते हैं तो फिर हम क्यों ऐसा आग्रह रखें कि हमारी बात ही ठीक है और क्यों न यह मान लें कि हर विचारक को सत्य की अपनी परिभाषा देने का पर्याप्त अवकाश मिलना चाहिए?"

"तुम्हारी बात तो ठीक लग रही है।" ऊर्म्या प्रभावित होते हुए बोली, "इसका अर्थ यह हुआ कि तुमने रथवीति दार्भ्य के यहाँ हुए ज्ञानसत्र में अपनी अध्यक्षता की किसी नई शैली का परिचय दिया है।"

"हाँ ऊर्म्या, तुम्हें यह जानकर आश्चर्य होगा कि मैंने पहली संगोष्ठी में अपने विचार रखे ही नहीं। प्रारंभ में थोड़ा समय अनुशासन की स्थापना में अवश्य लगा,

पर फिर मैंने उस दिन ज्ञानसत्र में भाग लेने आए विद्वानों में से आठ-दस को अपने-अपने विचार रखने को आमंत्रित किया। मैं तो वहाँ अध्यक्षता कर ही रहा था, इसलिए अनुशासन में बाँध दिए गए वे विद्वान् मेरी बात सुनने के लिए बाध्य हो ही गए थे। पहले दूसरों को बोलने का अवसर देकर मैंने अपने विचारों का प्रतिपादन दूसरे दिन किया।"

इस पर ऊर्म्या बोल उठी, "तो मेरा अनुमान सच निकला। ज्ञानसत्र के प्रारंभ में तुन्हें विस्थापित करने के पर्याप्त प्रयास किए गए और पिताश्री ने विस्तार से बताया कि तुमने ऐसे समस्त विखंडकों को एक ही वाग्दंड से धराशायी कर दिया।"

"ऊर्म्या, केवल ज्ञानसत्र के बारे में ही नहीं, रथवीति दार्भ्य की राजदुहिता पीयूषा के बारे में भी तुम्हारा कथन शतश: सत्य निकला।" श्यावाश्व बोले।

पीयूषा का नाम सुनकर ऊर्म्या थोड़ा ठिठकी। कई तरह के विचार और भाव उसके मन में आने-जाने लगे। सहसा उसे अनुभव हुआ कि श्यावाश्व उससे कोसों दूर छिटककर किसी और के हो गए हैं। विचारों और भावों का यह ज्वार जैसे ही उठा, तत्काल, क्षण से भी कम समय में, उस ज्वार को उतारते हुए और स्वयं को सायास, पर प्रामाणिक ढंग से सहज करते हुए वाणी में उल्लास उत्पन्न कर ऊर्म्या ने पूछा, "तो तुम पीयूषा से मिल आए हो? श्यावा, यह तुमने बहुत ही अच्छा किया।"

"न केवल मिलकर ही आया हूँ, अपितु मैंने उससे पर्याप्त संवाद भी किया और तीन दिनों का हमारा संसर्ग अंतत: मैत्री में परिणत हो गया।" श्यावाश्व ने प्रसन्न भाव से बताया।

पीयूषा से संवाद करने का आग्रह श्यावाश्व से स्वयं ऊर्म्या ने ही किया था। पर श्यावाश्व के मुँह से संवाद हो जाने की बात सुनकर ऊर्म्या मन-ही-मन खिन्न हो गई। जब से उसने सुना था कि श्यावाश्व रथवीति दार्भ्य के यहाँ जाएँगे, तभी से उसका मन श्यावाश्व और पीयूषा के संभावित संबंधों को लेकर आशंकित हो उठा था और आज श्यावाश्व ने उसकी आशंका सही सिद्ध करनेवाली बातें कह दीं। पर उसे लगा कि इस समय श्यावाश्व को खिन्न करनेवाली कोई भी चेष्टा उसे नहीं करनी चाहिए। वह अपने बालसखा को क्षुब्ध नहीं देख सकती थी। इसलिए न तो वह भ्रमण करते-करते रुकी, न ही उसमें अपनी गति पर इसका कोई दुष्प्रभाव पड़ने दिया, अपितु उसने यही विकल्प चुना कि पीयूषा के विषय में ही आज अधिक-से-अधिक बातें की जाएँ, जिससे श्यावाश्व को आनंद मिले और उसके अपने मन का बोझ भी हलका होता चला जाए। "क्यों श्यावा, पीयूषा तो ज्ञानसत्र में अवश्य आई होगी।" ऊर्म्या ने अपनी ओर से बात को आगे बढ़ाने के उद्देश्य से पूछा।

"हाँ, न केवल आई, अपितु तीनों संगोष्ठियों में अनवरत बैठी भी रही।" श्यावा बोले, "पर न जाने उसे क्या संकोच रहा कि वह तीनों संगोष्ठियों में एक बार भी नहीं बोली।"

"इससे क्या अंतर पड़ता है! ज्ञानसत्र में जाएँ तो बोलें भी, ऐसा कोई नियम तो नहीं!" पीयूषा की रक्षा में ऊर्म्या का तर्क था।

"सो तो है। पिता अर्चनाना भी तो नहीं बोले। तात शुकनास भी कहाँ बोले? हाँ, रथवीति दार्भ्य अवश्य प्रारंभ और अंत में बोले।"

"पर पीयूषा का तुम पर कैसा प्रभाव पड़ा, यह तो बताओ श्यावा!" अब तक ऊर्म्या ने सहज होकर बोलने की पर्याप्त ऊर्जा बटोर ली थी।

"प्रभाव? पीयूषा एक परम सुंदरी राजदुहिता है। वह न केवल सुंदरी है, अपितु विचारशील भी है। मेरे साथ उसने दो बार जिस तरह लंबी-लंबी चर्चाओं में रुचि ली, वह विचारशील मन का ही काम हो सकता है। वह प्राय: कम बोलती है, चुप रहती है, पर वह अत्यंत संवेदनशील है, धैर्य की प्रतिमा है, हालाँकि उतनी ही अल्हड़ भी है। मेरे प्रति वह मैत्री भाव से भर गई है। हो सकता है कि कभी शीघ्र ही वह अपने पिता के साथ हमारे यहाँ आश्रम में आए तो तुम उससे मिलना अवश्य। तुम्हें अच्छा लगेगा।"

"श्यावा, कुछ वर्ष पूर्व मैं उससे एक ज्ञानसत्र में मिल चुकी हूँ। उसी अनुभव के आधार पर तो मैं तुमसे कह रही थी कि तुम पीयूषा से संवाद करके अवश्य आना।"

दोनों बातें करते आ रहे थे। कुलपति अर्चनाना के पर्णकुटी-परिसर में पहुँचते ही श्यावाश्व बोले, "ऊर्म्या, दिन-भर की यात्रा के बाद मैं अब कुछ श्रांत सा अनुभव कर रहा हूँ, पर जब तक दीपक के मंद प्रकाश-तले बैठकर कुछ स्वाध्याय न कर लूँ, तब तक अपनी दिनचर्या कुछ अधूरी रह जाने का कष्ट मुझे सालता रहेगा। तुम तो जाओ माँ सुभगा के पास और करंभ का भोग लगाओ। मैं चला अपनी पर्णकुटी।" यह सुनकर ऊर्म्या सीधे सुभगा-अर्चनाना की बड़ी पर्णकुटी की ओर तेजी से बढ़ गई।

श्यावाश्व अपनी लघुकुटी की ओर चले गए। जाकर द्वार खोला और दीप जलाया। सोचने लगे, 'जब पीयू विवाह के बाद आएगी तो क्या यह पर्णकुटी छोटी नहीं पड़ेगी, कहाँ रहेगी वह?' यह सोचकर वे स्वयं अपने ही ऊपर हँसने लगे। सोचने लगे, 'मनुष्य भी कितना विचित्र प्राणी है! सदा अपने भूत-भविष्य-वर्तमान के विषय में ही चिंतित रहता है। यह नहीं सोचता कि जिस प्रकृति माँ ने भूतकाल के अनेकानेक सोपान पार करवाकर उसे वर्तमान तक पहुँचाया है, वही प्रकृति माँ उसके भविष्य के सोपान को भी समय आने पर उचित आकार प्रदान कर देगी, पर इन सब बातों को भूलकर उसे बस अपनी चिंताओं की ही याद सताने लगती है।'

पीयूषा से मिलने के बाद श्यावाश्व अंत:करण से बदल चुके थे। मंत्रकार बनने की धुन उन पर सवार हो चुकी थी। अब तक वे मंत्र-रचना की ओर कभी प्रवृत्त नहीं हुए थे। बल्कि उन्हें आश्चर्य होता था कि कैसे ऋषि लोग देवताओं की कल्पना कर लिया करते हैं—कोई एक इंद्र है, उसकी हजार आँखें हैं, वह अपने हाथ में वज्र धारण करता है, उसने वृत्र का वध कर दिया और गायें छुड़ा लीं, आदि लंबी-लंबी कल्पनाएँ, पर अब स्वयं उनके सामने चुनौती थी। वे पीयूषा के बिना लंबा समय अब काट नहीं पाएँगे और पीयूषा तब तक आएगी नहीं, जब तक वे अपने मंत्रों की श्रेष्ठ रचनाएँ उसे पढ़वा नहीं देते।

'पर क्या पीयूषा मेरे साथ विवाह करके यहाँ आने के बाद मुझे मंत्र-रचना की प्रेरणा नहीं दे सकती थी?' श्यावाश्व सोचने लगे, 'यदि वह मुझसे अभी विवाह कर लेती तो मैं उसे रोज कुटी के बाहर घास पर धूप में बिठाता। हम दोनों अपनी-अपनी आसंदियों पर बैठे खूब बातें करते। मैं उसे नित्य अपने विचार सुना-सुनाकर लगभग त्रस्त कर देता। उसकी प्रेरणा पर ऋचाएँ लिखता और उसे गा-गाकर सुनाता। उसे मेरी ऋचाएँ अच्छी लगतीं तो वह भी मेरे साथ गाने लगती और यदि अच्छी न लगतीं तो वह और अधिक सुंदर ऋचाएँ लिखने की प्रेरणा देती।' श्यावाश्व सोचे चले जा रहे थे, 'पर उसने विकल्प भी क्या चुना? विवाह स्थगित कर देने का। वह भी उस अनिश्चित काल तक, जब तक मेरी श्रेष्ठ रचनाएँ पीयूषा को समर्पित नहीं हो जातीं।'

श्यावाश्व को पीयूषा के विवाह-स्थगन के पीछे कोई तर्क नजर नहीं आ रहा था। 'पर पीयूषा इतनी बुद्धिमती है…' श्यावाश्व मानने लग गए थे, 'कि यदि उसने विवाह अभी स्थगित किया है तो अवश्य उसके पीछे कोई कारण है और वह कारण यही प्रतीत होता है कि मैं अपनी प्रेरणास्रोत की याद में श्रेष्ठतम मंत्र-रचनाएँ करूँगा।'

यही सब सोचते-विचारते श्यावाश्व का शीघ्र और श्रेष्ठ मंत्र-रचना का विचार पक्का हो गया। वे कक्ष के भीतर गए और दीपक के मंद प्रकाश में स्वाध्याय के लिए किसी ग्रंथ को तलाशने लगे। फिर सोचा, कोई दूसरा ग्रंथ क्या तलाशना? क्यों न आज ऋग्वेद-संहिता के कुछ सूक्तों का ही पारायण कर लिया जाए! उन्होंने ऋग्वेद उठाया और अपने कक्ष के मंद दीप-प्रकाश में उसके सूक्त पढ़ने में लीन हो गए। कब उन्हें निद्रा ने आ घेरा, कब वे सोए और कब कौन उन पर ऊनी प्रावारक डाल गया, इसका उन्हें पता नहीं चला।

अगली प्रात: व्यवस्था-कक्ष में ऊर्म्या ने बताया कि वह प्रावारक उसने उन पर वहाँ आकर डाला था। श्यावाश्व कृतज्ञता से भर उठे, "साधु ऊर्म्ये, साधु!" वे मानो अभिभूत हो गए थे।

अठारह

प्रेरणा देना एक ईश्वरीय कार्य है, जो हरेक के वश का नहीं। जो प्रेरणा देता है, वह एक तरह से अपना बलिदान कर रहा होता है—अपने स्व का और अभिमान का बलिदान, उस व्यक्ति के लिए, जिसके प्रति वह इस सीमा तक समर्पित होता है कि उसके कल्याण में अपना कल्याण, उसके उत्थान में अपना उत्थान और उसके अवसान में अपना अवसान देखता है। प्रेरणा देनेवाले का उस व्यक्ति के साथ तादात्म्य हो जाता है, उसके साथ एकरूपता स्थापित हो जाती है, जिसको वह प्रेरणा दे रहा होता है।

जब से पीयूषा ने श्यावाश्व को प्रेरणा दी, तब से वे एक नए व्यक्ति बन चुके हैं। उन्हें सोच-सोचकर, याद कर-करके एक तरह की सिहरन हो उठती है कि पीयूषा को वे तब एक सप्ताह से भी कम समय से जान पाए थे और पीयूषा का स्वयं उनके साथ परिचय तब तक केवल तीन दिनों का था, पर इस स्वल्प परिचय के बावजूद पीयूषा ने उनके आगे समर्पण कर दिया। उन्हें पीयूषा का स्पर्श, अपने वक्ष पर उसका सिर टिका देना और उसके साथ सहसा हुए प्रगाढ़ आलिंगन की स्मृति मात्र से रोमांच हो आया। कितनी उत्तेजित थी वह, जब उन्हें मंत्र-रचना के लिए प्रेरणा दे रही थी। प्रेरणा देने का अभिनय तो कोई भी कर सकता है, पर ऐसा व्यक्ति कहीं प्रेरणास्रोत बन सकता है क्या? नहीं बन सकता। पीयूषा किस संपूर्णता से उनके लिए प्रेरणास्रोत बन गई, कैसे उसकी आवाज का संजीवनी जैसा प्रभाव उनके मन-मस्तिष्क पर पड़ गया, यही याद कर-करके मंत्र-रचना करने की उनकी प्रतिबद्धता बढ़ने लगी। इस प्रतिबद्धता और इसके पीछे की प्रेरणा के बारे में किसी को बताकर वे उसका महत्त्व कम नहीं करना चाहते थे, न ही अचानक मिली इस पूँजी को वे व्यर्थ में लुटा देना चाहते थे। मन को सृष्टि का नियामक कारण माननेवाले श्यावाश्व आत्रेय इस उपलब्धि को अपने व्यक्तित्व का उल्लास से भरपूर पहलू बना चुके थे। वे उसमें रम गए थे। उनका मन विकास के नए शिखर, काव्य सृष्टि के नूतन आयाम छूने की इच्छा से भर चुका था।

'फिर मैं मंत्र-रचना कर क्यों नहीं पा रहा? पीयू की प्रेरणा कभी मिथ्या नहीं हो सकती और न उसका यह कहना मात्र मेरी प्रशंसा कि मेरे भीतर गाथा-निर्माण की अद्भुत क्षमता है और मैं श्रेष्ठ मंत्र रच सकता हूँ। फिर मंत्र-रचना का कविकर्म मुझसे अब तक रूठा हुआ क्यों है?' मंत्र न रच पाने के कारण चकित श्यावाश्व प्रायः अपने बारे में इस तरह से सोचने लग जाते।

दो माह बीतने को आए थे। दो माह पूर्व श्यावाश्व पीयूषा से मिले थे। पीयूषा से मिलने के बाद वे जिस दिन अपने आश्रम वापस लौटे थे, उसी सायं से उन्होंने ऋग्वेद का

स्वाध्याय प्रारंभ कर दिया था। ऋग्वेद की यह प्रति उनके पिता अर्चनाना ने अपने हाथों से लिखी है। इसका स्वाध्याय अब श्यावाश्व का नित्यकर्म जैसा बन गया था। ऐसा नहीं कि उससे पहले उन्होंने कभी ऋग्वेद का स्वाध्याय न किया हो, पर इस बार के स्वाध्याय की तो बात ही कुछ और है। वे उस दिन की कल्पना में खो गए, जिस दिन विद्वान् मंत्रकारों की एक परिषद् में निर्णय लेकर उनके मंत्रों का संकलन ऋग्वेद में कर दिया जाएगा।

पर वह स्वप्न तो तभी पूरा हो सकता था, जब वे मंत्र-रचना करें। यहाँ तो हालत यह है कि मंत्र-रचना की कोई उत्तेजना ही श्यावाश्व के हृदय में पैदा नहीं हो रही है। इसलिए वे बार-बार अपने-आप से पूछने लग जाते, 'तो क्या पीयू गलत कह रही थी कि मेरे भीतर गाथा-निर्माण की अद्भुत क्षमता है और मैं श्रेष्ठ मंत्र-रचना कर सकता हूँ?' श्यावाश्व को पता था कि मंत्र-रचना अत्यंत श्रेष्ठ कविकर्म है, कोई सामान्य ग्रंथ लेखन का कार्य नहीं और यह कविकर्म तभी संभव है, जब हृदय काव्यसृष्टि की उत्तेजना से भरपूर हो। श्यावाश्व इस रहस्य को समझने लगे थे कि जैसे विचारों के साथ तादात्म्य हो जाने के बाद ही मस्तिष्क नई-नई अवधारणाएँ स्थापित कर पाता है, वैसे ही भावनाओं के साथ तादात्म्य स्थापित हो जाने के बाद ही हृदय से काव्य का प्रस्फुटन हो पाता है। उन्हें इस बात पर हमेशा आश्चर्य होता था कि कैसे कुछ लोग आसानी से मंत्र-रचना कर लिया करते हैं, पर अब जाकर उन्हें समझ में आने लगा कि उन लोगों ने भावनाओं के साथ उसी तरह का तादात्म्य स्थापित कर लिया होगा, जैसा विचारों के साथ तादात्म्य स्थापित कर लेने के कारण वे लोगों को अपनी स्थापनाओं से प्रभावित कर लेते हैं।

कशमकश में दो महीने बीत चुके थे। वसंत का आगमन हो चुका था और प्रकृति ने स्वयं अपनी नई छटा बिखेर दी थी। वृक्षों के फलों में ताजगी आना शुरू हो चुकी थी और फूल अपनी नई चमक के साथ स्थान-स्थान पर खिलने लगे थे। पक्षी अपनी मधुर आवाज के साथ फिर से चहकने लगे थे और पूरे मौसम में नया लुभावनापन और नया आकर्षण पैदा हो चुका था, पर श्यावाश्व की बेचैनी बढ़ रही थी और उसका प्रभाव उनके स्वास्थ्य पर पड़ना शुरू हो गया था। उनका रात देर तक पढ़ना कम हो रहा था, जबकि प्रातः सूर्योदय से पहले वे इसके बावजूद अब तक भी उठ नहीं पा रहे थे। आश्रम में किसी से भी बात करने का उत्साह मंद पड़ गया था और एक रात भोजन से निवृत्त होकर अपनी पर्णकुटी से बाहर घास पर लंबी आसंदी बिछाकर अधलेटे बैठे से वे सोचने लग गए थे—

'उस दिन पीयू के साथ वनविहार के समय मुझे सहसा क्या हो गया था? कैसे मैं पर्वत को देखकर उसके पंखों की, पंखों के कट जाने की कल्पना करने लगा था? कैसे मैंने गृत्समद ऋषि के मंत्र 'यः प्रकुपिताँ पर्वताँ अरण्णात्' के पीछे का संभावित भाव या

बिंब खोज लिया था? यदि उस दिन मेरे भीतर काल्पनिक गाथा जन्म ले सकती थी तो अब पिछले दो माह से वैसा क्यों नहीं हो पा रहा है? यदि उस दिन मैंने गृत्समद ऋषि के मंत्रांश के पीछे का संभावित भाव पकड़ लिया था तो वैसे भाव अब क्यों नहीं मेरे मन में उठ पा रहे?'

सोचते-सोचते श्यावाश्व थक गए। पहले उन्हें इस तरह की थकान नहीं लगती थी। वे अनुभव कर रहे थे कि जैसे-जैसे वे अपने भीतर कविकर्म की उत्कट इच्छा को महसूस कर रहे हैं, वैसे-वैसे उनके स्वास्थ्य में भी परिवर्तन आ रहा है।

'तो क्या इन दोनों परिवर्तनों में परस्पर कोई संबंध है या कि इन दोनों परिवर्तनों का एक साथ होना मात्र एक संयोग है?' श्यावाश्व के लिए निर्णय करना कठिन हो रहा था। इस विषय पर वे और अधिक सोचने को तैयार नहीं हुए, पर एक बात उन्हें अचानक लगी—

'जिस दिन मैं पीयू के साथ वनविहार कर रहा था, उस दिन अपने-आप में कहाँ था? पीयू के साथ ने मुझे कुछ ऐसा प्रफुल्लित कर दिया था कि जैसा प्रफुल्लित मैं पहले कभी नहीं हुआ था और आनंद की उस चरम अवस्था में भूल गया था स्वयं को, अपने सभी विचारों को और रम गया था प्रकृति में और पीयू को कुछ नया और अद्भुत सुनाने की अभिलाषा से आविष्ट हो गया था। प्रकृति के साथ इसी एकरूपता ने मेरे भीतर पर्वतों के पंखों की कल्पना को जन्म दे दिया और मुझे ऋषि गृत्समद के मंत्रों के नए-नए भावार्थ समझ में आने लगे थे। मैं विचारक से सहसा एक भावुक व्यक्ति बन गया था, तो क्या यह चमत्कार पीयू के साथ ने किया था?'

श्यावाश्व का हृदय इस निष्कर्ष को आत्मसात् कर चुका था कि पीयू के स्वल्प साथ ने ही उनके व्यक्तित्व पर हावी विचारक के पार्श्व में एक भावुक व्यक्ति को भी बिठा दिया है, पर इस निष्कर्ष ने उनके मन में एक नई तरह की बेचैनी को भी जन्म दे दिया है।

'जब पीयू का इतना सा साथ मेरे भीतर एक नए व्यक्ति को जन्म दे सकता है, उसकी आवाज का जादू मुझे इतना निखार सकता है, उसका एक आलिंगन और उत्तेजना से भरी प्रेरणा मुझे कविकर्म के प्रति आकर्षण से भर सकते हैं तो फिर क्यों नहीं पीयू विवाह करके मेरे साथ आश्रम चली आई, क्यों उसने मुझे प्रेरणा से भरकर फिर अकेला छोड़ दिया, यदि वह सदा के लिए मेरे साथ चली आती तो क्या मेरे मन में पैदा हुई भावुकता का वहाँ स्थायी रूप से वास नहीं हो जाता, क्या मैं अब तक मंत्र-रचना न कर चुका होता?'

पीयू के व्यक्तित्व में अल्हड़पन, विचारशीलता और धैर्य से भरे स्वभाव का ऐसा अद्भुत संगम था, श्यावाश्व उसके प्रति इस हद तक आकृष्ट और प्रभावित थे, उसके

प्रति प्रेम और अनुराग का ऐसा अथाह सागर उनके मन में ठाठें मार रहा था कि वे एक क्षण को भी यह मानने को तैयार नहीं थे कि पीयू ने उन्हें अकेला छोड़कर और मंत्रकार बन जाने के बाद विवाह करने की बात कहकर गलत किया है और अचानक वे यह भी सोचने लगे कि जब पीयू ने उन्हें अकेला वापस भेज दिया है तो उन्हें अब कुछ समय अकेले ही रहना चाहिए, आश्रम से अलग, पिता अर्चनाना और माँ सुभगा से अलग, ऊर्म्या से अलग, अपने विचारों से अलग और स्वयं अपने-आप से भी अलग रहना चाहिए। उन्हें अपने भीतर से मानो आवाज आई कि उन्हें इन सबसे अलग होकर प्रकृति में रम जाना चाहिए और अपनी भावुकता की भूमि खोजकर उनमें मंत्र-रचना का बीजवपन करना चाहिए।

मन में यह विचार आते ही उन्होंने संकल्प कर लिया कि कल प्रात: नित्यकर्म के बाद वे कुछ समय के लिए आश्रम त्याग देंगे। इस संकल्प के साथ वे सो गए। प्रात:काल अपने संकल्प के अनुसार ही श्यावाश्व ने पिता अर्चनाना और माँ सुभगा से विदा ले ली। बार-बार पूछने पर भी कहीं जाने का कारण और उद्देश्य नहीं बता पाए। ढाई-तीन महीने में वे फिर लौट आएँगे, कहकर आर्य श्यावाश्व ने ऊर्म्या से मिले बिना ही आश्रम छोड़ दिया। सुबह से वे लगातार गंतव्य की ओर बढ़ रहे थे। अचानक श्यावाश्व को एक ध्वनि सुनाई दी, जो क्रमश: बढ़ती चली आ रही थी। यह ध्वनि कानों को अच्छी लग रही थी और उससे चौकन्ना होने की कोई आवश्यकता श्यावाश्व को अनुभव नहीं हुई। थोड़ी देर बाद इस कर्ण-मधुर ध्वनि को उन्होंने पहचानने का प्रयास किया। उन्हें लगा कि यह रथ के पहियों की ध्वनि है। अर्थ स्पष्ट था। कोई रथ दूर पूर्व की ओर से, जिस तरफ वे बढ़े चले जा रहे थे, उनकी ओर आ रहा था। इस आवाज को सुनकर और रथ की कल्पना कर वे दो माह पूर्व के उस वनविहार की याद में खो गए, जब वे पीयूषा के साथ उसके रथ में बैठे न जाने कितनी देर तक पीयू के संग-संवाद में रमे रहे थे। वे पीयू की मीठी याद में खोए ही थे कि उन्हें काफी दूर से एक रथ अपनी दिशा में आता दिखा। रथ खुला था, ढका हुआ नहीं, और जल्दी ही श्यावाश्व ने देख लिया कि कोई अकेला व्यक्ति उसे चला रहा है। रथ में एक ही घोड़ा जुता था। धीरे-धीरे रथ की ध्वनि के संगीत में थोड़ा परिवर्तन हुआ और लगा कि जैसे रथ की गति कुछ मंद हो रही है। उन्हें ठीक ही अनुभव हुआ था, क्योंकि थोड़ी ही देर बाद वह रथ श्यावाश्व के पास आकर रुक गया।

"आर्य के चरणों में प्रणाम निवेदन करता हूँ!" रथ से उतरकर वह व्यक्ति बोला, जो अपने आकार-प्रकार से राजपरिवार का प्रतीत हो रहा था।

"आयुष्मान् भव!" श्यावाश्व बोले, "परंतु आर्य, मैं आपको पहचान नहीं पा रहा हूँ।"

"कैसे पहचानेंगे आर्य, आज परिचय ही पहली बार हुआ है। मैं अयोध्या-राजपरिवार का राजन्य सुदेव हूँ और यह देखकर कि मार्ग में कोई तेजस्वी विद्वान् पैदल चला आ रहा है, आपको प्रणाम निवेदन करने के लिए रथ से उतर आया हूँ। क्या मैं आपके परिचय का सौभाग्य पा सकता हूँ?"

"साधु आर्य सुदेव! आपने अयोध्या के राजपरिवार की परंपराओं के अनुसार ही आचरण किया है। मैं अर्चनाना आत्रेय का पुत्र श्यावाश्व आत्रेय हूँ और आपकी सुखद यात्रा की कामना करता हूँ।"

"तो आर्य श्यावाश्व, मुझे अपने चरणों में पुनः प्रणाम निवेदन की अनुमति दीजिए। अभी कुछ ही दिन पूर्व हमारे नगर में एक विद्वान् एक ज्ञानसत्र में भाग लेने के लिए रथवीति दार्भ्य के राज्य में गए थे और लौटने के बाद आपके ज्ञान और प्रतिभा की भूरि-भूरि प्रशंसा कर रहे थे। मेरा अहोभाग्य कि मैं आपके दर्शनों से कृतार्थ हो पाया।" सुदेव राजन्य ने भावाभिभूत होकर उद्गार व्यक्त कर दिए।

"इसे विचित्र संयोग ही कह सकते हैं कि हमारा मिलन इस तरह सहसा और अनजान मार्ग पर हो गया।" श्यावाश्व बोले, "यह भी एक संयोग ही है कि आप जिस राजपरिवार के हैं, उसी के पूर्वज रामचंद्र मेरे प्रपितामह अत्रि ऋषि से मिलने उनके आश्रम गए थे।"

सुदेव सुनकर प्रसन्न हो गए; बोले, "आर्य श्यावाश्व, आप मन को संपूर्ण सृष्टि के जन्म और विकास का कारण मानते हैं, ऐसा सुनने को मिला। बड़ा अद्भुत सिद्धांत है आपका। कुछ समय बाद मुझे सोमलता के संग्रहण के लिए इंदुकुश पर्वत जाना होगा। यदि आपकी अनुमति हो तो आपके आश्रम में आकर आपके दर्शनों का सौभाग्य प्राप्त करूँ और आपके सृष्टि-सिद्धांत से कुछ अधिक परिचित होऊँ?"

"आपका स्वागत है राजन्य! आप जब भी चाहें, हमारे आश्रम में आकर आतिथ्य ग्रहण करें।"

"आर्य," सुदेव ने कहा, "यदि आप कहीं निकट ही जा रहे हों तो आपको रथ पर बिठाकर वहाँ तक पहुँचा दूँ?"

"नहीं आर्य, आप अपने गंतव्य की ओर जाइए। मैं तो पहले आपके नगर अयोध्या और फिर प्रयाग जा रहा हूँ। लंबा रास्ता मुझे अभी पूरा करना है। फिर रथ पर जाना होता तो मैं अपने अश्व पर ही आ जाता। मुझे पद-यात्रा ही करनी है। पहले आपके रथ की मधुर ध्वनि सुनी। अब आपके मधुर व्यक्तित्व से परिचय और संवाद हुआ। मुझे इस माधुर्य के साथ एकाकार होने में आनंद का अनुभव हो रहा है। गच्छतु भवान् पुनर्दर्शनाय। मैं भी अब अपने गंतव्य की ओर चलता हूँ।"

ऐसा कहकर श्यावाश्व अपने पूर्वी गंतव्य की ओर चल पड़े और अयोध्या के राजन्य ने अपने रथ को पश्चिम की ओर बढ़ा दिया। फिर से श्यावाश्व के कानों में मधुर ध्वनि आने लगी और वे आनंद में खो गए।

मध्याह्न होने को था। श्यावाश्व थक गए थे। वसंत का मौसम था, पर यात्रा की थकान के कारण उनके शरीर पर स्वेद कण उभर आए थे। अपने उत्तरीय के वस्त्र से पसीने की बूँदों को पोंछते हुए वे किसी वृक्ष को तलाशते हुए आगे बढ़ने लगे। थोड़ा आगे चलने पर उन्हें रहँट की आवाज सुनाई देने लगी। उन्होंने अनुभव किया कि धीरे-धीरे चलता रहँट बहुत ही संयत लय और नियमित तान में मधुर नाद का संचार कर रहा है और जल्दी ही उन्हें इस नाद की पृष्ठभूमि के साथ एक नारी-कंठस्वर सुनाई दिया। गीत और संगीत के इस अनोखे मेल में उन्हें आनंद आया और वे अपनी पीयू की आवाज के जादू में खो गए। उन्हें लगा कि उनकी थकान दूर हो गई है और वे वहाँ पहुँच गए, जहाँ एक ग्रामबाला चलते हुए रहँट के संगीत का सहारा लेकर गीत-साधना कर रही थी। उन्हें देखते ही बालिका ने गाना बंद कर दिया।

"बंद क्यों कर दिया?" श्यावाश्व ने इतनी आत्मीयता से पूछा, जैसे बरसों से बालिका को जानते हों।

"आर्य, अपरिचित के सामने गाने में संकोच होता है।" ग्रामबाला ने सहज उत्तर दिया। श्यावाश्व का व्यक्तित्व उसे ऐसा निश्छल लगा कि उसे उत्तर देने में कोई हिचक नहीं हुई।

उतनी ही सहजता से श्यावाश्व फिर बोले, "पर देखो, मुझ जैसे अपरिचित के आने के बावजूद इस रहँट ने तो अपना संगीत बंद नहीं किया।"

सुनकर बालिका श्यावाश्व के तर्क पर खिलखिलाकर हँस पड़ी और भागकर बैलों को रोका तो रहँट भी अपने-आप रुक गया।

"बालिके, अपना नाम बताओ तो फिर आगे बात करूँ।" श्यावाश्व ने अपनापन दिखाते हुए कहा।

"मेरा नाम है सौदामिनी।"

"हाँ तो सौदामिनी, यदि मैं यह कहूँ कि मुझे भूख लगी है तो क्या तुम उसका निवारण कर सकती हो?

"क्यों नहीं आर्य, मैं कृतज्ञ अनुभव करूँगी कि आज एक विद्वान् अतिथि की सेवा का अवसर मिला।"

"तुमने कैसे जाना कि मैं विद्वान् हूँ?" श्यावाश्व थोड़ा चकित हुए।

"आर्य, आपका व्यक्तित्व और बात करने की शैली एवं आवाज का अपनापन

किसी विद्वान् का ही हो सकता है।" सौदामिनी बोली, "आप यहीं प्रतीक्षा करिए, मैं गाँव जाकर आपके लिए भोजन लेकर आती हूँ।"

"चलो, मैं भी तुम्हारे साथ चलता हूँ।" श्यावाश्व ने कहा।

"यह तो और भी अच्छा है। घर चलें तो आपको पिता से मिलवाऊँगी। वे बहुत अच्छे गायक हैं।"

दोनों चल पड़े। घर जाकर सौदामिनी ने श्यावाश्व को पिता से मिलवाया। भोजन आदि के बाद श्यावाश्व ने गायक कृषक से कहा, "यदि आप गीत सुनाने की प्रतिश्रुति करें तो मैं यहीं थोड़ा विश्राम कर लूँ और फिर अपराह्न में आपका गीत सुनूँ?" श्यावाश्व ने पूछा।

"आर्य, इसे अपना घर समझिए और हमें अपना बांधव! आज रात्रि यहाँ निवास करें और प्रातःकाल अपनी यात्रा पर आगे बढ़ें तो हम पिता-पुत्री को बड़ी संतुष्टि होगी। अभी आप विश्राम करें। शाम को आपको गीत सुनाऊँगा।"

सायंकाल जब सूर्यदेव अस्ताचल की ओर बढ़ रहे थे, उस कृषक के घर में छोटी सी संगीत-सभा हो गई। पड़ोस से दो-चार लोग और भी आ गए थे। पचास के लगभग घरोंवाले इस गाँव में शांति थी, पर नीरवता नहीं। पशु अभी दिन भर चरने के बाद घरों को वापस नहीं लौटे थे, पर दूर क्षितिज पर उड़ती धूल कह रही थी कि वे लौट रहे हैं। पानी के भरे कुंभ उठाए कुछ पुरुष और महिलाएँ अपने-अपने घरों की ओर तीव्रता से जा रहे थे। उधर कुछ दूसरे कृषक अपने बैलों को हाँकते हुए गाँव में इधर-उधर आ-जा रहे थे।

ग्राम्य-शैली का एक वाद्ययंत्र हाथ में लेकर वह कृषक गीत गाने लगा। सौदामिनी ने अपने हाथ से ताल दी। पड़ोस से आए लोग वहीं प्रांगण में नृत्य करने लगे। गीत का अर्थ था, 'हे मरुतो, हम आपकी प्रशंसा में गीत गा रहे हैं। आप जब अपने रथ पर यहाँ आते हैं तो उसकी मधुर ध्वनि से हम आपके वशीभूत हो जाते हैं। आपके पास बैठकर हमें सोम का रस और भी अधिक मधुर और मदिर लगता है। हे मरुद्‌गण, हम आपकी स्तुति करते नहीं अघाते।'

श्यावाश्व इस गीत से, साथ में मिल रही ताल से और नृत्य के पद्‌चाप से इतने अभिभूत हो गए कि वे भूल गए कि कहाँ बैठे हैं? उन्होंने अपनी आँखें मूँद लीं। उन्हें लगा कि साक्षात् मरुद्‌गण अपने रथ पर बैठकर वहाँ आए हैं। सुदेव राजन्य उनके रथ को चलाकर लाए हैं। कृषक, उसकी पुत्री सौदामिनी और दूसरे ग्रामवासी मरुतों की स्तुति में गीत गा रहे हैं। जब मरुतों ने उन सभी को आशीर्वाद दिया तो हर्षित ग्रामवासी आनंद से अभिभूत होकर चषक भर-भरकर सोमपान करने लग गए।

उनकी आँखें तब खुलीं, जब सौदामिनी ने खिलखिलाकर कहा, "अतिथि तो कहीं

खो गए है।" फिर वैसे ही हँसते हुए बोली, "आर्य, आपको शायद यह अच्छा नहीं लगा।"

"सौदामिनी, ऐसा क्यों कह रही हो? इतना तन्मय कर देनेवाला गीत-संगीत और नृत्य-गान सुनकर तो मैं मंत्रमुग्ध हो गया! क्या आप लोग नित्य ऐसा गाते हैं?"

"हाँ, आर्य! क्या आप भी हमें कोई गीत या मंत्र सुनाकर कृतार्थ करेंगे?" कृषक बोला।

"सुनो मित्र! सुनो! मैंने भी एक मंत्र रचा है, सुनो!" उल्लास में भरकर श्यावाश्व बोले, "आपके पास आकर मैंने भी मरुद्गणों का मानो साक्षात् अनुभव कर लिया है।"

"सुनाइए, आर्य!" सौदामिनी बोली।

"सुनो सौदामिनी और शेष सभी लोग सुनो! मेरा मंत्र सुनो, गायत्री छंद में रचा यह मंत्र सुनो—

य ईं वहन्त आशुभिः।
पिबन्तो मदिरं मधु।
अत्र श्रवांसि दधिरे।"

"आर्य!" कृषक बोला, "यह तो वही काव्य है, जो हम गा रहे थे। भाषा छंदः है, पर अर्थ वही है, जो हमारे गीत का था।"

"हाँ मित्र, प्रत्येक कविता का अर्थ एक ही होता है, बस भाषा अलग-अलग होती है। आपके संगीत का निनाद सुनकर मैं कुछ ऐसा अभिभूत हो गया कि मेरे हृदय से स्वयमेव आपके गीतार्थवाला मंत्र प्रस्फुटित हो गया है। कृषक बंधो, क्या मेरे इस मंत्र को अपने श्रेष्ठ गायन में नहीं उतारोगे?"

"क्यों नहीं आर्य!" कहकर उस कृषक ने श्यावाश्व के इस मंत्र को अपने गायन में अति अद्भुत बनाकर प्रस्तुत कर दिया। फिर से सौदामिनी ने अपने हाथों से ताल दी और लोगों ने इस पर नृत्य के आकर्षक पदचाप दिखाए।

"सौदामिनी, कितना अच्छा होता, यदि मैं अपनी इस ऋचा को संगीत में पिरोकर साम बना पाता! पर इस ऋचा को भी जब मैं पीयू को सुनाऊँगा तो वह दोनों हाथों से ताली बजा-बजाकर नाच उठेगी।" श्यावाश्व बोले।

"यह पीयू कौन है आर्य?"

"मेरी मित्र है सौदामिनी?"

"आर्य, आप चिंता न करें। हम लोग आपकी इस ऋचा को साम बनाकर यहाँ खूब गाया करेंगे। कभी पीयू आर्या के साथ आप यहाँ आएँगे तो फिर हम आपको वह साम सुनाएँगे।" सौदामिनी बोली।

श्यावाश्व मुदित थे। वे मंत्रकार हो गए थे। उनका मन कर रहा था कि कहीं से उनके पैरों को पंख लग जाएँ और वे पीयू के पास पहुँच जाएँ। उसे बताएँ कि देखो पीयू मैंने मंत्र रच लिया!"

आज श्यावाश्व अतीव प्रसन्न थे। रात जब आकाश में तारों को देखते हुए उस कृषक के घर के प्रांगण में शैया पर सोए थे तो सोच रहे थे, 'आज मरुतों से मेरा कैसा भाव-साक्षात्कार हुआ! मैं भी कैसा अभागा हूँ, जो सदा सृष्टि के कारणों की खोज में लगा रहता हूँ! सृष्टि तो यहाँ है, इस कृषक के मन में, जहाँ से एक ऐसे देवता का आविर्भाव नित्य होता है, जो इस कृषक के हृदय को संगीत से परिपूर्ण कर देता है। जिस देवता की स्तुति में आज मैंने मंत्र रचा है, वह देवता और कहीं नहीं, मेरे मन में ही तो निवास करता है! पीयू कुछ ऐसा करो कि नित्य मेरा इस देवता से साक्षात्कार हो और मैं श्रेष्ठ से श्रेष्ठतर मंत्र इसकी स्तुति में रच सकूँ। पीयू करोगी न, बोलो, करोगी न, तुम कम क्यों बोलती हो?"

पीयूषा को याद करते हुए श्यावाश्व को नींद आ गई। आज अपने आश्रम से कोसों दूर, अनजान गाँव के एक अनजान कृषक के घर जो श्यावाश्व सोए हुए थे, वे विचारक श्यावाश्व ही नहीं, मंत्रकार श्यावाश्व भी थे।

उन्नीस

जैसे ही प्रभात हुआ और आर्या सुभगा अपनी पर्णकुटी का द्वार खोलकर बाहर जाने को तत्पर हुई कि सहसा एक झटके से द्वार खोल ऊर्म्या अंदर आ गई। वह अत्यंत क्षुब्ध और अशांत दिखाई दे रही थी। प्रवेश करते ही उसने सुभगा से पूछा, "माँ, श्यावाश्व आश्रम से बाहर प्रवास पर चले गए और आपने मुझे बताया तक नहीं?"

"ऊर्म्या, अब बताओ, मैं क्या करूँ? श्यावा इन दिनों इतना मौन रह रहा था, इतना गंभीर कि उसने परसों रात तक बताया ही नहीं कि कल प्रातः प्रवास पर चला जाएगा। प्रात:काल के नित्यकर्म से निवृत्त होकर अचानक बोला कि कुछ समय के लिए आश्रम से बाहर जा रहा हूँ।

"कहाँ गए हैं श्यावा, कुछ बताया उन्होंने?" ऊर्म्या का विक्षोभ उसे अभी भी अशांत किए था।

"बार-बार पूछने पर भी उसने संकेत तक नहीं दिया कि वह कहाँ जा रहा है और

कब लौटेगा। बस, इतना ही कहा कि ढाई-तीन मास बाद स्वयमेव वापस आ जाएगा।" सुभगा ने उदास स्वर में ऊर्म्या से कहा।

"माँ, आप जानती हैं कि जब से वह रथवीति दार्भ्य के राजप्रासाद से लौटे हैं, तभी से उनके मन की स्थिति ठीक नहीं है। वे कुछ-कुछ अस्वस्थ भी रहने लगे हैं। चुप तो वे हो ही गए थे। जब उनका तन-मन ठीक नहीं था तो फिर आपने उन्हें जाने ही क्यों दिया?" ऊर्म्या के स्वर में उलाहना था और क्रोध भी।

सुभगा और ऊर्म्या की बातचीत सुनकर अर्चनाना भी आपने वासकक्ष से बाहर पर्णकुटी के विशाल कक्ष में आ गए थे, जहाँ ऊर्म्या ऊँची आवाज में आई सुभगा को लगभग डाँट रही थी। बाहर आते ही बोले, "ऊर्म्या, तुम्हारा कहना अपने में ठीक ही है, और तुम्हारा क्रोध भी कोई अनुचित नहीं। पर दुहिते, ठीक इसी कारण से कि श्यावा का मन और शरीर ठीक नहीं हैं, हमने उसे प्रवास पर जाने दिया।"

"ताकि··· ?" ऊर्म्या ने फिर से प्रश्न कर दिया।

"ताकि···" अर्चनाना काफी शांत स्वर में बोल रहे थे, "बाहर प्रवास पर जाने से उसे किंचित् परिवर्तन की अनुभूति हो और जब वह वापस आए तो उसका मन स्वस्थ हो और शरीर में आरोग्य आ जाए।"

"तात, आपकी बात मैं मान लेती हूँ," ऊर्म्या पर अर्चनाना के शांत स्वर का प्रभाव पड़ा और उसका स्वर कुछ कोमल हुआ, "पर यह तो बताइए, क्या इस अवस्था में उनका अकेले एक अनिश्चित प्रवास पर जाना ठीक था?"

"ऊर्म्या," इस बार सुभगा ने उत्तर दिया, "तुम्हारा हर तर्क ठीक है और उलाहना उचित। पर एक बात सोचो कि श्यावाश्व कोई शिशु या बालक तो है नहीं। उसका मन ठीक नहीं था, संभवत: इसलिए उसका शरीर भी कुछ शिथिल हो रहा था। ऐसे में यदि हम एक या दो ऋषिकुमारों को साथ भेज देते तो संभवत: जिस एकांतवास की खोज में वह आश्रम से बाहर एकाकी प्रवास पर जा रहा था, वह उसे कैसे मिलता?"

"माँ, थोड़ा गहराई में जाकर सोचिए। रथवीति दार्भ्य के यहाँ जाकर पीयूषा से मिलने के बाद ही उनके मन में ऐसा अस्वास्थ्य पैदा हुआ कि उन्हें प्रवास की सूझी।"

"पर ऊर्म्या," सुभगा ने उसके तर्क पर थोड़ा संदेह व्यक्त करते हुए कहा, "वह तो कह रहा था कि उसकी पीयूषा से मैत्री हो गई है। फिर संकट कैसा?"

"पर माँ, आप यह भी जानती है कि तात अर्चनाना ने पीयूषा के साथ उनके विवाह का प्रस्ताव रखा था, जिसे पीयूषा ने स्वीकार नहीं किया। क्या श्यावा के मन के अस्वास्थ्य का यह कारण नहीं हो सकता?"

"ऊर्म्या, श्यावा तो कह रहा था कि पीयूषा अपने पिता के साथ शारदीय नवरात्र

में हमारे आश्रम में होनेवाले सोमयाग और ज्ञानसत्र में भाग लेने आएगी और तभी इस प्रस्ताव पर वह अपना अंतिम निर्णय देगी।" सुभगा बोली।

"माँ, आप सचमुच बहुत भोली हैं," ऊर्म्या ने थोड़ा खिन्न स्वर में कहा, "मुझे श्यावा ने पीयूषा के बारे में बहुत कुछ बताया, उसकी प्रशंसा में वे बहुत कुछ बोलते रहे, पर इस विवाह-प्रस्ताव के और उस पर पीयूषा की प्रतिक्रिया के बारे में उन्होंने मुझे कोई संकेत तक नहीं दिया।" अर्चनाना काफी देर से चुपचाप सुनते आ रहे थे और ऊर्म्या बोलते जा रही थी, "आप तो उनके माता-पिता हैं। आपसे वे काफी कुछ छिपा भी सकते हैं और बहुत कुछ औपचारिक भी बोल सकते हैं, पर मैं तो उनकी बालसखी हूँ। मुझसे तो वे कभी कुछ छिपाते नहीं। उन्होंने मुझे विवाह-प्रस्ताव और उस पर पीयूषा की प्रतिक्रिया के बारे में कुछ बताया ही नहीं तो इसका अर्थ क्या है, यही न कि पीयूषा ने उन्हें टाल दिया है?"

अर्चनाना को ऊर्म्या के तर्क में सार दिखाई दिया तो वे अचानक सोचने लगे कि यदि पीयूषा ने कोई सकारात्मक प्रतिक्रिया दी होती तो वह अवश्य ही राजप्रासाद से हमारे प्रयाण के समय कुछ बताती, जैसा कि उसने वचन दिया था। उसने श्यावाश्व से एकांत संवाद करने की बात कही थी। वह संवाद हुआ या नहीं, हुआ तो कब हुआ, उसका परिणाम क्या रहा, इस बारे में न तो श्यावाश्व ने अब तक कुछ बताया है, न ही उस दिन पीयूषा ने कोई संकेत दिया था। जरूर निराशा की कोई बात है, जिसे दोनों में से किसी ने भी बताने की आवश्यकता अनुभव नहीं की। ऊर्म्या का अनुमान उन्हें सही लगा।

उधर सुभगा दूसरे आधारों पर इसी निष्कर्ष तक जा पहुँची, जिस पर अर्चनाना पहुँच रहे थे। वे सोचने लगीं कि उस दिन आर्य अर्चनाना के स्पष्ट कहने पर भी श्यावाश्व ने पीयूषा के साथ हुए एकांत संवाद के बारे में मौन साध लिया था। उसे भी लगा कि पीयूषा से हुई मैत्री की बात पर बल देकर वह पूरी घटना को सुखद आकार देने का प्रयास कर रहा है, पर भीतर से कहीं वह टूट चुका है। शायद इसीलिए प्रवास पर चला गया है।

अर्चनाना और सुभगा को चुप देखकर ऊर्म्या को विश्वास हो गया कि वे दोनों उसकी बात से कहीं-न-कहीं सहमत हैं। इससे उसके स्वर में डाँट का मिश्रण थोड़ा बढ़ गया और वह बोली, "माँ, तात, अब आप लोग कृपा करके मुझे इस बात का उत्तर दीजिए कि जब श्यावाश्व ने प्रवास पर जाने की बात आपसे कही तो आपने मुझे क्यों नहीं बुलाया? कल व्यवस्था-कक्ष में श्यावाश्व नहीं आए और मैंने तात से पूछा कि श्यावा कहाँ हैं तो इन्होंने मिथ्या संवाद दिया कि कहीं बाहर गया है और सायंकाल तक आ जाएगा। कल रात पिताश्री न बताते तो मुझे तो कभी पता ही नहीं चलता कि श्यावाश्व कहीं प्रवास पर गए हैं!"

"ऊर्म्या," अब मानो अर्चनाना की बोलने की बारी थी, "हमने तुम्हें इसलिए नहीं बताया कि तुम आतीं तो निश्चित ही उसे जाने नहीं देतीं और हम नहीं चाहते थे कि श्यावाश्व जैसे महापुरुष की योजना में कोई बाधा उत्पन्न हो।"

"पर आपने व्यवस्था-कक्ष में क्यों मुझसे मिथ्या संवाद किया?"

"इसलिए कि यदि तुम्हें सत्य बताता तो जो उत्तेजना तुम्हें अब हो रही है, वह तुम्हें तब भी होती और तुम अश्व पर बैठकर उसे चारों ओर दौड़ाकर श्यावा को खोजकर उसे वापस ले आतीं, जबकि मैं चाहता था कि एकांतवास की उसकी योजना निर्विघ्न पूरी हो।"

"तो अब, अब क्या कहते हैं, आपने ठीक किया या गलत?" ऊर्म्या ने साधिकार पूछा।

"ऊर्म्ये," सुभगा ने संयत उत्तर दिया, "हो सकता है कि हमारे सभी अनुमान गलत हों और श्यावाश्व के मन के अस्वास्थ्य और उससे पैदा हुई शरीर की शिथिलता के कारण कुछ दूसरे हों। श्यावाश्व कोई बालक नहीं है। वह महान् विचारक है और मंत्रकार के रूप में उसकी प्रतिभा को अभी सामने आना है। उसके मन की गहराइयों की थाह हम नहीं पा सकते। वह जिस भी उद्देश्य से गया है, वह उद्देश्य नकारात्मक नहीं हो सकता। वह जहाँ भी गया है, वह स्थान श्रेष्ठ और सुरक्षित ही होगा। जैसे ही वह अपने उद्देश्य में सफल होगा, प्रसन्नचित्त होकर वापस लौट आएगा। तुम अपने चित्त को अकारण ही विक्षुब्ध मत करो। जाओ और विश्राम करो। श्यावा यहाँ नहीं है। अब आश्रम की व्यवस्थाओं का अतिरिक्त भार भी तुम्हीं पर आ गया है। तुम अपने मन और शरीर को स्वस्थ रखो।"

प्रारंभ में ऊर्म्या के साथ स्वयं को सहमत होते पाकर भी थोड़ा गहरे सोचने पर सुभगा को यह नई बात कहने की सूझी। अर्चनाना चूँकि श्यावाश्व के साथ रथवीति के यहाँ थे, इसलिए उन्हें ऊर्म्या की बात ज्यादा सारपूर्ण लग रही थी। सुभगा से वे इतना सहमत अवश्य थे कि श्यावाश्व जो करेंगे, वह उचित और शुभ ही होगा। इसलिए वे इस बार चुप रहे। ऊर्म्या को सुभगा के तर्क ने कतई प्रभावित नहीं किया। सुभगा के जोर देने पर वह वहाँ से चली गई और व्यवस्था-कक्ष में जा बैठी, पर उसे विश्वास हो गया था कि पीयूषा ने अपने अहं में श्यावाश्व के हृदय से खिलवाड़ कर उसे निराश कर दिया है। वह अपनी इस अनुमान-धारणा पर इसलिए विश्वास कर पा रही थी, क्योंकि बालसखी होने के कारण वह श्यावाश्व के विचारक, किंतु उतने ही संवेदनशील मन की गहराइयों को जानती थी। इसलिए उसे चिंता हो रही थी कि कहीं पीयूषा के दुर्व्यवहार से निराश श्यावाश्व अपनी संवेदनशीलता के आवेश में कुछ अकरणीय न कर बैठें।

यह सोचकर उसकी आँखों में आँसू आ गए। उसके मन में एक चिंता यह भी थी कि कहीं कोई आश्रमवासी किसी कार्यवश व्यवस्था-कक्ष में आ गया तो उसे रोता देखकर क्या सोचेगा और रोने का कारण पूछ लिया तो वह क्या उत्तर देगी? पर श्यावाश्व से अतिशय स्नेह और अनुराग होने के कारण उन पर आनेवाले संभावित संकट की आशंका मात्र से ही वह विह्वल हो उठी और अपनी आँखों के आँसुओं पर उसका कोई नियंत्रण नहीं रह गया।

उधर उसकी आँखों से आँसुओं की अविरल धारा बह रही थी, इधर उसके हृदय में भावुकता का ज्वार उठ रहा था। श्यावाश्व आज उसे जिस संकट में फँसे दिखाई दे रहे थे, उसका एकमात्र कारण स्वयं को मानते हुए ऊर्म्या सोच रही थी—

'जब मैंने श्यावाश्व से मन-ही-मन प्रेम किया है तो क्यों नहीं उसे उसके सामने व्यक्त किया? यह सोचकर कि हम दोनों ने एक ही माँ के स्तनों का दूध पिया है, क्यों मैंने इन संबंधों में भाई-बहन का आभास पैदा होने का भ्रम पाल लिया और श्यावा को अपना प्रणय बताने से स्वयं अपने को ही रोक लिया, क्यों मैं भूल गई कि हम अलग-अलग माता-पिता की संतानें हैं?'

'श्यावा का हृदय कितना निश्छल और उदार है!' ऊर्म्या की भावधारा अविच्छिन्न बह रही थी, 'मैंने यदि उनके स्वच्छ हृदय पर अपने प्रणय का लेख लिख दिया होता तो क्या वे ठुकराते? नहीं, वे नहीं ठुकराते और आज हम दोनों अविभाज्य रूप से एक हो चुके होते। मैं पत्नी होती और वे पति।' आज अचानक ऊर्म्या के मन में श्यावा के प्रति आदर का उत्कट भाव पैदा हो गया। वह सोचने लगी—

'फिर मैं व्यवस्था-कक्ष में तो नहीं ही बैठती। मैं तो आर्य श्यावाश्व की पत्नी बनकर उनकी पर्णकुटी में उनके साथ रहती। वे स्वाध्याय करते और मैं उनकी सेवा। उनके बच्चों की माँ होती और आर्या सुभगा मेरी श्वश्रू। कितनी मूर्ख हूँ कि मैंने अपने संभावित सुखी जीवन का घरौंदा अपनी मूर्खता से अपने ही हाथों नष्ट कर दिया! आश्रम की व्यवस्था के नाम पर आजीवन वैखानस धारण करने का ढोंग रचाकर मैंने अपने जीवन को अस्वाभाविक धरातल पर चलने को विवश कर दिया। क्यों किया मैंने ऐसा?' आज ऊर्म्या आत्मग्लानि से पीड़ित थी। आश्रम की किसी व्यवस्था में उसका मन नहीं लग रहा था। सोचने लगी—

'अपना प्रणय व्यक्त न करके भी जीवन में मधुरता इसलिए बनी हुई थी कि श्यावाश्व को मैंने अपना हृदय-सहचर बनने को नहीं कहा था तो वे स्वयं भी किसी के आज तक नहीं हुए थे। पर मैंने दूसरी मूर्खता यह की कि खूब जोर दे-देकर उन्हें पीयूषा से मिलने को कहा। ऊर्म्या, अब अपने किए का फल भोगो!'

ऊर्म्या को लगा कि यदि श्यावा और पीयूषा का विवाह हो जाता तो भी वह अपने जीवन में कभी कटुता न आने देती। काफी सोच-विचार कर उसने अपने मन को इस बात के लिए पक्का कर लिया था कि वह श्यावा की पत्नी को अपनी सखी मानेगी, पर यहाँ तो वैसा भी नहीं हो पा रहा। ऊर्म्या ने अपने को श्राप देने की शैली में मानो स्वयं को प्रताड़ित किया।

'इधर मैंने श्यावा को अपना हृदय-सहचर नहीं बनाया और उधर श्यावाश्व को पीयूषा भी प्राप्त नहीं हुई। उनके हृदय पर कितना अधिक बोझ पड़ा होगा! यह सब मेरे ही कारण हुआ। मैंने कोई भी काम बुद्धिमत्ता से नहीं किया और मेरे कारण आज आर्य श्यावाश्व एक ऐसे मानसिक संकट में जा पड़े हैं, जो उन जैसे विचारशील व्यक्ति को कोई भी क्षति पहुँचा सकता है।'

यह सोचते ही ऊर्म्या उदासी से भर गई, 'पता नहीं, श्यावा अब कहाँ होंगे? पता नहीं, उन्होंने कल दिन भर भोजन भी किया होगा या नहीं, पता नहीं, रात्रि उन्होंने कहाँ व्यतीत की होगी? उनका शरीर इन दिनों शिथिल हो रहा था। पता नहीं, पर्याप्त विश्राम भी किया होगा या नहीं, उन्हें यदि औषध की आवश्यकता पड़ी तो कौन उनकी सेवा-उपचर्या करेगा?' सोचते-सोचते ऊर्म्या रोने लगी और किंकर्तव्यविमूढ़ हो गई।

बीस

पीयूषा का मन किसी काम में नहीं लग रहा था। श्यावाश्व को गए दो माह से ऊपर हो चुके थे और उनके बारे में उसे कोई भी समाचार इस बीच नहीं मिला था। न तो श्यावाश्व ने सीधे उसे कोई संदेश भिजवाया, न ही किसी यात्री या आगंतुक के माध्यम से कोई समाचार उसे प्राप्त हुआ। पिता रथवीति दार्भ्य से भी कुछ पूछने का उसका साहस नहीं हुआ। ज्ञानसत्र की तीसरी संगोष्ठी के बाद अपराह्न में कुलपति अर्चनाना ने श्यावाश्व के साथ उसके विवाह का प्रस्ताव रखा था। इस पर पीयूषा को अपनी प्रतिक्रिया श्यावाश्व के साथ एकाकी संवाद के बाद अगले दिन प्रातः देनी थी। पीयूषा का श्यावाश्व के साथ एकांकी संवाद तो हुआ, पर उसका परिणाम किसी को अगले दिन प्रातः उसने बताया ही कहाँ था, वह बताती भी कैसे? संवाद इतना निजी और भावुक था कि उसके निष्कर्ष किसी को बताए जाएँ, यह संभव ही नहीं था। इसलिए अगले दिन जब पीयूषा ने अर्चनाना आदि को अपनी प्रतिक्रिया नहीं दी और श्यावाश्व भी चुपचाप अपने पिता के साथ आश्रम लौट गए तो रथवीति ने यही समझा कि संभवतः बात बनी

नहीं है और पीयूषा को श्यावाश्व के साथ विवाह का प्रस्ताव स्वीकार नहीं है। इसलिए पिता रथवीति से श्यावाश्व के बारे में कुछ भी पूछने के लिए कोई तात्कालिक कारण या संदर्भ उसे मिल नहीं पा रहा था।

उदास पीयूषा की समझ में कुछ नहीं आ रहा था कि वह आखिर करे तो क्या करे और उलझ गई गुत्थी को कैसे सुलझाए? वह इतनी निर्भीक तो थी कि अपने पिता से अनुमति लेकर श्यावाश्व के आश्रम उनसे मिलने चली जाती। माँगने पर अनुमति उसे मिल भी जाती, पर दो बातें उसे रोक रही थीं। एक यह कि अर्चनाना के प्रस्ताव के समय उसकी प्रतिक्रिया इतनी संयत और तर्कपूर्ण थी कि अब सहसा श्यावाश्व से मिलने जाने की अनुमति माँगना उसे कुछ असंबद्ध और असभ्य जैसा लग रहा था; पर दूसरा कारण बड़ा और ज्यादा महत्त्वपूर्ण था। आर्य श्यावाश्व को उसने मंत्रकार बनने की स्नेहपूर्ण एवं अनुरागमयी प्रेरणा से भरकर भेजा था और शर्त शब्द का प्रयोग किए बिना उसने श्यावाश्व के साथ अपने विवाह को इसके साथ जोड़ तो दिया ही था। तो अब? अब अगर वह अचानक, श्यावाश्व से दूरी को न सह पाने के कारण, उनके आश्रम उनसे मिलने चली जाती है तो क्या उस प्रेरणा की ऊर्जा कम नहीं हो जाएगी, जिसके बाद श्यावाश्व ने प्रतिज्ञा जैसी कर दी थी कि शीघ्र ही उनकी पीयू को उनके मंत्रकार और सूक्तकार होने की कीर्ति सुनने को मिलेगी। लेकिन अब कैसे उसे पता चले कि श्यावाश्व से मंत्र-रचना हुई या नहीं? उसे कौन और कैसे बताए कि वे आजकल आखिर कर क्या कर रहे हैं? उनका स्वास्थ्य कैसा है? ऐसे में एक ही बात उसकी समझ में आई कि वहाँ चला जाए, जहाँ पहली बार श्यावाश्व ने उससे मैत्री की बात कही थी, उसे 'आप' के स्थान पर 'तुम' कहने का प्रस्ताव किया था और उसका नाम रख दिया था—पीयू। इतना-भर सोचकर वह प्रसन्न हो गई।

उसने रथ तैयार करवाया और जैसे ही अश्व की वल्गा थामी कि रथ चलाने का मन नहीं किया। पिछली बार वह सारथी के बैठने के काष्ठ-फलक पर श्यावाश्व के साथ बैठी थी और इस तरह से बैठी थी कि उसका और श्यावाश्व का शरीर एक-दूसरे को स्पर्श कर रहा था। उसे याद आया कि श्यावाश्व के शरीर के साथ यह उसका पहला स्पर्श था। कैसा था वह स्पर्श? पुलकित कर देनेवाला और यही पुलक उसे श्यावाश्व के चेहरे पर भी दिखाई दी थी। आज वह अकेले इस काष्ठ-फलक पर बैठना नहीं चाहती थी। उसने रथ चलाने का दायित्व अपने सारथी को सौंपा और खुद पीछेवाले भाग में पड़ी दो आसंदियों में से एक पर जा बैठी।

"सारथी, रथ को वन की तरफ ले चलो!" पीयूषा ने कहा।

"स्वामिनी, वन तो पूर्व-पश्चिम दोनों ओर है, किस दिशा में चलने का आदेश दे रही हैं आप?" सारथी ने पूछा।

"उसी वन में, जहाँ मैं उस दिन आर्य श्यावाश्व के साथ गई थी।"

"परंतु स्वामिनी," सारथी असमंजस में पड़ गया, "मैं तो जानता ही नहीं कि आप उनके साथ किधर गई थीं।"

सुनकर पीयूषा थोड़ा झेंप गई और अपनी लापरवाही पर मन-ही-मन मुसकरा भी उठी। उसने सारथी को पश्चिमी वन की ओर चलने का आदेश दिया। रथ चलने को था तो उसने सहसा सारथी को फिर से एक आदेश दिया, "तनिक रुको तो!"

पीयूषा सोच रही थी कि अपनी किसी अनुचरी या सखी को अपने साथ वन ले चले। फिर सोचने लगी कि जिस तरह स्वयं को श्यावाश्वमयी वह अनुभव कर रही है और उदास है, किसी अनुचरी के बस का है ही नहीं कि वह मेरी इस मानसिक स्थिति को समझ सके। वह अपने पिता के साथ इतना अधिक संवादलीन रही है कि कोई उसकी वैसी अंतरंग सखी बन ही नहीं पाई, जो इतने घनिष्ठ भावुक और नितांत निजी संबंधों पर आलाप करने में उसका साथ दे सके। वह तो अपनी माँ की तुलना में भी अपने पिता के अधिक निकट रहती आई है। अगर स्थितियाँ इस तरह कष्टसाध्य होती चली जाएँगी तो वह उनके समाधान के लिए अंततः पिता से ही कुछ कह पाएगी और किसी से नहीं।

"हाँ तो सारथी, अब चल पड़ो!" अकेले ही जाने का निर्णय कर पीयूषा ने सारथी को आदेश दिया तो सारथी पीयूषा के इस असमंजस पर थोड़ा हैरान सा हो गया। फिर उसने वल्गाएँ ढीली छोड़ दीं और क्षण भर में रथ हवा से बातें करने लगा।

पीयूषा सोचने लगी, 'उस दिन जब मैं आर्य श्यावाश्व के साथ वनविहार को जा रही थी तो रथ को मैं कितने आराम से चला रही थी, मन कर रहा था कि रथ ऐसे ही धीरे-धीरे जाए और मैं आर्य से बातें करती रहूँ, पर आज मन कर रहा है कि रथ तुरंत वहाँ पहुँच जाए, जहाँ उस दिन आर्य ने मुझे नया नाम दिया था-पीयू।'

मन की इन परस्पर-विरोधी स्थितियों को याद करके पीयूषा को श्यावाश्व के सृष्टि-सिद्धांत का विचार आ गया, 'कितना ठीक कहते हैं आर्य श्यावाश्व कि सृष्टि हमारे मन की ही संतति है। ठीक ही तो कहते हैं! उस दिन रथ को धीरे चलाने की इच्छा के पीछे भी कारण आर्य श्यावाश्व थे और आज उन्हीं के कारण मन चाह रहा है कि रथ तीव्रगामी हो जाए। एक ही कारण है, पर उससे जुड़े परिणाम दो तरह के हैं, क्योंकि कारण तो मन ही है और शेष सब उसकी अभिव्यक्तियाँ हैं।'

सोचते-सोचते पीयूषा को श्यावाश्व की कही एक बात याद आ गई, 'पीयूषा, सोचो तो, हमारा यह मन कितना बलवान है! यह मन ही तो है, जो हमें संसार से बाँध देता है। मन ही तो है, जो हमें संसार से विरक्त कर देता है। यही मन हमें किसी से जोड़ देता है और यही अलग भी कर देता है।'

श्यावाश्व की स्मृतियों से एकाकार हो चुकी पीयूषा उनमें इस कदर खो चुकी थी कि कब रथ की गति तीव्र हुई, कब कुछ धीमी हुई, कब वन में पहुँचकर रथ रुक गया, इसका कोई आभास तक उसे नहीं हुआ। उसकी श्यावाश्व-समाधि तब टूटी, जब कुछ क्षण प्रतीक्षा करने के बाद सारथी को लगा कि अब उसे अपनी स्वामिनी को बता ही देना चाहिए कि वे वन में पहुँच चुकी हैं।

पीयूषा रथ से नीचे उतरी, सोचते हुए कि पिछली बार जब वह श्यावाश्व के साथ आई थी तो उन्होंने उसका हाथ पकड़कर लौटते समय रथ पर चढ़ाया था। वह सोचने लगी, 'मैंने तो अपना हाथ इस तरह से बढ़ाया नहीं था कि वे उसे थामें और मुझे रथ पर चढ़ने में सहायता करें। उन्हें स्वयं ही वैसी इच्छा हुई और उनके हाथ के प्रथम स्पर्श से कितना रोमांच हो आया था मुझे! अगले दिन रात्रि के समय जब मैं उनके कक्ष में उनसे मिलने गई तो कैसे मैंने आत्मविश्वास से भरकर उनके हाथ थाम लिये थे!'

बस, पीयूषा सोचती चली गई—कैसे उसने श्यावाश्व के दोनों हाथों को थाम लिया था, कैसे उनके हाथ में हाथ डालकर उसने उद्यान में भ्रमण किया था, कैसे उनसे सुरक्षा पाने की चाह में उसने उनके वक्ष पर अपना सिर रख दिया था और कैसे उन्होंने दोनों भुजाओं की सुरक्षा उसे प्रदान कर दी थी, कैसे उसने अत्यंत भावावेश में आकर श्यावाश्व को अपने आलिंगन में बाँध लिया था और कैसे उन्होंने उस आलिंगन को अपनी भुजाओं की और भी अधिक बलिष्ठ कसावट प्रदान कर दी थी।

इतना सब याद कर-करके पीयूषा की आँखों में आँसू आ गए। वन में विचरण करते-करते वह उस स्थान पर जाकर खड़ी हो गई, जहाँ श्यावाश्व ने उसे पर्वतों के पंख होने की कल्पना को गाथा का आकार देकर सुना दिया था। उसमें फिर इंद्र द्वारा पर्वतों के पंख काटे जाने का निष्कर्ष जोड़ दिया था और फिर तो आर्य ने कुछ अद्भुत ही कर दिया था। गृत्समद के मंत्रांश 'यः प्रकुपिताँ पर्वताँ अरम्णात्' की व्याख्या अपनी सद्यःकल्पित गाथा के आधार पर श्यावाश्व ने कर दी।

पीयूषा को यह सब सोचकर इतना अषिक रोमांच हो आया कि वह खुद को सँभाल नहीं पाई और एक शिला पर जाकर बैठ गई। सोचने लगी, 'आर्य श्यावाश्व ने मेरी आवाज सुने दो माह कैसे बिताए होंगे? मैंने उन्हें मंत्रकार होने की प्रेरणा दी तो कैसे सहसा उत्तेजित होकर उन्होंने मुझे अपने आलिंगनपाश में और भी ज्यादा कस लिया था और मेरी आकांक्षा को साकार करने की प्रतिज्ञा कर दी थी। कहीं ऐसा तो नहीं कि वे मेरे बिना उदास और निराश हो गए हों? नहीं, ऐसा नहीं हो सकता। वे विद्वान् हैं, विचारक हैं। मन से सृष्टि की उत्पत्ति का सिद्धांत माननेवाले आर्य श्यावाश्व को अपने मन पर नियंत्रण रखना खूब आता है। कैसे उस दिन उन्होंने ज्ञानसत्र के विखंडकों को एक ही बार में

अनुशासित कर लिया और अपने मन का संतुलन एक बार भी नहीं खोया?'

कितने ही तरह के विचारों और भावों में डूबती-उतरती पीयूषा बहुत देर तक वहाँ शिला पर बैठी रही। वह तत्काल श्यावाश्व से मिलने की उत्कट इच्छा से हिल गई, पर यहीं उसके स्वभाव का धैर्य उसके काम आया और पीयूषा सोचने लगी, 'नहीं, मुझे अपने पर संयम और नियंत्रण रखना है। मैंने आर्य को मंत्रकार बनने की प्रेरणा दी है। मेरी प्रेरणा पर उन्होंने सूक्तकार बनने की प्रतिज्ञा की है तो मुझे उनके शिखर छू लेने तक उनकी प्रतीक्षा करनी ही है। यदि मैं ही विचलित हो गई तो कैसे मैं उन्हें वह बनने की ऊर्जा दे पाऊँगी, जिसकी उन्हें आवश्यकता है और जिसे मेरे अतिरिक्त और कोई उन्हें दे नहीं सकता? यदि मन का संबंध इतना वास्तविक और सुदृढ़ है तो मेरे मन की दुर्बलता क्या उनकी प्रतिभा को कुंठित नहीं करेगी? इसलिए मुझे स्वयं को साधकर, अपने मन को संयत कर आर्य की सफलता के लिए कामना करते रहना है।'

श्यावाश्व के मन के बंधनवाली धारणा का इतना अधिक प्रभाव पीयूषा पर पड़ा कि वह उसके उन आयामों को सोचने लगी थी, जिन तक संभवतः श्यावाश्व भी अभी तक नहीं पहुँच पाए थे। 'श्यावाश्व का मन स्वस्थ रहे, इसलिए मैं अपना मन निरंतर स्वस्थ रखूँगी, चाहे विरह की अवधि कितनी ही लंबी क्यों न हो!' पीयूषा ने संकल्प किया, जाकर रथ में बैठी और सारथी को राजप्रासाद चलने का आदेश दे दिया।

रथ चल पड़ा।

इक्कीस

जिस गाँव और जिस कृषक के घर में श्यावाश्व को अपने जीवन के प्रथम मंत्र का दर्शन हुआ, उस गाँव और उस कृषक के घर को छोड़ने का उनका मन नहीं किया। वह कृषक और उसके गाँव के शेष लोग भी मुदित थे कि एक विद्वान् व्यक्ति उनके यहाँ ठहरे हुए हैं, यद्यपि उन्हें श्यावाश्व की वास्तविक महानता का, उनकी ख्याति और प्रतिष्ठा का कोई पता नहीं था। बालिका सौदामिनी से उनका दुहिता-जैसा स्नेह हो गया था। प्रायः हर सायं वे उस संगीत-नृत्य सभा का आनंद लेते थे, जो उस गाँव में किसी के भी घर में सहसा आयोजित हो जाया करती थी। वे कुछ दिन वहीं रह लिये। चैत्र के प्रारंभ में वे अपने आश्रम से एक अनिश्चित प्रवास के लिए निकले थे और अब चैत्र मास समाप्ति की ओर था।

यद्यपि श्यावाश्व को इस स्थान पर भोजन आदि की कोई असुविधा नहीं थी, पर

पीयूषा की धनी होती स्मृति ने उनके शरीर में थकान और शिथिलता को बढ़ा दिया था। उनका शरीर थोड़ा कृश हो चला था, पर उस सबकी चिंता किए बिना उनके मन में किसी विशिष्ट सूक्त-रचना का उत्साह बना हुआ था।

एक रात वे उसी कृषक के घर-बाहर प्रांगण में अपने बिछौने पर सोए थे। ग्रीष्म शनैः शनैः बढ़ रहा था और वायुमंडल में धूल बढ़ रही थी। इसलिए आकाश में तारों की चमक और बहुलता कम हो रही थी। आकाश को थोड़ा निस्तेज देखकर उनका चित्त उदास हो गया। उन्हें नित्य की तरह पीयूषा की याद आ गई। सोचने लगे।

'पीयू की मीठी और चमत्कारी आवाज सुने कितने दिन हो गए! लगभग तीन महीने। उस आवाज का रहस्य मैं आज तक नहीं समझ पाया। प्रभु की ही कुछ माया है कि मेरे जीवन में सहसा उस आवाज ने प्रवेश किया और तीन दिनों तक मेरे हृदय को झंकृत और तृप्त होने के बाद उस आवाज से वियुक्त हो जाना पड़ा। आज मुझे वह आवाज चाहने पर भी सुनने को नहीं मिल रही है तो लगता है कि कहीं वह आवाज बंद तो नहीं हो गई। पर ऐसा कैसे हो सकता है? किसी-न-किसी को तो वह आवाज सुनने को मिल ही रही होगी। मेरा ही दुर्भाग्य है कि मुझे महान् मंत्रकार बनने की प्रेरणा देकर वह आवाज कहीं छिप गई है।' आज पीयू की आवाज को याद कर-करके मंत्रकार श्यावाश्व भावुक हो उठे थे। उनकी आँखों में आँसू आ गए और वे सोचने लगे, 'क्या है उस आवाज में, क्यों वह इस तरह मुझे अचानक सुनने को मिली, अचानक सुनने को मिली तो फिर अचानक उसमें विराम क्यों आ गया? जब वह आवाज सुनने को मिली थी तो मैं कैसे अपने भीतर परिवर्तन अनुभव करने लग पड़ा था? लगता था कि जैसे शरीर कुछ नया-नया सा हो गया है और मस्तिष्क एकदम सक्रिय। हृदय स्पंदित हो गया और ऊर्जा बढ़ गई। इच्छा हुई कि कुछ विशेष कर डालना चाहिए। आवाज को अब याद करता हूँ तो सीधा अपनी पीयू से संवाद बना लेता हूँ, स्वाध्याय का मन करने लगता है और मन की गहराइयाँ आलोड़ित होने लगती हैं। अपने को उत्तुंग और ऊँचा उठा हुआ अनुभव करने लगता हूँ।'

श्यावाश्व विचारक थे। अब तो वे मंत्रकार भी हो गए थे, पर अपनी मंत्र-रचना को वे पीयू की आवाज से उपजी प्रेरणा का ही परिणाम मानते थे, जिसे इस कृषक-परिवार में आकर अभिव्यक्ति मिल गई थी। अपने-आप से ही पूछने लगे श्यावाश्व, 'क्या ऐसा नहीं हो सकता कि जब चाहूँ, वह आवाज सुन लूँ, जब तक चाहूँ, सुनता रहूँ, क्यों वह आवाज कानों में पड़नी बंद हो गई, क्या उस आवाज का सौंदर्य ही यही है कि कुछ समय के लिए मेरे कानों में पड़ने, हृदय को झंकृत कर प्रेरणा देने के बाद कहीं जाकर छिप गई है, यह देखने के लिए कि उसे सुनने के बाद मैंने कोई बड़ा काम किया या नहीं? हे प्रभो,

मेरा उद्धार करो। जब उस आवाज का इतना गहन प्रभाव है तो ऐसा कुछ कर दो कि मैं हरदम वह आवाज सुनता रहूँ। हे प्रभो, मुझे वह आवाज या तो सुनाते नहीं और जब सुनाई है तो फिर क्यों मुझे उससे इस तरह वंचित कर दिया है?

श्यावाश्व के हृदय में अचानक मंत्र-रचना की इच्छा तीव्र हो उठी। वे वहीं बिछौने पर लेटे-लेटे अश्विनीकुमारों को पुकारने लगे, "हे अश्विना, जैसी मेरी पीयू की आवाज है, वैसी ही सुंदर स्तुति मुझ श्यावाश्व के हृदय में उत्पन्न करो!

सर्गां इव सृजतं सुष्टुतीरुप
श्यावाश्वस्य सुन्वतो मदच्युता।

हे अश्विना, जैसे तुमने मेरे प्रपितामह अत्रि को मंत्र के दर्शन करवाए थे, वैसे ही प्रभो, मेरे हृदय में भी स्तुति उत्पन्न करो!

अत्रेरिव श्रृणुतं पूर्व्यस्तुतिं
श्यावाश्वस्य सुन्वतो मदच्युता।

हे अश्विनीकुमारो, मेरे हृदय को वही वाणी दो, जो पीयू के पास है। मेरी बुद्धि को उस वाणी के योग्य बनाओ और उसके मार्ग में आनेवाली हर बाधा हटा दो!

ब्रह्म जिन्वतमुत जिन्वतं धियो
हतं रक्षांसि सेधतममीवाः।

हे अश्विनीकुमारो, मेरे जैसा कोई युवा जैसे किसी युवती को हृदय से चाहता है, वैसे ही मेरी स्तुति को तुम हृदय से स्वीकार करो!

स्तोमं जुषेथां युवशेव कन्यनाम्।

श्यावास्व प्रसन्न थे। पीयू की आवाज को याद कर-करके उनका इस सीमा तक उससे तादात्म्य हो गया था कि उनके हृदय से मंत्र फूटने लगे। उन्हें लगा कि उस दिव्य क्षण का भरपूर सदुपयोग कर एक विराट् सूक्त अश्विनीकुमारों की स्तुति में आज इसी समय रच देना चाहिए। वे धीरे से अपने बिछौने से उठे और पास ही दूसरे बिछौने पर लेटे कृषक को जगाया।

"उठना भाई, जरा नींद से जागना!"

"आर्य, क्या बात है?" कृषक आश्चर्य से भर गया कि श्यावाश्व उसे इस समय इस तरह क्यों जगा रहे हैं। बोला, "आर्य, क्या स्वास्थ्य में कोई विकार अनुभव हो रहा है?"

"नहीं भाई, स्वास्थ्य ठीक तो नहीं है, पर कोई वैसी गंभीर समस्या नहीं है। यदि आपके आराम में बाधा न पड़े तो कुछ कष्ट उठाओगे?"

"आज्ञा कीजिए आर्य!"

"भाई, मेरे मन में इस समय मंत्रों का प्रस्फुटन हो रहा है। मेरा हृदय इतना वैराट्य अनुभव कर रहा है कि आज जीवन में पहली बार सूक्त-रचना करने का प्रसंग बनता दिखाई दे रहा है। भाई, मैं चार मंत्रार्थों की रचना कर चुका हूँ। ऐसा लगता है कि कुछ और मंत्र किसी नई विशिष्ट शैली में रच पाऊँगा। जरा उठो तो। भीतर जाकर मेरे लिए पत्र और मसी-लेखनी के अतिरिक्त प्रदीपक भी लाकर उसमें ज्योति कर दो।"

"अभी करता हूँ आर्य," कहकर आह्लाद से भरे उस कृषक ने पूरा प्रबंध कर दिया। श्यावाश्व ने मंत्र लिखने प्रारंभ किए। कृषक बड़े ही चकित भाव से प्रसन्नतापूर्वक हाथ जोड़े विनम्र हो उनके पास बैठा रहा। उसने देखा, श्यावाश्व लिख रहे थे—

अग्निनेन्द्रेण वरुणेन विष्णुना-
ऽऽदित्यैः रुद्रैर्वसुभिः सचाभुवा।
सजोसषा उषसा सूर्येण च
सोमं पिबतमश्विना।

इस तरह एक-एक करके श्यावाश्व ने चौबीस मंत्रों की रचना की और लंबी साँस खींचकर बोले, "देखो भाई, उस दिन मैंने तुम्हारे घर आने के बाद पहली बार मंत्र रचा था और आज रात मैंने पहली बार सूक्त रच दिया है।"

"आर्य, अन्यथा न समझें तो एक-दो बातें पूछ लूँ?"

"पूछ लो, अवश्य पूछ लो।" श्यावाश्व बोले।

"आर्य, आपने अनेक मंत्रों में एक ही वाक्य को बार-बार दोहरा दिया है। ऐसा क्यों किया आपने? हर बार नया वाक्य ही क्यों नहीं रचा?" कृषक ने बहुत ही बुद्धिमत्तापूर्ण प्रश्न किया।

"देखो भाई, जब ईश्वर मंत्र-रचना की शक्ति देता है तो हर मंत्र में नई वाक्य-रचना, नया शब्द-संयोजन कठिन नहीं रह जाता, पर मुझे लगा कि एक ही वाक्य बार-बार दोहराने से एक अद्‌भुत नाद-सौंदर्य पैदा होता है, जो हृदय को देवता से एकात्म हो जाने में सहायता करता है।"

"आर्य, क्या वैसे ही जैसे हम अपने गायन में समाधि का प्रभाव उसन्न करने के लिए एक ही वाक्य या शब्द का प्रयोग बार-बार करते हैं?" कृषक की जिज्ञासा थी।

"हाँ, बिल्कुल वैसे ही।" श्यावाश्व उत्साह में भरकर बोले, "ये ऋचाएँ भला क्या हैं? कविताएँ ही तो! इन कविताओं में स्वयं को देवता से एकाकार कर उनकी स्तुति करते हैं और यह नाद-सौंदर्य उस तरह एकाकार होने में हमारी सहायता करता है।"

"पर आपने यह प्रार्थना क्यों की कि जैसे अत्रि ऋषि में काव्य का प्रस्फुटन हुआ था, वैसे ही आपको भी हो?"

"इसलिए," श्यावाश्व मुसकराकर बोले, "क्योंकि अत्रि मेरे प्रपितामह थे और बहुत बड़े मंत्रकार थे। देखो, हम केवल उन्हीं आदर्शों की पूजा कर सकते हैं, जो हमारे सामने हों। इसलिए क्यों न मैं अत्रि के आदर्श पर चलने का प्रयास करूँ, ठीक है न?"

"आर्य, यह सब तो समझ में आ गया। आपकी आज्ञा हो तो एक प्रश्न और पूछ लूँ?" कृषक ने विनम्र होकर कहा।

"हाँ-हाँ, पूछो, संकोच क्यों?"

"संकोच इसलिए हो रहा है आर्य, कि आपने एक मंत्र में यह लिख दिया है कि हे अश्विनीकुमारो, जैसे कोई युवा किसी युवती को हृदय से चाहता है, वैसे ही तुम मेरी स्तुति को हृदय से स्वीकार करो?"

"हाँ," श्यावाश्व एक बार फिर मुसकराए, "किसी युवा का युवती को चाहना स्वाभाविक होता है और तीव्र भी। मैं भी चाहता हूँ कि अश्विनीकुमार मेरी स्तुति को उसी स्वाभाविकता और तीव्रता से स्वीकार करें।"

पर श्यावाश्व ने यह नहीं बताया कि इस उपमा की प्रेरणा के पीछे पीयूषा के प्रति उनके हृदय में उठा स्वाभाविक और तीव्र अनुराग है, जिसकी स्मृति में ही इस सूक्त की रचना हुई है।

श्यावाश्व से सूक्त के बारे में इतना संवाद कर कृषक प्रसन्नता से भर उठा। बोला, "आर्य, अर्धरात्रि होने को है, अब आप सो जाइए। आपका स्वास्थ्य भी कुछ ठीक नहीं।"

"हाँ मित्र, मैं सोच रहा हूँ कि कल यहाँ से आगे के लिए चल पड़ूँ।"

"क्यों आर्य?"

"इसलिए कि मुझे आगे अयोध्या और लौटते हुए प्रयाग होकर जाना है। तुम्हारे घर रहकर मैंने अपने जीवन की महानतम उपलब्धि प्राप्त कर ली है, इसका महत्त्व तुम तभी समझ पाओगे, जब मैं पीयूषा को लेकर यहाँ आऊँगा।"

"जैसी आपकी आज्ञा आर्य!"

इस संवाद के बाद दोनों सो गए। आज फिर श्यावाश्व परम मुदित थे। एक ही महीने के भीतर वे पहले मंत्रकार बने और फिर सूक्तकार भी बन गए। उन्हें पीयू की बहुत याद आई। मन-ही-मन पीयू से बातें करने लगे, 'देखो पीयू तुम्हारी प्रेरणा का कैसा प्रताप है यह, तुम जीवन में इस तरह न आतीं तो मैं ठूँठ विचारक भला मंत्रकार कैसे बन पाता? अब लिख लो अपनी दैनंदिनी में। तुम्हें दी हुई प्रतिज्ञा का पालन करते हुए मैंने मंत्र-रचना और सूक्त-रचना दोनों कर ली हैं। बस, अब प्रतिज्ञा का एक ही अंश बाकी बचा है—मेरे सूक्तों के ऋग्वेद में संकलित होने की मान्यता। जब वह हो जाएगी, तब तो मुझसे विवाह कर लोगी न?'

मधुर स्मृतियों के सोपान पर चढ़कर श्यावाश्व नींद के हिंडोले में झूलने लगे।

प्रभात होने पर अपने दैनिक नित्यकर्म से निवृत्त होकर श्यावाश्व ने उस कृषक-परिवार से विदा चाही तो उनका मन भर आया। सौदामिनी तो रो ही पड़ी। रुँधे गले से बोली, "आर्य, हमसे ऐसा क्या अपराध हुआ है कि आप इस तरह सहसा हमें छोड़कर जा रहे हैं?"

"अरी पगली, इसमें अपराध की बात कहाँ से आ गई?" उसे स्नेह से थामते हुए श्यावाश्व बोले, "देखो, मुझे अभी बहुत दूर जाना है, फिर अपने आश्रम लौटना है। फिर पीयू को लेकर तुम्हारे पास पुनः आऊँगा। बोलो, क्या तुम नहीं चाहतीं कि मैं पीयू को तुमसे मिलवाने के लिए ले आऊँ?"

"ऐसा मत कहिए आर्य, मैं तो उनसे मिलने को बहुत उत्कंठित हो गई हूँ।" सौदामिनी ने आँसू पोंछते हुए कहा।

"तो कैसे होगा यह सब, जाऊँगा, तभी ला पाऊँगा न?"

"हाँ आर्य!"

"तो फिर चलूँ?"

"ठीक है आर्य, गच्छतु भवान् पुनर्दर्शनाय।" प्रसन्न होकर सौदामिनी ने कहा और सबसे विदा लेकर श्यावाश्व पूर्व की ओर चल पड़े। उनका स्वास्थ्य ठीक नहीं था। शरीर दुर्बलता अनुभव कर रहा था और पीयू के विरह की उदासी चेहरे की दुर्बलता में प्रकट हो रही थी। पर मंत्र-रचना का उत्साह उन्हें तरंगायित किए था और पता नहीं किस अबूझ प्रेरणा से वे गंगा-यमुना संगम देखने के लिए प्रयाग की ओर चले जा रहे थे। उनका लक्ष्य पहले अयोध्या पहुँचना था, जहाँ कुछ समय पूर्व मर्यादा पुरुषोत्तम राम ने एक नया इतिहास रचा था।

बाईस

"पीयूषा वत्से, यह तुम्हें सहसा ज्वर ने कैसे घेर लिया, ताप क्या बहुत अधिक है या सामान्य श्रांति-ज्वर है?" रथवीति दार्भ्य ने पीयूषा के कक्ष में प्रवेश करते ही व्याकुल स्वर में पूछा।

"नहीं पिताश्री, यह श्रांति से हुआ ज्वर तो नहीं लग रहा। मैंने ऐसा कौन सा परिश्रम किया है, जिससे मुझे इतनी श्रांति हो जाए कि उससे ज्वर आ जाए? कुछ ताप जैसा ही है।"

"देखूँ तो," चिंतित रथवीति ने पीयूषा के माथे पर हाथ रखा और बोले, "अरे, तुम्हें तो बहुत अधिक ताप है। क्या कुछ उदर-विकार हुआ है?"

"नहीं पिताश्री, ऐसा कोई विकार भी नहीं है।"

"फिर हुआ क्या, क्यों हुआ ताप-ज्वर?"

"पता नहीं पिताश्री, यह तो भिषग ही बता सकते हैं।"

"पीयूषे, जैसे ही मुझे तुम्हारे ज्वर की सूचना मिली, मैंने भिषग को सूचना दी। वे आते ही होंगे। पर पहले मुझे एक बात बताओ।"

"जी पिताश्री।" पीयूषा ने विनम्र स्वर में कहा।

"तुम आजकल कुछ ज्यादा ही चुप रहने लगी हो," रथवीति ने पूछा, "तुम्हारा स्वाभाविक अल्हड़पन और लापरवाही कहाँ खो गई? यह तुममें सहसा परिवर्तन कैसे आ गया?"

"पता नहीं पिताश्री!" कहते-कहते पीयूषा की आँखों में आँसू आ गए।

"तुम तो पीयूषा, अपने मन की बात छिपाना चाह रही थीं, पर तुम्हारे आँसुओं ने मानो सबकुछ बता दिया। तुम्हारे ये आँसू कह रहे हैं कि तुम्हारे मन पर कोई बड़ा बोझ है, जिसे तुम सह नहीं पा रही। बताओ न पीयूषे, क्या है वह बोझ, क्या अपने पिता को भी नहीं बताओगी?" रथवीति ने स्नेह और चिंता से पीयूषा के सिर पर हाथ फेरते हुए कहा।

पीयूषा कुछ बोल ही नहीं पा रही थी। उसके आँसू एक बार जो बहने शुरू हुए तो फिर थमने को ही नहीं आए। आँसुओं के मारे उसका गला रुँध गया और आवाज भर्रा गई।

"पीयूषा," रथवीति ने उदास स्वर में कहा, "जितने दिन ज्ञानसत्र चलता रहा, तुम मुझे मयूरी की तरह नाचती-गाती नजर आती रही, पर ज्ञानसत्र की समाप्ति के बाद से मैं देख रहा हूँ कि तुम बहुत ही उदास रहने लगी हो। बताओ, क्या कारण है?"

"पिताश्री, मत पूछिए। आज मत पूछिए।" रुँधे गले और भर्राई आवाज में पीयूषा ने जैसे-तैसे कहा।

पर रथवीति तो पिता थे। उनकी पुत्री चाहे जितनी बड़ी हो गई हो, उनके लिए तो वह शिशु-जैसी ही थी। इसलिए वे बिना कहे कैसे रह सकते थे? बोले, "पीयूषा, तुम इतनी बड़ी हो गई हो, पर अभी तक विवाह के लिए नहीं मान रही हो। दुहिते, एक बात समझ लो। कभी भी किसी को संपूर्ण पुरुष या संपूर्ण स्त्री की प्राप्ति नहीं होती। आज तक जितने भी विवाह-प्रस्ताव आए, उनमें से किसी को भी तुमने स्वीकार नहीं किया। हर प्रस्ताव तुमने ठुकरा दिया। क्या आर्य श्यावाश्व से श्रेष्ठ कोई और पुरुष तुम्हें मिल सकता है? पर कुलपति अर्चनाना ने जब श्यावाश्व के साथ तुम्हारे विवाह का प्रस्ताव

रखा तो तुमने उसे भी टाल दिया। बताओ तो जरा, तुम्हारे मन में किस तरह के पुरुष की कल्पना है?"

पीयूषा की आँखों से आँसू और भी अधिक प्रवाह के साथ बहने लगे। सोचने लगी कि कैसे वह अपने पिता को बताए कि वह हृदय से आर्य श्यावाश्व की पत्नी हो चुकी है और बस औपचारिक विवाह शेष है, कैसे बताए वह कि उस दिन हुआ क्या था?

रथवीति बोले जा रहे थे, "वत्से, आज तक तुमने जितने विवाह-प्रस्ताव ठुकराए, उन सबमें मेरा पूरा समर्थन तुम्हारे विचारों को मिला था। पर इस बार आर्य श्यावाश्व के प्रस्ताव पर मौन धारण कर तुमने अच्छा नहीं किया।"

पीयूषा फिर अंदर-ही-अंदर परेशान हो उठी। कहना चाहती थी कि उसने आर्य श्यावाश्व के प्रस्ताव को ठुकराया कहाँ है। वह तो उनसे मिल चुकी है। उनकी हो चुकी है। पर न बता पाने की छटपटाहट से वह और अधिक संतप्त हो उठी।

रथवीति का कथन चल रहा था, "आर्य श्यावाश्व जैसा प्रतिभाशाली विद्वान् इस समय कहीं आसपास हो तो बताओ। तुमने स्वयं उनके साथ पर्याप्त संवाद किया था और अपने रथ पर उन्हें बिठाकर वनविहार को भी गई थीं। फिर आर्य श्यावाश्व में तुम्हें ऐसी क्या कमी दिखी कि तुमने उनके प्रस्ताव पर भी विचार नहीं किया?"

वही पीयूषा, जो अपने पिता के साथ हर विवाह-प्रस्ताव के गुण-दोष पर घंटों बतियाया करती थी, श्यावाश्व को लेकर कुछ बोल ही नहीं पा रही थी। जिस तरह का गहरा भावुक और संवेदनशील संबंध श्यावाश्व के साथ उसका हो गया था, वह बता पाना उसे लगभग असंभव लग रहा था। कैसे बताए कि वह श्यावाश्व की प्रेरणास्रोत बन चुकी है, उसने आर्य श्यावाश्व को मंत्रकार होने की प्रेरणा से भर दिया है और अपने विवाह को श्यावाश्व के उस व्यक्तित्व विकास के साथ जोड़ दिया है!

रथवीति जब अपनी बात कह रहे थे और पीयूषा अपनी भावुकता के साथ असफल संघर्ष कर रही थी, तभी राजभृत्य ने आकर बताया कि द्वार पर भिषग आए हैं। भिषग को अंदर बुलवा लिया गया। उन्होंने पीयूषा का कई तरह से परीक्षण किया। कई तरह के प्रश्न पूछे और फिर विचार में डूब गए। थोड़ी देर बाद बोले, "राजन् आपकी कन्या को कोई शारीरिक रोग नहीं है।"

रथवीति चकित कि इन भिषग महाशय को क्या हो गया है? उनकी पुत्री को तापज्वर है, उसे श्रांति भी हो गई है और वह बोल नहीं पा रही है और भिषग महाशय कह रहे हैं कि उसका शरीर स्वस्थ है!

"आर्य भिषग, मैं विस्मित हूँ कि आप तापयुक्त शरीर को स्वस्थ कैसे मान पा रहे?"

"राजन् मैंने तो इतना भर कहा है कि राजकन्या के शरीर को कोई रोग नहीं है,"

भिषग ने अभी भी रहस्य नहीं खोला। जिस बात को पीयूषा समझ रही थी, उसे रथवीति दार्भ्य नहीं समझ पा रहे थे। इसलिए उन्होंने फिर से पूछा, "इसका अर्थ?"

"इसका अर्थ स्पष्ट है राजन्" भिषग बोले, "पीयूषा का मन रोगी है। इनके मन पर कोई बोझ है। इनके मन में कोई गहरी उदासी है, इससे इन्हें तापज्वर हो गया है और जब तक इनका मन प्रसन्न नहीं होगा, इनका ताप कम नहीं होगा। हाँ, बढ़ जरूर सकता है।"

सुनकर राजा चिंतित हो गए। अभी कुछ देर पहले ही वे पीयूषा की सतत चल रही उदासी के बारे में पूछ रहे थे और अब भिषग ने मानो उनके कथन को सत्यापित कर दिया। वे सोचने लगे कि पीयूषा के मनोरंजन के लिए कुछ प्रबंध किया जाए, जिससे उसकी उदासी दूर हो, मन हलका हो और ताप कम हो। ऐसा क्या हो सकता है? सोचते हुए वे भिषग के साथ पीयूषा के कक्ष से बाहर चले गए।

रथवीति के जाते ही पीयूषा कक्ष में अकेली रह गई। वह फिर से श्यावाश्व के सोच में डूब गई। वह तय नहीं कर पा रही थी कि उसने श्यावाश्व के मन में मंत्रकार होने की आकांक्षा जगाकर अच्छा किया है या बुरा? वह फिर सोचने लगी, 'हो सकता है, आर्य श्यावाश्व के हृदय में मंत्रकार होने की आकांक्षा भरकर और उसे अपने विवाह से जोड़कर मैंने अपने और आर्य श्यावाश्व के हृदय में पैदा हो चुके प्रणय के साथ अन्याय कर दिया हो, पर मैंने आर्य श्यावाश्व की प्रतिभा के साथ पूरा-पूरा न्याय किया है। यदि मुझे पाने की प्रेरणा से आर्य श्यावाश्व की प्रतिभा का विस्फोट हो जाए और उनकी कल्पनाशक्ति मंत्र-रचना में व्यक्त हो जाए तो प्रणय और उससे पैदा होनेवाली प्रेरणा की इससे बड़ी सार्थकता क्या होगी?'

पीयूषा को विश्वास हो चला था कि इस लक्ष्य को पाने के लिए सहन किया गया विरह एक उपलब्धि होता है, जिसे सँजोकर रखा जाना चाहिए।

'पर आर्य श्यावाश्व की ओर से किसी तरह का कोई समाचार क्यों नहीं मिल रहा? वे स्वस्थ तो हैं या मेरी तरह वे भी अस्वस्थ होंगे? वे मंत्र-रचना में प्रवृत्त हुए होंगे या कि मुझे अपने पास न पाकर उनका हृदय विदीर्ण हो गया होगा और वे उदासी के महासागर में फँस गए होंगे? क्या किसी को चुपचाप उनके आश्रम भेजूँ?' इस अंतिम विकल्प पर उसे उत्साह आ गया। उसने निश्चय कर लिया कि वह किसी राजभृत्य को चुपचाप वहाँ भेज देगी और पता लगवाएगी कि आर्य श्यावाश्व आजकल क्या कर रहे हैं?

पर कौन राजभृत्य जाएगा, कौन इतनी गोपनीयता रख पाएगा, कौन बुद्धिमत्तापूर्वक समस्त जानकारियाँ ला पाएगा? राजभृत्य बहुत थे, पर ऐसे निजी काम से किसी को भेज पाना स्वयं उन राज्यभृत्यों की स्वामिनी राजदुहिता पीयूषा को ही कठिन लग रहा था। उसने युक्ति से काम लेने की सोची।

सायंकाल जब रथवीति दार्भ्य पीयूषा का स्वास्थ्य पूछने उसके कक्ष में आए तो उसने कहा, "पिताश्री, कुलपति अर्चनाना कह रहे थे कि इस वर्ष शारदीय नवरात्र में वे अपने आश्रम में सोमयाग और ज्ञानसत्र का एक वृहद् आयोजन करनेवाले हैं। आपको और मुझे भी उन्होंने उस अवसर पर वहाँ आने का निमंत्रण दिया था, जिसे आपने स्वीकार कर लिया था। यदि आप किसी राजभृत्य को कल प्रात: कुलपति के पास भेज सकें, जो पता करके आए कि ज्ञानसत्र का विषय क्या है तो मैं इस कालावधि में उसकी कुछ बौद्धिक और शास्त्रीय तैयारी कर लूँगी। मेरी इच्छा है कि इस बार किसी ज्ञानसत्र में मैं भी अपने विचार प्रस्तुत करूँ। राजभृत्य तीव्रगामी अश्व से कल प्रात: जाए और सायंकाल तक वापस आकर मुझे विषय आदि बता दे।"

रथवीति को प्रस्ताव अच्छा लगा। अपनी दुहिता के मन को प्रसन्न करने के लिए वे वैसे ही चिंतित हो उठे थे। उन्हें लगा कि यदि इसी बहाने पीयूषा का मन कहीं लग जाए तो कितना अच्छा हो! किसी बुद्धिमान सेवक को कुलपति अर्चनाना के आश्रम भेजने की बात करके रथवीति वहाँ से चले गए।

अगले दिन प्रात: एक राजभृत्य तीव्रगामी अश्व से अर्चनाना के आश्रम की ओर चला गया और उसी के साथ पीयूषा का हृदय भी। जैसे-जैसे दिन ढलने लगा, पीयूषा का मन डूबने लगा कि अभी तक भृत्य वापस क्यों नहीं लौटा? उसके शरीर का ताप बढ़ने लगा। प्रियतम के समाचार की प्रतीक्षा की एक-एक घड़ी युगों के समान होती है और पीयूषा को ऐसे असंख्य युग उस दिन मन मारकर काटने पड़े।

उधर सूर्य ने अस्ताचल के पीछे अपने को छिपा लिया था, इधर पीयूषा के कक्ष के द्वार पर वह राजभृत्य प्रकट हुआ। उसे तुरंत भीतर बुलवा लिया गया। ज्वर से श्रांत पीयूषा ने शैया पर लेटे-लेटे ही पूछा, "क्या समाचार लाए हो सेवक?"

"समाचार कुछ अच्छा नहीं है राजदुहिता!" भृत्य बोला।

सुनते ही पीयूषा शैया पर उठकर बैठ गई। उसका सिर चकराने लगा। आँखों के आगे अँधेरा छा गया और सारे बदन में पसीना आ गया। उसकी जिह्वा तालू से लग गई। जिसका डर था, वही हुआ। कुछ दु:समाचार ही तो था कि जो तीन माह होने को आए और आर्य श्यावाश्व की ओर से कोई संकेत तक नहीं आया! पर अच्छा या बुरा, जो भी समाचार था, जानना तो था ही। इसलिए पूछने की शक्ति बटोरकर पीयूषा ने मंद स्वर में पूछा, "क्या बात है?"

"राजदुहिता, अभी आश्रम में सोमयाग और ज्ञानसत्र की बात तक करने को कोई तैयार नहीं है। कुलपति अर्चनाना और उनकी धर्मपत्नी सुभगा का मन ठीक नहीं है, क्योंकि माह से ऊपर होने को है, आर्य श्यावाश्व आश्रम से बाहर प्रवास पर हैं और किसी

को पता नहीं कि वे कहाँ हैं। वे दो-तीन महीने बाद वापस आने की बात कह गए थे, पर जब वे गए थे, तब उनका स्वास्थ्य ठीक नहीं था और अब किसी को पता नहीं कि वे कैसे हैं, कहाँ हैं और किस राज्य में हैं।"

समाचार सुनकर पीयूषा का हृदय विषाद और भय से भर गया। न वह कुछ सोच पा रही थी, न ही कुछ बोलने की शक्ति उसमें बची थी। वह बस एकदम पाषाण-प्रतिमा सी बन गई। उसका ध्यान तब भंग हुआ, जब उस राजभृत्य ने जाने की आज्ञा माँगी, "राजदुहिता की आज्ञा हो तो मैं चलूँ?"

जवाब में पीयूषा ने बस सिर हिला दिया। उसकी बोलने की शक्ति इतनी क्षीण हो गई थी कि वह अपने मुँह से 'हाँ' शब्द तक नहीं बोल पाई। सीधे लेट गई। आँखों से फिर आँसुओं की धारा बहने लगी, 'कहाँ होंगे आर्य श्यावाश्व, उनका स्वास्थ्य कैसा होगा, उनकी देखभाल, परिचर्या-शुश्रूषा कौन कर रहा होगा, क्यों वे आश्रम से चले गए, किसलिए गए, यदि मन ठीक नहीं था तो यहाँ क्यों नहीं आ गए, मुझे क्यों नहीं बुलवा लिया?'

इतने सारे असंबद्ध प्रश्नों पर विचार करते-करते पीयूषा पर भावतंद्रा ने आक्रमण कर दिया। श्यावाश्व की दुरवस्था की कल्पनामात्र से ही वह सिहर उठी और उसके लिए उसने स्वयं को पूरी तरह से दोषी मान लिया। सोचने लगी, 'क्या इतने महान् विचारक के रूप में आर्य श्यावाश्व की ख्याति और प्रतिष्ठा कम थी, जो मुझे लालच आ गया कि मैं उन्हें मंत्रकार के रूप में भी प्रतिष्ठित होता देखूँ? सारा दोष मेरा ही है। मैं उन पर मंत्रकार होने का दबाव न डालती तो उनकी यह दुरवस्था न होती।'

पीयूषा बस अपने को धिक्कारे चली जा रही थी, 'जब आर्य अर्चनाना नें आर्य श्यावाश्व के साथ मेरे विवाह का प्रस्ताव रखा था तो मुझे तुरंत मान लेना चाहिए था। इससे आर्य श्यावाश्व के हर्ष की कोई सीमा न होती, मेरा जीवन सँवर जाता और पिताश्री की चिंताएँ भी समाप्त हो जातीं। पर अपनी हाँ को महत्त्वाकांक्षा के साथ जोड़कर मैंने तीनों के जीवन में संकट उत्पन्न कर दिया है और संकट भी उस अभूतपूर्व रात्रि के माध्यम से किया है, जिसके बारे में किसी को कुछ बता पाना न मेरे लिए संभव है, न ही आर्य श्यावाश्व के लिए।'

'तो कैसे टूटेगा यह जाल, कैसे मिलेंगे आर्य श्यावाश्व, कैसे पता चले कि वे कहाँ हैं और कैसे हैं?' इन्हीं प्रश्नों के बोझ-तले दबी पीयूषा लगभग मूर्छित हो गई। इसी मूर्छा में उसे नींद आ गई और उसका ताप बढ़ गया।

तेइस

लगभग बीस दिन की यात्रा करने के बाद आर्य श्यावाश्व अयोध्या पहुँच गए। इस यात्रा के दौरान शरीर और स्वास्थ्य उनका साथ नहीं दे रहा था। पीयूषा की आवाज सुने तीन माह होने को आए थे। इससे पहले वे कभी पीयूषा से मिले तक न थे। मिलना तो क्या, पीयूषा का नाम तक उन्होंने नहीं सुना था। ज्ञानसत्र की पहली संगोष्ठी में श्यावाश्व ने पीयूषा की आवाज सुनी थी और उसका संजीवनी प्रभाव उन पर तभी से पड़ गया था। अब उस आवाज को न सुन पाना और पीयूषा से न मिल पाना उनके शरीर और स्वास्थ्य पर दुष्प्रभाव डाल रहा था और वे लगातार अधिकाधिक दुर्बल होते जा रहे थे। इसलिए जो मार्ग उन्होंने बीस दिनों में तय किया, वह उतने दिनों का दरअसल था नहीं। स्वस्थ होने पर वे इससे कहीं कम दिनों में यह यात्रा पूरी कर लेते। मन पूरी तरह साथ दे रहा था, इसलिए वे यात्रा अविराम रूप से कर पा रहे थे और बीच-बीच में पड़नेवाले गाँवों में उतना विश्राम अवश्य कर लेते, जितना उनके स्वास्थ्य के नवीकरण के लिए आवश्यक होता। श्यावाश्व को इस बात पर आश्चर्य था कि पीयू से दूर रहना और उसकी आवाज न सुन पाना उनके शरीर पर विपरीत प्रभाव डाल रहा है, ऐसा उन्होंने पहले कभी अनुभव नहीं किया था। मन से सृष्टि का विकास माननेवाले श्यावाश्व के लिए यह एक नितांत नया अनुभव था।

आश्रम से ही अयोध्या और प्रयाग जाने का मन बनाकर निकले श्यावाश्व आश्रम के परिवेश से और अपने विचारों के आवेश से अलग होकर अकेलेपन में प्रकृति के दैवी रूप को अपने में आत्मसात् कर लेना चाहते थे। इसलिए अयोध्या नगर में जाकर रहने की उनकी इच्छा नहीं थी, हालाँकि वे सुनते आए थे कि कोसल देश की राजधानी अयोध्या एक बड़ा ही भव्य नगर है, जिसे वास्तुकला की अद्‌भुत योजना के आधार पर बनाया गया है। वाल्मीकि ने अपने प्रबंधकाव्य 'रामायण' में अयोध्या नगर का रम्य वर्णन किया है, यह वे रामायण पढ़कर ही जान चुके थे। इस सबके बावजूद उनकी इच्छा अयोध्या नगर में जाकर रहने की नहीं थी। वे नगर से पर्याप्त पहले एक गाँव में रहकर उन स्मृतियों को अपने हृदय में सँजो लेना चाहते थे, जो अयोध्यापति रामचंद्र के गौरव का गान करती थीं।

गाँव के कौन से मकान में ठहरा जाए, यह उनके लिए कोई समस्या नहीं थी, क्योंकि अपनी पूरी यात्रा में श्यावाश्व ने नियम बना लिया था कि वे उस मकान में जाकर ठहरेंगे, जो सबसे पहले उन्हें मिल जाएगा और जिसमें सबसे पहले ठहरने की स्वीकृति मिल जाएगी।

श्यावाश्व गाँव में प्रवेश कर गए। सायंकाल हो चुका था। पक्षी अपने-अपने घोंसलों में जाकर विश्राम करने लगे थे और आसमान पक्षियों से विहीन था। मेघों का मौसम वैसे भी नहीं था। सूर्यास्त के बाद की लालिमा तक आकाश से विदा ले चुकी थी और चारों ओर नीरवता का साम्राज्य छाया था। सहसा वे गाँव के पहले घर के पास पहुँचे तो भीतर से उन्हें अत्यंत मधुर नारी-कंठ का गायन सुनाई दिया। कोई स्त्री बहुत ही मीठे स्वर में गाकर वाल्मीकि रामायण के श्लोकों का पाठ कर रही थी। वे सुनने लगे—

ततो रावणनीतायाः सीतायाः शत्रुकर्शनः।
इयेष पदमन्वेष्टुं चारणाचरिते पथि।
दुष्करं निष्प्रतिद्वंद्व चिकीर्षन् कर्म वानरः।
समुदग्रशिरोग्रीवो गवां पतिरिवाबभौ।
अथ वैदूर्यवर्णेषु शाद्वलेषु महाबलः।
धीरः सलिलकल्पेषु विचचार यथासुखम्।

श्लोकों का पाठ चल रहा था। श्यावाश्व का मन किया कि बस इसी तरह गायन चलता रहे और वे तन्मय होकर सुनते रहें, पर ऐसा हो पाना व्यावहारिक नहीं था, इसलिए गायन को बीच में ही भंग करने का अपराध करने का निर्णय कर उन्होंने द्वार पर अपने करप्रहार से ध्वनि की। गायन बंद हो गया और क्षणभर में द्वार खुला तो एक पुरुष-आकृति दिखाई दी। देखते ही श्यावाश्व बोले, "जहाँ तक मेरी स्मृति काम कर रही है, आपके यहाँ वाल्मीकि रामायण के सुंदरकांड का गायन चल रहा था।"

"जी हाँ," उस पुरुष-आकृति ने थोड़ा आश्चर्य-मिश्रित भाव से कहा, "आपको ठीक ही स्मरण आ रहा है। पर महाशय, आपका परिचय?"

"बंधु, मैं अत्रि ऋषि का प्रपौत्र, दत्त आत्रेय का पौत्र और कुलपति अर्चनाना आत्रेय का पुत्र श्यावाश्व आत्रेय हूँ। रात्रि भर के लिए आपके यहाँ आश्रय चाहता हूँ। आपको असुविधा न हो, इसलिए मैं इधर बाहर ही सो लूँगा और प्रातः नित्यकर्म के बाद मुझे प्रयाग के लिए प्रस्थान कर देना है।" श्यावाश्थ ने एक ही बार में पूरी बात कह दी ताकि उस गृहस्थ को उन पर विश्वास आ जाए।

"पहले तो आप भीतर पधारें। शेष वार्त्तालाप बाद में हो जाएगा।"

श्यावाश्व भीतर गए। गृहस्थ ने उन्हें पाद्य और अर्घ्य के लिए जल दिया। स्वच्छ होकर और जल पीकर श्यावाश्व की थकान कुछ कम हो गई। गृहस्थ ने उनके बैठने के लिए काष्ठपीठिका रख दी। श्यावाश्व उस पर बैठ गए तो गृहस्थ स्वयं भूमि पर एक आसन बिछाकर बैठ गया।

"आप उन्हीं अत्रि ऋषि के प्रपौत्र हैं, जिनके दर्शन हमारे महाराज रामचंद्र ने अपने

वनवास के दौरान किए थे?" गृहस्थ ने स्वाभाविक जिज्ञासा में भरकर पूछा।

श्यावाश्व बोले, "हाँ बंधु, मैं वही हूँ। जीवन में एक इच्छा पैदा हुई कि उस पुण्यभूमि के दर्शन किए जाएँ, जहाँ मर्यादा पुरुषोत्तम राम ने जन्म लिया था। सो, यात्रा करते-करते अयोध्या आ पहुँचा हूँ और नियति ने मेरा बोझ वहन करने का दंड आपको दिया है।"

"ऐसा न कहें आर्य, दंड कैसा? यह तो मेरा अहोभाग्य है कि महान् अत्रि ऋषि के प्रपौत्र का आतिथ्य करने का सुअवसर मुझे मिला है। हम अयोध्यावासी कभी भूल ही नहीं सकते कि हमारी महाराज्ञी माँ जानकी को अत्रिपत्नी अनसूया ने पतिव्रता-धर्म का ज्ञानोपदेश दिया था और उन्हें दिव्य स्वर्णाभूषण दिए थे। तो आर्य, क्या आप दंडकारण्य से पैदल यहाँ तक आए हैं?" गृहस्थ को चर्चा में आनंद आने लगा था।

"नहीं भद्र, अब हमारा आश्रम दंडकारण्य में नहीं। हमारा आश्रम अब सरस्वती और परुणी नदियों के बीच में है। कभी आप भी उधर आइए। हाँ तो बंधु, अब अयोध्या में रामजी के कोई पौत्र या प्रपौत्र ही शासन कर रहे होंगे?" श्यावाश्व ने जिज्ञासा प्रकट की।

"जी हाँ, राम के पुत्र हुए कुश। कुश के पुत्र हुए अतिथि और अतिथि के पुत्र निषध इन दिनों हम अयोध्यावासियों के राजा हैं। पर आर्य, राम जैसे मर्यादा पुरुषोत्तम महाराज का जन्म तो हजारों वर्षों में कभी एक बार होता है। इसलिए अब अयोध्या का राजनीतिक वैभव वैसा नहीं रह गया है।" कहते-कहते गृहस्थ थोड़ा उदास हो गया।

"इसे काल की गति मानना चाहिए। वैसा मानेंगे तो जीवन में हर बात सहज हो जाएगी और मन को कष्ट नहीं होगा। मन को प्रसन्न रखना हमारे अपने हाथ में है। कोई भी दूसरा व्यक्ति या बाहर की कोई भी घटना हमारे मन को प्रसन्नता या कष्ट नहीं दे सकती।" श्यावाश्व बोले।

"आर्य, आपकी ज्ञानभरी बातें सुनकर तो ऐसा लग रहा है जैसे साक्षात् अत्रि ऋषि से भेंट हो गई हो!" गृहस्थ प्रफुल्लित हो उठा।

"मित्र, आपके घर में जो नारी-स्वर वाल्मीकि रामायण का गायन कर रहा था, मैं उनके दर्शन कर कृतार्थ होना चाहता हूँ। कितनी तल्लीनता का भाव छिपा था उस गायन में।" श्यावाश्व बोले।

गृहस्थ ने अपनी धर्मपत्नी को बुलाया और कहा, "ये मेरी धर्मपत्नी हैं, जानकी। हमारे कोई संतान नहीं है। इस घर में हम दोनों अकेले रहते हैं। सूर्यास्त के बाद नित्य रामायण का गायन हमारा स्वभाव बन चुका है।"

"तो फिर क्यों स्वभाव को छोड़ना चाह रहे हैं आप आज? चलिए, आज मैं भी आपका रामायण-पाठ सुनता हूँ।"

श्यावाश्व ने प्रेरणा देनी चाही तो जानकी ने कहा, "आर्य, आप दूर से यात्रा करके आ रहे हैं। आपको भूख लगी होगी। आपके लिए भोजन तैयार कर दूँ?"

"नहीं आर्ये, मेरा स्वास्थ्य कुछ ठीक नहीं है और भोजन करने की कोई विशेष इच्छा नहीं हो रही। आप निश्चिंत होकर गायन पुनः प्रारंभ करें। मुझे लगता है कि रामचंद्र के राजप्रासाद में कुश और लव ने भी कुछ इसी माधुर्य के साथ रामायण का गान किया होगा। थोड़ी देर सुनकर मैं फिर बाहर बिछौना लगाकर सो रहूँगा।" श्यावाश्व ने आग्रहपूर्वक कहा तो गृहस्थ पत्नी ने संकोच के साथ फिर से रामायण-गान प्रारंभ कर दिया—

द्विजान् वित्रासयन् धीमानुरसा पादपान् हरन्।
मृगांश्च सुबहून् निघ्नन् प्रवृद्ध इव केसरी।
नीललोहितमाञ्जिष्ठ पद्मवर्णैः सितासितैः।
स्वभावसिद्धैर्विमलैर्धातुभिः समलंकृतम्।

काफी देर तक रामायण-गान चलता रहा, कथा के उस अंश तक, जहाँ सीता अपने राम की प्रतीक्षा में विषण्ण होकर बैठी हैं। गृहस्थ उसके बाद श्यावाश्व के साथ बाहर खुले में सो गया और गृहस्थ पत्नी घर के अंदर विश्राम करने लगी।

श्यावाश्व बिछौने पर लेटे तो उन्हें पीयूषा की याद आ गई। सीता की प्रतीक्षा की बात याद करके उन्हें ध्यान आने लगा कि कैसे उनके भीतर मंत्र-रचना की आकांक्षा जगाकर पीयू ने उन्हें भी प्रतीक्षा करने को विवश कर दिया है। राम के लिए सीता द्वारा की गई प्रतीक्षा को याद कर राम से ही अमूर्त संवाद करने लग गए—'हे राम, यह प्रतीक्षा क्या होती है, क्यों होती है? मनुष्य सामान्य जीवन जी रहा होता है, प्रातःकाल उठता है, दिन भर अपना कामकाज करता है, फिर रात्रि के समय विश्राम करता है, सो जाता है। पर सहसा उसके जीवन में ऐसा कुछ हो जाता है कि वह प्रतीक्षा करने लगता है, किसी से मिलने की इच्छा उसके मन में पैदा हो जाती है, न मिलने पर प्रतीक्षा करने लगता है, प्रतीक्षा पूरी हो जाए तो प्रसन्न हो जाता है, न पूरी हो तो उदास रहने लगता है, उदास होता है तो प्रतीक्षा की तीव्रता और बढ़ जाती है। ऐसा क्यों होता है?'

पीयूषा से मिलने और वियुक्त होने के बाद से श्यावाश्व की भावुकता को नए-नए आयाम मिलने लग गए थे और उनके मन का विकास कई तरह से हो रहा था। पीयूषा की प्रतीक्षा को वे अचानक इतनी तीव्रता से अनुभव करने लगे थे कि बस भावुकता के प्रवाह में वे बहते ही चले गए, 'हे राम, आजकल मैं प्रतीक्षा करता रहता हूँ। कई दिन हो गए, पीयू से प्रत्यक्ष मिलना नहीं हो पाया। इसलिए प्रतीक्षा की तीव्रता भी बढ़ती जा रही है। बीच में लगा कि जीवन में सहसा पीयू ने प्रवेश किया है और उसे मैंने सदा-सदा के

लिए पा लिया है। पर तीन दिन की चमक दिखाने के बाद पीयू कहीं दूर चली गई है। क्या पीयू मुझसे रुष्ट है। नहीं, तो फिर मिलने का क्षणिक आनंद देकर दूर क्यों चली गई है? क्या इसलिए कि अत्यधिक तीव्र प्रतीक्षा के बाद जब पीयू से फिर मिलन होगा तो मैं ऐसा विभोर हो जाऊँगा कि जीवन में वैसा कभी हुआ नहीं होऊँगा? प्रतीक्षा की भी तो एक सीमा होती है। या तो वह मिलन में समाप्त होती है या फिर प्राणांत में। तीसरा कोई विकल्प नहीं।'

भावुकता के आवेश में स्वयं अपने-आप से बाते करते हुए श्यावाश्व सो गए। अस्वस्थ थे। निरंतर अधिकाधिक दुर्बल होते जा रहे थे। ऊपर से दिन भर की यात्रा की थकान थी। पीयू की प्रतीक्षा की भावुकता में सो गए।

सुबह सूर्योदय से पहले ही उनकी नींद खुल गई। जो घटना कभी आश्रम में नहीं घटी थी, वह अयोध्या के उस अनजान गाँव में घट गई। श्यावाश्व भोर की प्रकृति का ग्राम्य सौंदर्य देखकर विभोर हो गए। हर्ष में भरकर इंद्र से प्रार्थना करने लगे कि हे इंद्र जैसे तुमने कर्मों में लगे अत्रि के मंत्र सुने थे, वैसे ही मुझ श्यावाश्व के मंत्र भी सुनो—

श्यावाश्वस्य सुन्वतस्तथा शृणु
यथाशृणोरत्रेः कर्माणि कृण्वतः।

हे इंद्र, अत्रिवंश के हम जैसे कवियों के मंत्रों को भी अपनी स्वीकृति से महत्त्व प्रदान करो—

अत्रीणां स्तोममद्रिवो महस्कृधि पिबा सोमं
मदायकं शतक्रतो।

और इस तरह गाते-गाते श्यावाश्व ने सात मंत्रों का एक सूक्त इंद्र की स्तुति में बना दिया।

जब वे अपना नवनिर्मित सूक्त जोर-जोर से गा रहे थे तो पास में दूसरे बिछौने पर सोए गृहस्थ की भी नींद खुल गई। श्यावाश्व ने उसे बताया कि उन्होंने अभी-अभी इंद्र की स्तुति में सात मंत्रों के एक सूक्त की रचना की है और वे उसी सूक्त का गायन कर रहे हैं तो गृहस्थ भागा-भागा अपने घर के भीतर गया और अपनी पत्नी को जगाकर बाहर ले आया, उसे श्यावाश्व के सूक्त के बारे में बताया। श्यावाश्व पुनः सूक्त गाने लगे तो दोनों पति-पत्नी खड़े-खड़े और हाथ जोड़कर सूक्त सुनते रहे, गद्गद भाव से। सूक्त सुनने के साथ-साथ उनकी आँखों से आँसू बहने लगे। वे इस बात पर मुदित थे कि श्यावाश्व नामक एक ऋषि का उनके घर में अतिथि के रूप में आगमन हुआ है। सूक्त सुनने के बाद गृहस्थ ने कहा, "आर्य, अनुमति दें तो एक प्रश्न करूँ?"

"करिए, अवश्य करिए।"

"आर्य, आपके इस सूक्त में सात में से छह मंत्र ऐसे हैं कि जिनके तीन-चौथाई मंत्रांश को प्रत्येक मंत्र में दोहरा दिया गया है। उसका क्या कारण मानते हैं आप ?"

प्रश्न वही था, जो पिछले सूक्त की रचना के समय कृषक ने पूछा था, इसलिए उत्तर कैसे अलग हो सकता था ? गृहस्थ को समझाने के विचार से श्यावाश्व ने कहा, "आर्य, इसे आप चाहे तो मेरी शैली मान सकते हैं। मैं अपने मंत्रों में नाद-सौंदर्य पैदा करने के लिए मंत्रांशों को हर मंत्र में दोहरा देता हूँ। पर शीघ्र ही कुछ ऐसे सूक्त भी बनाऊँगा, जिनमें दूसरे-दूसरे उपकरणों की सहायता से वहाँ नाद-सौंदर्य उत्पन्न करने का प्रयास करूँगा।"

गृहस्थ प्रसन्न हो गया। उसकी पत्नी भी प्रमुदित थी। उसे यह पता ही नहीं था कि उसके रामायण-गान से पैदा हुई लयतरंग ने श्यावाश्व की भावुकता को जगाकर सूक्त के रूप में अभिव्यक्त कर दिया है।

नित्यकर्म और प्रातराश करके श्यावाश्व फिर से यात्रा पर चल पड़े। दुर्बलता के कारण उनकी चाल काफी धीमी हो गई थी। पर अब प्रयाग के रास्ते में उत्साह था कि शीघ्र ही आश्रम जाकर पीयू के पास अपने सूक्तों का संदेश भिजवाएँगे तो वह प्रसन्नता से नाच उठेगी।

चौबीस

दो माह होने को आए। श्यावाश्व कहाँ हैं, आश्रम में किसी को कुछ पता नहीं। दो-तीन महीने के प्रवास पर जाने की बात सभी को सामान्य ही लगी थी। इस हद तक सामान्य लगी थी कि अर्चनाना और सुभगा ने ऊर्म्या तक को नहीं बताया कि श्यावाश्व प्रवास पर जा रहे हैं। इसलिए कि वे दोनों नहीं चाहते थे कि श्यावाश्व प्रवास पर न जाएँ और ऊर्म्या को बता देने पर यह संभव था कि वह उन्हें जाने से रोकती या फिर उनके साथ ही प्रवास पर जाने का आग्रह कर बैठती। पर प्रवास पर चले जाने के बाद जब ऊर्म्या ने कई तरह से उसके संभावित दुष्परिणामों की ओर संकेत किया, तब से अर्चनाना और सुभगा बहुत चिंतित हैं। उनकी चिंता का विस्तार पूरे आश्रम में हो गया। दो-तीन माह का जो प्रवासकाल सामान्य तरीके से बीत जाता, वह अब भारी पड़ने लगा था। प्रातः हर आश्रमवासी इस आशा से जागता कि आज श्यावाश्व लौट आए होंगे, पर सायंकाल जब रात्रि में प्रलीन हो जाता तो हर निराश आश्रमवासी के हृदयपटल पर दो प्रश्न कुछ ज्यादा गहरे अंकित हो जाते—श्यावाश्व कहाँ होंगे ? उनका स्वास्थ्य कैसा होगा ?

चूँकि इन प्रश्नों के उत्तर किसी के पास नहीं थे, इनके उत्तर पाने का कोई माध्यम भी किसी के पास नहीं था, इसलिए प्रश्नों के पीछे की चिंता, चिंता से पैदा होनेवाली उदासी और उदासी से पैदा होनेवाली निष्क्रियता बढ़ती जा रही थी। अब सबसे अधिक चिंतित अर्चनाना एक-एक दिन गिनकर काट रहे थे। तीन महीने की अवधि पूरी हो जाने तक श्यावाश्व के प्रवास को उचित मानने का मन भी उनका करता था, पर इस बीच उनके बारे में कहीं से किसी तरह का कोई समाचार न मिलने के कारण उनकी चिंताएँ क्रमश: आशंकाएँ बनती जा रही थीं और वे नहीं चाहते थे कि किसी आशंका को आकार लेने का अवसर मिले।

प्रात:कालीन नित्यकर्म से निवृत्त होकर वे विद्याकुल की ओर प्रात:सवन के लिए चले। मार्ग में देखा कि अभी भी कुछ तापस आश्रम के सरोवर में स्नान कर रहे हैं। एक की ओर लक्ष्य कर बोले, "क्यों मुने, आज स्नान में इतना विलंब कैसे हो गया, इधर छात्र-छात्राएँ प्रात:सवन के लिए तैयारी कर रहे होंगे और इधर आप अभी स्नान ही कर रहे हैं?"

"क्षमा चाहता हूँ आर्य," स्नान के लिए सरोवर में घुसे मुनि ने त्वरापूर्वक पानी से बाहर निकल संकोच में लगभग डूबते हुए कहा, "आज प्रात: बहुत देर तक मैं अपनी पत्नी को समझाता रहा कि आर्य श्यावाश्व बस लौटने ही वाले होंगे। वे बहुत चिंतित हो रही थीं। आर्य अर्चनाना, यदि मैं आपको अपने मन की कहूँ तो आर्य श्यावाश्व के बिना कुछ अच्छा नहीं लग रहा। आपको उन्हें अनिश्चित प्रवास पर नहीं भेजना चाहिए था।... आप चलिए, मैं क्षणभर में तापसी को लेकर सवन-स्थान पर आता हूँ।"

चलते-चलते अर्चनाना की दृष्टि सरोवर के किनारों पर उत्पन्न हो रही काई पर पड़ी। इसका अर्थ था कि कई दिन से सरोवर का पानी बदला नहीं गया था और इसकी सफाई नहीं हुई थी। यह काम ऊर्म्या करवाया करती है और उसका पूरा ध्यान उस पर नहीं गया है। आश्रम के सरोवर में अर्चनाना ने ऐसा होते पहली बार देखा।

सोचते-विचारते प्रात:सवन के लिए वे विद्याकुल के परिसर में पहुँच गए। वहाँ कुछ छात्र-छात्राओं ने हवन का पूरा प्रबंध कर रखा था। पर उनकी संख्या कम थी। शेष छात्र-छात्राएँ एवं तापस-तापसियाँ शीघ्रतापूर्वक सवन-स्थल की ओर लगभग दौड़े चले आ रहे थे। ऐसा पहले नहीं हुआ करता था। अर्चनाना के सवन-स्थल पर पहुँचने से पूर्व सभी आबाल-वृद्ध नर-नारी वहाँ पहुँच चुके होते थे। आज तो ऊर्म्या भी सवन में नहीं आई थी।

सवन संपन्न हुआ। अर्चनाना प्रातराश के लिए वापस अपनी पर्णकुटी जाने को ही थे कि कुछ किशोर छात्र-छात्राएँ उनके पास आ गए।

"कुछ कहने की इच्छा हो रही है?" उनका संकोच दूर करते हुए अर्चनाना ने पूछा।

"आर्य कुलपते, एक बात कहने के लिए क्षमा करें।" एक छात्रा ने साहस करके कहा।

"बोलो पुत्री, निस्संकोच बोलो! आप सभी आर्य श्यावाश्व के पढ़ाए हुए हैं, आपमें भय कैसा?" अर्चनाना ने उनके भीतर उत्साह का संचार किया।

"हाँ आर्य, आपका कथन उचित ही है। आर्य श्यावाश्व के इस तरह अनिश्चित प्रवास पर चले जाने के कारण हमारा स्वाध्याय में मन नहीं लग रहा। आपकी आज्ञा मिल जाए तो कुछ दिन स्वाध्याय से अवकाश कर लें।" अब साहस बटोरकर कहने की बारी एक छात्र की थी।

श्यावाश्व की इस मुखर अनुपस्थिति का आश्रम पर किस तरह विपरीत प्रभाव पड़ रहा है, इसे अर्चनाना कई दिनों से देख रहे थे। आज जो कुछ उन्हें अनुभव हुआ, यह सब उसी का अंग था। उनकी चिंता बढ़ी। आश्रम को सँभालने के कर्तव्यबोध ने सहसा उन्हें पूरी तरह आविष्ट कर लिया।

"छात्रो और छात्राओ," अर्चनाना लगभग भाषण देने की शैली में बोलने लगे, "सामान्य परिस्थितियों में मैं आपके इस अनुरोध को मान लेता और अनध्याय की घोषणा कर देता। पर आर्य श्यावाश्व प्रवास पर हैं; इस उदासी में यदि आप अनध्याय चाहते हैं तो मैं इसका समर्थन नहीं करूँगा। आर्य यदि बाहर हैं तो हमारा कार्य उनकी अनुपस्थिति में क्या बढ़ नहीं जाता? आज प्रात: मैंने देखा, आश्रम में सरोवर को ठीक तरह से स्वच्छ नहीं रखा जा रहा है। प्रात:सवन में आजकल अनेक लोगों को विलंब से पहुँचते देख रहा हूँ। अब आप लोग अनध्याय का अनुरोध लेकर आए हैं।"

"पर आर्य कुलपते..." एक छात्र ने कुछ कहना चाहा, पर कुलपति अपनी बात कहने का मन बना चुके थे। उन्होंने बिना रुके कहा, "आर्य श्यावाश्व विचारक हैं, विद्वान् हैं, दायित्ववान् हैं। वे तीन महीने की समय-सीमा बाँधकर मुझसे आज्ञा लेकर प्रवास पर गए हैं। वे इतने विचारक हैं कि उन्हें अपने गंतव्य के लिए प्रवास पर जाने से रोकना कुछ उचित नहीं लगा। आप धैर्य रखिए। तीन माह पूरे होते ही वे लौट आएँगे। वे नहीं बता गए कि कहाँ जा रहे हैं। इसका एक ही अर्थ है कि वे विशिष्ट उद्देश्य से कहीं गए हैं और जब लौटेंगे तो विचारों और अनुभूतियों की प्रचुर समृद्धि लेकर लौटेंगे और आकर हमें समृद्धतर बनाएँगे।"

अर्चनाना ने पाया कि उनके कथन का प्रभाव ठीक पड़ रहा है। इसलिए वे बोलते जा रहे थे, "प्रिय छात्रो और छात्राओ! सोचो तो, जब आर्य श्यावाश्व तीन मास की

अवधि का अपना प्रवास पूरा करने के बाद आश्रम वापस लौटेंगे तो उन्हें कैसे आश्रम में लौटना चाहिए? क्या वे ऐसे आश्रम में लौटें, जहाँ सब ओर अव्यवस्था का साम्राज्य फैला हुआ है? सरोवर के जल में दुर्गंध आ चुकी हो, उसके किनारों पर काई जमी हो, स्थान-स्थान पर गंदगी के ढेर लगे हों? सभी आश्रमवासी प्रात:सवन में विलंब से आ रहे हों या नहीं ही आ रहे हों? छात्रों ने अपने विद्याकुल में स्वाध्याय से अवकाश ले रखा हो? या कि उन्हें ऐसे आश्रम में आना चाहिए, जहाँ सबकुछ व्यवस्थित हो और आश्रमवासी सार्थक और प्रफुल्लित जीवन जी रहे हों?"

अर्चनाना के कथन का बहुत ही अच्छा प्रभाव पड़ा। उनमें से एक छात्रा बोली, "आर्य कुलपते, हम आपसे क्षमा चाहते हैं। आर्य श्यावाश्व जब आश्रम वापस लौटेंगे तो उससे भी श्रेष्ठतर जीवन यहाँ पाएँगे, जैसा कि तब था, जब वे अनिश्चित प्रवास पर गए थे।"

"आचार्यवर, आज अभी से हम आर्या ऊर्म्या के साथ सभी व्यवस्थाएँ ठीक करने में व्यस्त हो जाते हैं।" एक अन्य छात्र ने कहा, "अब से आप देखेंगे आर्य कि सभी आश्रमवासी समय पर प्रात:-सवन में पहुँचते हैं, सभी छात्र-छात्राएँ नियमित स्वाध्याय में प्रवृत्त होते हैं और आश्रम में चारों ओर व्यवस्था, स्वच्छता और सौंदर्य का साम्राज्य है।" अर्चनाना प्रसन्न हो गए। मन में एक शंका ने अवश्य जन्म ले लिया कि कहीं श्यावाश्व ने अपना प्रवास समय पर पूरा न किया तो इन युवाओं की ऊर्जा को वे कैसे बनाएँ रखेंगे? पर उन्हें अपने विचारक पुत्र की गंभीरता और दायित्वबोध पर पूरा भरोसा था और वे यह मानकर चल रहे थे कि तीन माह की अवधि पूरी होते न होते श्यावाश्व आश्रम लौट आएँगे। इसी भरोसे को मन में रखकर वे बोले, "विद्याकुल के प्रकाशमान दीपको! आज मैं तुम्हारा अनध्याय कर रहा हूँ। इसलिए नहीं कि पिछले कुछ दिनों की उदासी और निष्क्रियता के कारण जो शिथिलता आश्रम में आ गई है, उसे आज ही आप सब ठीक कर दें। आज मैं आपको स्वाध्याय से अवकाश इसलिए दे रहा हूँ, ताकि इसका उपयोग आप आश्रम के सरोवर को स्वच्छ करने में करें, अतिथिशाला को पुन: व्यवस्थित करने में लगें, आश्रम में बनी प्रत्येक पर्णकुटी में जाकर सभी आश्रमवासियों से कल से ही प्रात:सवन में नियमित आने का आग्रह करें और पूरे आश्रम के मार्गों और वीथियों को पूरी तरह साफ-सुथरा कर दें।"

अर्चनाना के कथन का जादू का सा प्रभाव पड़ा। उनके कहने के तत्काल बाद ही विद्याकुल के सभी छात्र और छात्राएँ आश्रम को फिर से व्यवस्थित करने में लग गए। सभी के मन में यह बात जैसे घर कर गई कि आर्य श्यावाश्व किसी विशिष्ट उद्देश्य की प्राप्ति के लिए अज्ञातवास पर गए हैं और वे अधिक तेजस्वी बनकर आश्रम लौटेंगे।

छात्रों का उद्‌बोधन कर अर्चनाना अपनी पर्णकुटी लौटे। वे समझ नहीं पा रहे थे कि उन्हें चिंतित होना चाहिए या सब ठीक हो जाएगा, ऐसा मानकर निश्चिंत हो जाना चाहिए। वे निर्णय नहीं कर पा रहे थे। पर कहीं-न-कहीं उनके मन में यह बात गहरे बैठ गई थी कि श्यावाश्व जैसा विराट् व्यक्तित्व दायित्वहीन नहीं हो सकता। इन विचारों के साथ जैसे ही वे अपनी पर्णकुटी के विशाल कक्ष में प्रविष्ट हुए, उन्होंने देखा कि ऊर्म्या और सुभगा के बीच वार्त्तालाप चल रहा है। उनके वार्त्तालाप पर कोई ध्यान न देते हुए वे बोले, "ऊर्म्ये, जैसे-जैसे दिन बीतते जा रहे हैं, मैं तुम्हारी बातों से अधिकाधिक असहमत होता जा रहा हूँ।"

"कौन सी बातें तात?" ऊर्म्या ने पूछा।

"ऊर्म्ये, मैं तुम्हारी उस बात को मान भी लूँ कि श्यावा और पीयूषा के बीच विवाह के प्रस्ताव को लेकर निराशाजनक-जैसा हो गया है, इसलिए कि मेरे पास घटनाओं की ऐसी कोई साक्षी नहीं है कि मैं तुम्हारे निष्कर्ष को गलत सिद्ध कर सकूँ, पर ऊर्म्या, मैं इसके बावजूद यह मानने को तैयार नहीं कि इसके कारण श्यावा जीवन से निराश हो गया है और वह कुछ भी अकरणीय कर सकता है।"

"क्यों आर्य?" फिर से ऊर्म्या ने पूछा।

"इसलिए ऊर्म्या कि रथवीति के यहाँ चार दिन के सोमयाग में और विशेषकर तीन दिन के ज्ञानसत्र में मैं श्यावाश्व को जैसा देख पाया हूँ, उसके बाद मैं उसे एक विराट् व्यक्तित्व माने बिना रह ही नहीं सकता। ऐसा विराट् व्यक्तित्व निराश होने के बावजूद स्वयं को संयत रख सकता है और संयत रहकर महनीय उपलब्धियाँ प्राप्त कर सकता है।"

सुभगा इस तर्क पर मुदित हो गई; बोली, "आर्य, आपकी बात सुनकर तो मुझे ऐसा लगता है कि मेरा पुत्र अपने मन के संस्कार के लिए ही अघोषित अज्ञातवास पर चला गया है। कुछ दिन पूर्व मैंने उसे मंत्रकार होने की प्रेरणा दी थी। आर्य अर्चनाना, मैं तो कहती हूँ कि मेरा श्यावा अपने भीतर के मंत्रकार को जगाने के लिए ही कहीं गया है और जल्दी ही वापस आनेवाला है।"

"इसलिए सुभगे," अर्चनाना ने मानो बात को पूर्णता तक पहुँचाते हुए कहा, "हमें अब सभी कुछ नियति पर छोड़कर निश्चिंत भाव से श्यावा के आने की प्रतीक्षा करनी चाहिए। उसके लौट आने पर हम अपनी यज्ञशाला में एक बड़ा यज्ञ करेंगे।"

आज ऊर्म्या के सहमत होने की बारी थी। वह अर्चनाना और सुभगा के चरणों में प्रणाम कर वहाँ से चल पड़ी। सीधे अपनी पर्णकुटी जाने की बजाय वह थोड़ा आश्रम में टहलकर जाना चाहती थी। तात अर्चनाना ने श्यावाश्व के विराट् व्यक्तित्व का जिन

शब्दों और शैली में वर्णन किया था, उससे वह आश्वस्त हुई। उधर आश्रम में टहलते हुए उसने स्थान-स्थान पर छात्र-छात्राओं को समूहों में बँटकर आश्रम की सभी व्यवस्थाओं को ठीक करते देखा। पूछने पर छात्रों ने वह सब उसे बताया, जो कुलपति अर्चनाना के वक्तव्य से उन्होंने अनुभव किया था। ऊर्म्या प्रसन्न होकर व्यवस्थाओं को ठीक करने में छात्र-छात्राओं की सहायता करने लगी, साथ-ही-साथ सोचती भी जा रही थी, श्यावा वास्तव में महान् हैं, विराट् हैं। मुझे धिक्कार है कि मैं ही उन्हें ठीक से पहचान नहीं पाई। मैं उनकी बालसखी होने का दंभ तो भरती हूँ, पर जितना आर्या सुभगा और आर्य अर्चनाना ने उन्हें समझा है, मैं उन्हें उस तरह से कहाँ समझ पाई हूँ! यदि पीयूषा के दुर्व्यवहार के कारण निराशा मिली है और उनका हृदय शीर्ण हुआ है तो मैं श्यावा को सँभालूँगी। इतना विराट् व्यक्ति इस तरह नष्ट नहीं होना भाहिए। मैं उनसे अवसर मिलने पर अपना प्रणय निवेदन कर दूँगी और दिव्य प्रेरणाएँ देकर श्यावा को उन शिखरों तक पहुँचा दूँगी, जिसके लिए उनका इस धरा पर जन्म हुआ है। श्यावा को मंत्रकार बनना ही है और मैं स्वयं को नष्ट करने का मूल्य चुकाकर भी श्यावा की प्रतिभा को अभिव्यक्त होने की परिस्थितियाँ बनाकर रहूँगी।

पच्चीस

पाँच दिनों की यात्रा के बाद जब श्यावाश्व प्रयाग पहुँचे तो बहुत थक चुके थे। उनका स्वास्थ्य लगातार खराब हो रहा था। पीयूषा के साथ रहने की इच्छा उन पर इतनी प्रभावी हो चुकी थी कि उसके बिना वे बहुत सूना अनुभव कर रहे थे। पीयूषा के बिना अत्यंत उदास हो चुके उनके मन का प्रभाव उनके शरीर पर पड़ रहा था। उनका शरीर लगातार दुर्बल हो रहा था और थकान बढ़ रही थी। इधर कफ विकार भी हो गया था और उससे श्यावाश्व काफी चिंतित रहने लगे थे। दुर्बलता, थकान, कफ और चिंता को ढोते हुए श्यावाश्व अयोध्या से नीचे दक्षिण की ओर उतरकर धीरे-धीरे रास्ता तय करते हुए प्रयाग पहुँचे थे। मार्ग में वे सोचते रहे थे, 'मन के सृष्टि के नियामक होने के अपने सिद्धांत का सबसे बड़ा प्रमाण तो स्वयं मैं हो गया हूँ। पीयू के निश्छल अनुराग ने मुझे प्रेरणा से इतना परिपूर्ण कर दिया कि मेरे मन में कल्पनाशक्ति और भावुकता का सतत विकास हो रहा है और मैं शब्दों के नाद-सौंदर्य से युक्त मंत्रों की रचना कर पा रहा हूँ। पर पीयू के बिना मन इतना अकेलापन और सूनापन अनुभव करता है कि प्राय: इच्छा होती है कि पीयू कहीं से आ जाए। उसे देखने की तीव्र लालसा से भरा मन उसे कहीं से

प्राप्त नहीं कर पाता और न ही उसकी आवाज कहीं से सुन पाता है तो उसका दुष्प्रभाव मेरे शरीर की दुर्बलता और थकान के रूप में सामने आने लगता है। जब यह सब मैं स्वयं अनुभव कर रहा हूँ तो कैसे मान लूँ कि मन के सृष्टि के नियामक होने की मेरी धारणा गलत है?"

मंत्र-रचना के लिए आवश्यक कल्पनाशक्ति का विकास करने के लिए श्यावाश्व ने आश्रम से और अपने विचारों से दूर जाकर कुछ समय के लिए अकेले ही विराट् और असीम प्रकृति की गोद में रहने का निर्णय किया था। वे चाहते तो हिमालय भी जा सकते थे। पर संसार और समाज से इतना दूर पलायन कर जाना उन्हें सहज कविकर्म के प्रतिकूल लगा। इसलिए उनकी इच्छा हुई कि यात्रा पर निकल जाएँ। यात्रा में कहीं पहुँचने का कोई लथ्य तो होना चाहिए था। इसलिए यात्रा से निकलने के बाद ही श्यावाश्व ने प्रयाग जाने का निश्चय किया था और आनुषंगिक रूप से मर्यादा पुरुषोत्तम राम की जन्मस्थली अयोध्या जाना भी तय कर लिया था, चाहे इसके लिए उन्हें थोड़ा घूमकर ही क्यों न जाना पड़े।

प्रयाग पहुँचते ही उन्हें आभास हुआ कि उनकी यात्रा पूर्ण हो गई है और अब उन्हें वास्तव में अपने आश्रम की ओर चल पड़ना चाहिए। आज उन्हें ऐसा अनुभव हुआ कि उन्हें घर से निकले बहुत दिन हो गए हैं और माँ सुभगा उनके बिना बहुत उदास हो रही होंगी, पर उन्हें यह भी विश्वास था कि जब उनकी माँ को उनके मंत्रकार हो जाने का पता चलेगा तो वे हर्ष में विभोर हो जाएँगी। उन्हें याद आ रहा था कि वे ऊर्म्या से बिना कुछ कहे ही आश्रम से चले आए थे और इस बात से वह उनसे रुष्ट भी हो गई होगी।

सोचते-सोचते वे गंगा-यमुना के संगम पर पहुँच गए और प्रकृति की इस छटा पर मुग्ध हो गए कि कैसे एक महती नदी दूसरी महती नदी में मिलकर अपना व्यक्तित्व खो देती है। तो क्या दो बड़े व्यक्तित्वों को मिलकर आगे बढ़ना हो तो उनमें से किसी एक को दूसरे में अपना पूर्ण विलय-समर्पण करना ही होता है? यमुना ने ठीक उसी शैली में अपना व्यक्तित्व गंगा में विलीन कर दिया और प्रयाग के बाद समुद्र में मिल जाने तक बस गंगा-ही-गंगा बाकी बचीं।

संगम पर पहुँचकर वे लगभग दो घंटे वहीं तट पर विचरण करते रहे। फिर गंगा के किनारे-किनारे चलते हुए एक कोस तक पूरब की ओर और आगे चले गए। चलते-चलते थक गए तो गंगा-किनारे बैठकर सोचने लगे—

'नदी के दो किनारों को कौन मिलाता है? एक मूर्खतापूर्ण उत्तर हो सकता है कि नदी के दोनों किनारे सदा एक-दूसरे से अलग रहते हैं। भावुकता से भरा उत्तर हो सकता है कि पानी ही दोनों किनारों को मिलाता है। कुछ लोग भावुकता और मूर्खता को

एक–दूसरे का पर्याय मानकर कहने लगते हैं कि यह प्रश्न ही व्यर्थ है, क्योंकि इसका कोई बुद्धिमत्तापूर्ण उत्तर हो ही नहीं सकता। पर क्या भावुकता और मूर्खता एक–दूसरे के पर्याय होने के अलावा और कुछ नहीं ? ऐसा कैसे हो सकता है भला ? दुर्जनतोष–न्याय से दोनों को पर्यायवाची मान लें, तो भी इतना तो मानना ही होगा कि भावुकता रचनात्मक विकल्प है मूर्खता का और ठीक इसीलिए यदि भावुक हृदय कहता है कि यह पानी ही है, जो नदी के दोनों किनारों को एक साथ कर देता है तो उस कथन को व्यर्थ का कैसे माना जा सकता है ?'

'पीयू को और मुझे किसने मिला दिया ?' उसी प्रश्न की मीमांसा नदी के दो किनारों के संदर्भ में करते हुए श्यावाश्व स्वगत बोलने लगे, 'नित्य अनुभव करता हूँ, इसलिए कह रहा हूँ। समुद्र की बात नहीं कर रहा, क्योंकि उसका दूसरा किनारा आज तक किसी को दिखा नहीं और उसका पानी भी खारा होता है। इसीलिए उसका पानी उसके किसी दूसरे, अदृश्य, परम दूरवर्ती किनारों को मिलाता है या नहीं, इस पर कोई नहीं सोचता। पर थोड़ा सोचें कि यदि नदी में पानी ही न हो तो कैसे उधर का किनारा इधरवाले किनारे से दूर नजर आता है ! तब कहने को जी करता है कि इस नदी के दो किनारे हैं। पर जब पानी भरा रहता है तो कोई नहीं कहता कि नदी का दूसरा किनारा बहुत दूर है। हर कोई बस पानी या पानी से भरी नदी की ही बात करता है।'

श्यावाश्व सोचने लगे, 'जब पीयूषा से उनका विवाह हो जाएगा, तब लोगों को हम दोनों नदी के अलग–अलग किनारे नजर नहीं आएँगे, अपितु पानी से भरी नदी नजर आएँगे। पर विवाह तो समाज की प्रसन्नता और व्यवस्था के लिए होता है। वास्तविक बात तो है अनुराग, स्नेह, लगाव। यदि किनारों को हम मनुष्य मान लें तो स्पष्ट है कि स्नेह, अनुराग और परस्पर सम्मान ही अलग–अलग मनुष्यों को एक रूप कर देते हैं। इसलिए पानी को हम स्नेह या अनुराग के अतिरिक्त और कह भी क्या सकते हैं ?'

श्यावाश्व मूलतः विचारक थे। पीयूषा की प्रेरणा ने उनके भीतर कहीं छिपे बैठे मंत्रकार को भी अभिव्यक्त कर दिया था, जिसके लिए उनकी माँ सुभगा भी उन्हें प्रायः प्रोत्साहित करती रहती थीं। इसलिए वे जहाँ एक अलग कोटि के मंत्रकार के रूप में उभर रहे थे, जो अपने मंत्रों में भाव–सौंदर्य के साथ–साथ नाद–सौंदर्य पर भी उतना, बल्कि उससे भी अधिक बल देता है, वे प्रकृति के साथ अपना तादात्म्य भी भावों और विचारों, इन दोनों स्तरों पर करते रहते। यह कह पाना प्रायः कठिन हो जाता कि वे जो निष्कर्ष पाना चाह रहे हैं, वे उनकी गहरी भावुकता पर आधारित हैं या तर्कों की श्रृंखला पर। गंगा के किनारे एक कोस आगे पूरब की ओर बढ़ जाने के बाद श्यावाश्व वापस संगम लौटे तो उन्होंने वह रात्रि संगम–स्थल पर ही बिताकर अगले दिन प्रातः आश्रम की ओर

वापसी यात्रा का निर्णय लिया, जो यात्रा अयोध्या के गाँव में एक सद्गृहस्थ के घर से प्रयाग की ओर जाने के साथ ही उनके मन में प्रारंभ हो चुकी थी।

रात वे संगम-स्थल पर ही लेट गए। जैसे ही अपने सादे से बिछौने पर लेटे, उन्हें अनुभव हुआ कि वे बहुत दुर्बल हो गए हैं और बहुत थोड़ी यात्रा के बाद ही थक जाते हैं। श्यावाश्व को चिंता होने लगी कि कैसे वे आश्रम तक का लंबा मार्ग तय कर पाएँगे? लेटे-लेटे ही वे इंद्र से शक्ति के लिए प्रार्थना करने लगे। इंद्र शक्ति के प्रतीक हैं तो अपने मन की भूमि पर उनका आधान कर वे अपने शरीर को घर लौटने की शक्ति से संपन्न कर देना चाहते थे। फिर से एक नाद-सौंदर्य का आश्रय उन्होंने लिया और इंद्र की स्तुति में सात मंत्रों के एक सूक्त की रचना उन्होंने मन-ही-मन कर डाली-वहीं लेटे लेटे, ध्यानस्थ होकर। वे इंद्र से आग्रह कर रहे थे कि तुम शची के पति हो, वृत्र के साथ युद्ध में भी तुम मेरे इस स्तोत्र की रक्षा करना—'प्रेदं ब्रह्म वृत्र तूर्येषु आविथ शचीपते!'

अपने जीवन-संग्राम को, जो वे अपने मन की रणभूमि में विचारों और भावनाओं की सहायता से लड़ रहे थे, उसमें सफलता पाने के लिए वे इंद्र के शौर्य को पुकार रहे थे, जिसके युद्ध, श्यावाश्व के अनुसार, स्तोत्रों की रक्षा के लिए हैं— 'सेहानः उग्र पूतनाः अभिद्रुहः शचीपते!'

और इस तरह इंद्र की स्मृति को स्तुति में परिवर्तित कर श्यावाश्व ने सात मंत्र रचे और सूक्त में नाद-सौंदर्य उत्पन्न करने के लिए उन्होंने अपने पिछले दो सूक्तों की तरह उस सूक्त में भी शब्दों की पुनरावृत्ति का प्रचुर आश्रय लिया।

प्रातः उठते ही सबसे पहले श्यावाश्व ने रात्रि-निद्रा से पूर्व मन-ही-मन रचे सूक्त को लिपिबद्ध किया। फिर संगम में स्नान करके उन्होंने सोचा—आज घर की ओर लौटना है। वहाँ माँ, पिताश्री और ऊर्म्या मेरी प्रतीक्षा कर रहे होंगे। माँ तो मेरे बिना बहुत ही उदास हो रही होंगी और पिताश्री असमंजस में होंगे कि यह श्यावा कहाँ चला गया, अब तक लौटा क्यों नहीं? आश्रम की व्यवस्थाएँ सँभालने में उन्हें अधिक परिश्रम करना पड़ रहा होगा, क्योंकि मुझसे रुष्ट ऊर्म्या कई बार पिताश्री को भी डाँट दिया करती होगी। आश्रम लौटूँगा, अपनी सूक्त-रचनाएँ दिखाऊँगा तो उन सभी की उदासी, श्रांति, उद्वेग और रोष को व्यक्त होने का समय ही नहीं मिलेगा और फिर जब पीयू के पास अपने सूक्त भिजवाऊँगा तो वह प्रसन्नता के मारे नृत्य-विभोर हो जाएगी। इतनी सुखद कल्पनाएँ करके श्यावाश्व आत्मविभोर हो गए। वे सोचने लगे कि मेरी छोटी सी सूक्त-यात्रा का भी कैसा विचित्र विकास हुआ है! सबसे पहले कृषक के घर में मेरा मरुद्गणों से भाव-साक्षात्कार हुआ और मेरे हृदय में मंत्र-स्फोट हुआ। फिर अयोध्या में उस सद्गृहस्थ के यहाँ भी रामायण-गान के सौंदर्य ने ही मेरे भीतर इंद्र की स्तुति को जन्म दिया तो रात्रि

गंगा-यमुना संगम के कलकल निनाद ने मुझे इंद्र से बल प्राप्त करने की प्रेरणा प्रदान की और उसे एक सूक्त में रूपायित करवा दिया।'

सहसा श्यावाश्व को रोमांच हो आया। 'क्या प्रकृति में सर्वत्र नाद ही नाद है, शब्द ही शब्द है, संगीत ही संगीत है, कलकल ही कलकल है, क्या उस नाद और शब्द से परिचय पा लेने के बाद ही हम कविकर्म कर पाते हैं, क्या कविकर्म प्रकृति के नाद का ही शब्द-रूपांतर है, तो क्या मन से पूर्व इस सृष्टि में सर्वत्र नाद-ही-नाद था, क्या नाद से मन और मन से सृष्टि का विकास हुआ है, क्या पीयू की आवाज में इसी नाद-सौंदर्य का जादू है?'

श्यावाश्व को लगा कि वे अपनी सृष्टि-संबंधी विचाराधारा में कहीं आगे बढ़ रहे हैं। उनका मन किया कि तुरंत आश्रम पहुँच जाएँ और ऊर्म्या से अपने इस नए अनुभव पर जमकर विचार-विमर्श करें। पर अभी बीच में एक लंबी यात्रा पड़ी थी और उस यात्रा के दौरान ही वे अपनी इस नई विचार-उपलब्धि पर पर्याप्त मनन-निदिध्यासन कर लेना चाहते थे। इससे पूर्व उनके मन में एक विचित्र इच्छा उत्पन्न हुई। सोचने लगे, 'फिर पता नहीं जीवन में कब संगम के दर्शन करने का सौभाग्य मिले! पता नहीं, यह सौभाग्य मिलता भी है या नहीं! सौभाग्य मिला तो पीयू को उन सभी स्थानों पर लाऊँगा, जहाँ उसके द्वारा दी गई मंत्र-प्रेरणा को भावों का विस्फोट और शब्दों का आकार मिला। उसे संगम के इस आकर्षक तट पर लेकर आऊँगा। अब जाना है, वापसी की यात्रा करनी है। पर जाने से पूर्व संगम-यात्रा की अद्‌भुत स्मृति के रूप में एक सूक्त-रचना गंगा-यमुना के ठीक संगम-जल पर बैठकर करने का मन हो रहा है। इस महान् आकर्षण को क्यों न शब्द रूप प्रदान कर दूँ?'

श्यावाश्व ने पत्र-मसीपात्र-लेखनी को उठाया। एक नाववाले से बातचीत की। नाव में बैठे और उसे ठीक संगम के बीचोबीच ले जाकर खड़ा कर देने का अनुरोध किया। नाविक के लिए अनुरोध कोई नया नहीं था। संगम-तट पर आनेवाले प्रायः सभी यात्री ऐसा अनुरोध करते थे। पर नाविक के लिए नया अनुभव यह था कि आज एक ऐसा यात्री उसकी नाव में बैठा था, जिसने संगम पर नाव रुकवाकर कुछ प्रारंभ किया था और लिखता ही जा रहा था। श्यावाश्व ने वहाँ गंगा-यमुना के सम्मिलित जल की शीतलता के मध्य बैठकर इंद्र और अग्नि के सम्मिलित तेजस्वी रूप की स्तुति में सूक्त रचा। जल का अद्‌भुत कलकल स्वर इस बार श्यावाश्व के मंत्रों के नाद-सौंदर्य के साथ अद्‌भुत भाव-सौदर्य के रूप में भी प्रकट हो गया। श्यावाश्व भावावेश में पुकारने लगे, 'हे इंद्राग्नी, आप ही तो हैं यज्ञ के असली ऋत्विज, जो युद्ध में जाकर भी मेरे स्तोत्र को भूल नहीं पाते—

यज्ञस्य हि स्थ ऋत्विजा सस्नी वाजेषु कर्मसु।
इंद्राग्नी तस्य बोधतम्।

हे इंद्राग्नी, तुम्हें कौन जीत पाया? रथ पर एक बार बैठ जाओ तो आप सभी शत्रुओं को मारते हुए निकलते जाते हो, वृत्र को भी कहाँ छोड़ते हो—

तोशासा रथयावाना वृत्रहणापराजिता।
इंद्राग्नी तस्य बोधतम्।

तुम्हारे ही एक प्रशंसक ने तुम्हारे लिए पत्थरों पर पीस-पीसकर यह मद पैदा करनेवाला मधुर पेय तैयार किया है। उसकी स्तुति को सुनो—

इदं वा मदिरं मध्वधुक्षन्नद्रिभिर्नरः।
इंद्राग्नी तस्य बोधतम्।

तो आना मेरे यज्ञ में, जब मैं तुम्हारे लिए सोम का पेय तैयार करूँगा—

जुषेथां यज्ञमिष्टये सुत सोमं सधस्तुती।
इंद्राग्नी आ गतं नरा।

तो आना मेरे सवन में और ग्रहण करना मेरी आहुतियों को, हे इंद्राग्नी—

इमा जुषेथां सवना येभिर्हव्यान्यूहथुः।
इन्द्राग्नी आ गतं नरा॥

मेरे नरश्रेष्ठ देवो, मैंने अपना यह स्तोत्र गायत्री में लिखा है। इसे बस स्वीकार कर लेना, हृदय में बिठा लेना—

इमां गायत्रवर्तनिं जुषेथां सुष्टुतिं मम।
इंद्राग्नी आ गतं नरा।

हे इंद्राग्नी, प्रभात का समय है। देवताओं की पूरी टोली के साथ यदि सोम पीने का मन कर रहा हो तो भी आ जाओ—

प्रातर्यावभिरा गत देवेभिर्जेन्यावसू।
इंद्राग्नी सोमपीतये।

सुनो तो, अत्रियों की संतान मैं श्यावाश्व तुमको सोमपीति के लिए ही तो बुला रहा हूँ। आना जरूर—

श्यावाश्वस्य सुन्वतऽत्रीणां नृणुतं हवमू।
इंद्राग्नी सोमपीतये।

जैसे हर विद्वान् तुम्हें पुकारे बिना नहीं रह पाता, वैसे ही मैं भी पुकार रहा हूँ रक्षा करना—

एवा वामह्व ऊतये यथाहुवन्त मेधिराः।
इन्द्राग्नी सोमपीतये॥

इंद्राग्नी, यह रही मेरी सुंदर वाणी, इसे सुनो और मेरी रक्षा करो—

आहं सरस्वतीवतोरिंद्राग्न्योश्वो शो।
याभ्यां गायत्रमृच्यते।

अपने इस विशिष्ट सूक्त को श्यावाश्व ने वहीं नाव में बैठे-बैठे कई बार गाया। इंद्राग्नी के तेजस्वी रूप की कामना में वे भावमुग्ध हो गए। उनका बारंबार आह्वान कर, अपने सोमरस का उन्हें पान करने को बार-बार कहकर, अपनी रक्षा के लिए पुकार-पुकारकर श्यावाश्व स्वयं ही अपने मंत्रों पर मुग्ध हो गए। बहुत देर तक तो नाविक इस दृश्य का आनंद लेता रहा। अंततः उसने कुछ कहना ही उचित समझा, "आर्य, आज्ञा हो तो नाव किनारे लगा दूँ?"

नाविक से उसी भावावेश में श्यावाश्व बोले, "मेरी नाव तो पीयू ने ही किनारे लगा दी है। ये जो मंत्र तुम सुन रहे हो, यह सब उसी की प्रेरणा का चमत्कार है। इस संगम को छोड़ने का मन ही नहीं कर रहा। एक संगम उस सायंकाल वनविहार में हुआ था। एक संगम आज हुआ है। चलो, अब तो चलो। मुझे अब घर लौट जाना है।"

नाव किनारे आ लगी। श्यावाश्व उतरे। सोचने लगे कि 'जल्दी घर पहुँचूँ; पीयू को अपने मंत्रों का संदेश भेजूँ। पता नहीं, उसके मन की दशा क्या होगी, क्या वैसी ही होगी, जैसी मेरी है, अलग कैसे हो सकती है भला? तो क्या उसका स्वास्थ्य भी मेरे जैसा ही हो रहा होगा? हे इंद्राग्नी, मेरी पीयू की रक्षा करना।'

जो भी थोड़ा-बहुत कपड़ा-लत्ता-झोला था, उसे उठाकर आर्य श्यावाश्व अब आश्रम की ओर चल पड़े। जो श्यावाश्व आश्रम से चले थे, वे जिज्ञासु थे, ज्ञान-पिपासु थे। जो श्यावाश्व आज आश्रम की ओर जा रहे थे, वे कवित्व से परिपूर्ण थे, अपनी रचना पर मुग्ध थे।

छब्बीस

रथवीति का राजप्रासाद। उनका वही व्यक्तिगत अतिथिकक्ष, जिसमें लगभग पाँच महीने पहले हुए ज्ञानसत्र की अंतिम संगोष्ठी के बाद रथवीति, महाराज्ञी और दुहिता पीयूषा, अर्चनाना, श्यावाश्व और शुकनास एक विशेष मंत्रणा के लिए बैठे थे। इसी मंत्रणा में अर्चनाना ने श्यावाश्व और पीयूषा के विवाह का औपचारिक प्रस्ताव रखा था, जिस पर पीयूषा ने श्यावाश्व के साथ एकाकी संवाद के बाद अगले दिन प्रभात में अपनी

प्रतिक्रिया बताने की बात कही थी। उसके बाद क्या हुआ, उसका पता श्यावाश्व और पीयूषा के अलावा और किसी को नहीं था।

आज वही कक्ष था, पर आधे पात्र बदले हुए। रथवीति अपनी महारानी और दुहिता के साथ कक्ष में बैठे तरंत, शशीयसी और उनके सुपुत्र के आने की प्रतीक्षा कर रहे थे। तरंत, विददश्व के पुत्र राजा पुरुमीढ के छोटे भाई थे। शशीयसी, तरंत की पत्नी का नाम था। विददश्व के पुत्र होने के कारण पुरुमीढ और तरंत को वैददश्वि कहा जाता था। पुरुमीढ वैददश्वि भी रथवीति दार्भ्य की तरह एक छोटे से राज्य के राजा थे, जो पड़ोस में ही था। आज जिस मंत्रणा के लिए तरंत वैददश्वि और शशीयसी अपने पुत्र के साथ आ रहे थे, उसमें पुरुमीढ वैददश्वि स्वयं तो साथ नहीं आए थे, पर उनका पूरा आशीर्वाद उस प्रस्ताव को था, जिस पर मंत्रणा होनेवाली थी।

सूचना हुई कि अतिथि आ गए हैं और उनका रथ बाहर द्वार पर है। पत्नी और दुहिता को उसी कक्ष में ठहरने को कहकर रथवीति द्वार की ओर तेजी से गए और थोड़ी देर में अपने साथ अतिथियों को लेकर कक्ष में आ गए।

औपचारिक प्रणाम-अभिवादन आदि के बाद रथवीति दार्भ्य ने ही बात शुरू की, "आर्य तरंत, सहसा इधर पधारने का प्रयोजन बताने की कृपा करें।"

रथवीति बहुत ही सात्त्विक प्रवृत्ति के थे तो तरंत और उसके बड़े भाई पुरुमीढ भी उसी तरह सात्त्विक प्रवृत्ति के थे। वे विद्वानों का सम्मान करनेवाले थे और प्रायः अपने यहाँ ज्ञानसत्रों के आयोजन करवाया करते थे। अभी कुछ दिनों बाद पुरुमीढ को अपने राजप्रासाद में विद्वानों की एक विशिष्ट सभा का आयोजन करना था, जिसमें नए मंत्रकारों की रचनाओं की परीक्षा होनेवाली थी।

"आर्य रथवीति, मैं अपने ज्येष्ठ भ्राता पुरुमीढ वैददश्वि की ओर से दो प्रस्ताव लेकर आया हूँ।"

"आर्य, बताएँ। मैं सावधान होकर सुन रहा हूँ।"

"आर्य रथवीते, अभी आपका धर्मपत्नी शशीयसी और पुत्र तरुष वैददश्वि से परिचय हुआ है। मेरे ज्येष्ठ भ्राता पुरुमीढ का प्रस्ताव है कि तरुष का आपकी दुहिता पीयूषा से विवाह हो जाए तो हमारे दोनों राजकुलों की मैत्री घनिष्ठ संबंध में बदल जाए।"

प्रस्ताव सुनते ही रथवीति और उनकी पत्नी किंकर्तव्यविमूढ़ हो गए। पीयूषा क्षुब्ध हो गई। वह हृदय से श्यावाश्व की पत्नी बन चुकी थी, पर श्यावाश्व का कोई समाचार उसे नहीं मिल पा रहा था और वह उन्हीं की स्मृतियों में खोई रहती थी। पिता रथवीति को श्यावाश्व के प्रस्ताव के परिणाम का कुछ भी पता उसने अब तक नहीं दिया था, इसलिए वे बाद की घटनाओं से अनभिज्ञ थे। इधर चूँकि पीयूषा को वे निरंतर अस्वस्थ

देख रहे थे और प्राय: उसे तापज्वर भी हो जाया करता था, इसलिए वे कुछ निश्चय नहीं कर पा रहे थे कि वे अपनी दुहिता से इन नए प्रस्तावों के बारे में क्या कहें? चूँकि वे नीति-कुशल थे, इसलिए परिस्थितियों को सँभालने में उन्हें कोई समस्या नहीं आई। बोले, "आर्य तरंत, आर्य पुरुमीढ को मेरा प्रणाम कहिए और उनके पास मेरा यह निवेदन पहुँचा दीजिए कि इन दिनों दुहिता पीयूषा का मन कुछ ठीक नहीं है और शरीर भी अस्वस्थ रहता है। इसलिए मेरी इच्छा है कि इतने महत्त्वपूर्ण विषय पर उसकी स्वीकृति आदि के बारे में तभी पूछा जाए, जब वह पूर्ण स्वस्थ हो। आप कृपा करके उनके दूसरे प्रस्ताव के बारे में बताइए।"

तरुष को आभास हो गया कि रथवीति दार्भ्य ने प्रकारांतर से प्रस्ताव को अस्वीकार कर दिया है। यद्यपि पीयूषा वहीं इस मंत्रणा में बैठी थी, पर उसे भी अन्यमनस्क देखकर तरुष को अपनी धारणा पर विश्वास-जैसा हो गया कि बात बनी नहीं है।

तरंत भी बुद्धिमान थे। स्थिति को समझ रहे थे। इस प्रस्ताव को वहीं छोड़ वे बोले, "आपका कथन उचित ही है आर्य रथवीते! जीवन के गंभीर प्रस्तावों पर स्वस्थ चित्त और स्वस्थ शरीर होकर ही निर्णय करना चाहिए। आर्य, मेरे भ्राता का दूसरा प्रस्ताव यह है कि आगामी सप्ताह, आज से दसवें दिन निर्जला एकादशी के शुभ पर्व के अवसर पर वे एक बृहद ज्ञानसत्र का आयोजन कर रहे हैं, जिसमें नव मंत्रकारों के मंत्रों की परीक्षा होगी। आप सपरिवार वहाँ पधारें।"

"आर्य, बहुत ही शुभ कार्य कर रहे हैं आप। मैं वहाँ अपनी महिषी के साथ आऊँगा। पीयूषा तब तक स्वस्थ हो गई तो उसे भी साथ लाऊँगा, क्योंकि मेरी दुहिता को ऐसे ज्ञानसत्रों में विशेष आनंद आता है।"

"मैं कृतार्थ हुआ।" तरंत बोले, "अब प्रस्थान की अनुमति दीजिए। गच्छाम: पुनर्दर्शनाय।"

मंत्रणा संपन्न हो गई। पीयूषा अपने कक्ष में चली गई। उसे अपने ऊपर बड़ी ग्लानि हो रही थी। वह श्यावाश्व की हो चुकी थी और श्यावाश्व उसके हो चुके थे। पर मंत्रकार होने के प्रेरणा-बंधन में बाँधकर उसने श्यावाश्व जैसे श्रेष्ठ विचारक को क्यों अपने से दूर होने दिया? ज्येष्ठ का शुक्ल पक्ष प्रारंभ हो चुका है और ग्रीष्म काफी बढ़ गया है। इस ग्रीष्म में पीयूषा के मन का संताप भी निरंतर बढ़ रहा है। वह बहुत दुर्बल हो गई है। उसका चेहरा पीला पड़ गया है। प्राय: उसे तापज्वर रहता है, जिसकी कोई औषध भिषग के पास भी नहीं है। सोचते-सोचते मध्याह्न हो गया। वह अपने कक्ष में बैठी गवाक्ष में से बाहर उद्यान के दृश्य देख रही थी। गरमी के मारे वायुमंडल में धूल सी छा गई थी और पेड़-पत्ते अपनी स्वाभाविक चमक खो चुके थे। पक्षी पानी की तलाश में इधर-उधर

बेचैन निगाहों से देख रहे थे। उसने देखा कि एक चिड़िया बहुत ही बेचैन होकर इधर-उधर फुदक रही है। उसकी चोंच खुली हुई है। स्पष्ट था कि पानी के अभाव में चिड़िया व्याकुल हो रही थी।

पीयूषा को अपनी हालत उस चिड़िया जैसी नजर आई, जो अपनी चोंच खोले उस पानी की तलाश में भटक रही थी, जो आसपास कहीं था नहीं। सोचने लगी, 'कैसे यह चिड़िया पानी की लालसा में अपनी चोंच निरंतर खोले है! इसे पानी नहीं मिल रहा। थोड़ा उड़ती है और हाँफने लग जाती है। हे प्रभु, जिसके बिना प्राण निकल रहे हों, श्वास तक लेने में कष्ट हो रहा हो, उसको न पाकर प्राणी की हालत क्या हो जाती है?'

पीयूषा एकदम चिड़िया में मगन हो गई! उसे भी तो श्यावाश्व की खोज है और श्यावाश्व उसे मिल नहीं रहे हैं। वह उसी चिड़िया से बातें करने लगी—

'अरी ओ चिड़िया, जब पानी मूसलधार बरस रहा था तो तूने उसे बटोर क्यों नहीं लिया? क्यों नहीं उसे किसी घट या दूसरे पात्र में सँजो लिया? तब तो तू अपने को उस पानी से बचाने से लिए अपने बनाए तिनकों के घोंसले में जाकर दुबक गई थी। जब पानी कम हो गया तो तू जाकर उसमें नहाने लगी, पंख फड़फड़ाने लगी, थोड़ी सी खुशी में पागल होती रही और अब, जब पानी नहीं है, कहीं चला गया है तो पानी के अभाव में व्याकुल हो रही है, प्यासी भटक रही है और अपनी चोंच खोले इधर-उधर उड़ रही है। अब कर प्रतीक्षा आषाढ़ और श्रावण की। यदि कहीं अकाल नहीं पड़ गया, मेघ आ गए, बरस पड़े तो पी लेना पानी, नहीं तो प्यास के मारे अपने प्राण छोड़ देना।'

अपने पर चिड़िया का आरोपण कर पीयूषा ने घोर पश्चात्ताप के भाव में स्वगत बोलना शुरू कर दिया—

'जब प्रभु ने छमाछम पानी बरसाया था, सावन-भादो ला दिया था, पावस ला दिया था, हरियाली ला दी थी, गीलापन ला दिया था, नमी ला दी थी, सुंदर ऋतु ला दी थी, विद्युत् की चमक ला दी थी, मेघ का गर्जन ला दिया था, धूप का ताप हटा दिया था, लू की चुभन समाप्त कर दी थी तो मैंने क्या किया? मैं तब इस सबसे दुबककर, डरकर, अपने अहंकार के घोंसले में जा बैठी। थोड़े से पानी में पंखों को भिगोकर स्वयं को कृतकृत्य मान लिया और अब ईश्वरीय वरदान के इस समस्त सौंदर्य से वंचित हो जाने के बाद मेरे पास ग्रीष्म के स्वेद कणों के अलावा और क्या बचा है? अनंत पश्चात्ताप ही तो!'

अचानक पीयूषा उठी। उसकी आँखों से अश्रुधारा बह रही थी। वह अंत:कक्ष में गई। एक पात्र में पानी भरा और बाहर जाकर उद्यान में रख आई। फिर कक्ष में आकर गवाक्ष में से देखने लगी—चिड़िया पानी पी रही थी। थोड़ा इधर-उधर उड़कर वह फिर

से पानी पीने आ गई। ऐसा उसने कई बार किया। लगा कि चिड़िया स्वस्थ हो गई है, क्योंकि अब उसकी चोंच व्याकुलता में खुली नहीं थी। पीयूषा ने यह सब देखकर एक लंबी साँस लेते हुए कहा, "श्यावाश्व।"

सत्ताईस

"माँ!" पर्णकुटी का अधखुला द्वार खोलकर भीतर विशाल कक्ष में प्रवेश करते हुए श्यावाश्व ने पुकारा। सुभगा तो आवाज सुनकर जैसे पागल ही हो उठी। उसका श्यावा प्रवास से लौट आया था। वह द्वार की ओर दौड़ी चली गईं। श्यावाश्व चरणों को स्पर्श करने के लिए झुके तो सुभगा ने उन्हें लपककर अपनी बाँहों में भर लिया। आँखों से आँसुओं की अविराम धारा बह रही थी। गला रुँध गया था। पता नहीं क्या-क्या बोलना चाह रही थी, पर शब्दों ने साथ छोड़ दिया और केवल भावनाएँ साथ रह गई थीं। पता नहीं, कितनी देर अश्रुपूरित आँखों से अपलक श्यावाश्व के चेहरे पर दृष्टि टिकाए देखती रहीं। जब बोले बिना नहीं रह सकीं तो इतना ही बोल पाईं, "अरे, तू तो आधा रह गया है। कहाँ चला गया था? आगे से ऐसा नहीं करना।"

"नहीं करूँगा, माँ! इतने लंबे प्रवास पर गया तो पता चला कि माँ से बिछुड़ना क्या होता है।"

"पर तू गया कहाँ था और क्यों गया था?

"बताऊँगा, सब बताऊँगा माँ!" श्यावाश्व बोले, "मैं अभी ठीक नहीं हूँ। बहुत दुर्बलता आ गई है। थोड़ा चलता हूँ तो थक जाता हूँ।"

सुभगा लपककर कुटी के बाहर गई। एक ऋषिकुमार से कहा, "जाओ, श्यावा की पर्णकुटी में से लंबी आसंदी लाकर यहाँ बाहर बरामदे में रख दो और सबसे कहो कि श्यावा आ गया है।"

ऋषिकुमार यही कोई बारह-तेरह वर्ष का रहा होगा, पर श्यावाश्व को केंद्र में रखकर पिछले दिनों से आश्रम में जो भी कुछ चल रहा था, उसे कुछ-कुछ समझता था। एक ही दौड़ में वह लंबी आसंदी रख गया और पूरे आश्रम में चिल्लाता हुआ हर मार्ग और वीथी पर दौड़ लगाता कहने लगा, "आर्य श्यावाश्व आ गए! आर्य श्यावाश्व आ गए!"

आश्रम के लिए इतना संदेश पर्याप्त था। थोड़ी ही देर में लगभग पूरा आश्रम अर्चनाना की पर्णकुटी के परिसर में आ उपस्थित हुआ। लोगों ने देखा, श्यावाश्व पर्णकुटी

के बाहरवाले बरामदे में लंबी आसंदी पर पीठ टिकाए अधलेटे से लंबे होकर बैठे हैं। वे काफी दुर्बल हो गए थे। उनका चेहरा पीला पड़ गया था और उस पर थकान के चिह्न साफ दिखाई दे रहे थे। बीच-बीच में तो वे थोड़ा खाँस भी रहे थे, जिससे लोगों ने अनुमान लगा लिया कि उन्हें कफ विकार हो गया है, पर वे लगातार मुसकरा रहे थे और उनके व्यक्तित्व में इस दुर्बलता, पांडुता और थकान के बावजूद वैराट्य का समावेश हो गया था।

"आर्य, आप प्रभात से चले होंगे और अब अपराह्न हो गया है। थक गए होंगे। तो भी कुछ पूछे बिना मन नहीं मान रहा।" पर्णकुटी के परिसर में आ जुटी भीड़ में से एक छात्रा ने कहा।

"अरे पूछो न! तुम लोगों से ही तो बातें करने को तरस गया था मैं। पूछो, पर थोड़ा ध्यान से सुनेंगे, तभी मेरा कहा समझ में आएगा। मेरा ऊँचा बोलने का मन नहीं कर रहा।" धीमे से बोलते हुए श्यावाश्व ने कहा।

इससे पहले कि बातचीत का क्रम प्रारंभ होता, सभी ने देखा कि कुलपति अर्चनाना, आर्य शुकनास और आर्या ऊर्म्या पर्णकुटी में प्रवेश कर रहे हैं। श्यावाश्व ने उठकर पिता और तात के पैर छुए तो आँखों में आँसू भरकर अर्चनाना ने श्यावाश्व को गले से लगा लिया। बोले, "यह लो अपना आश्रम और सँभाल लो इसे भी, मुझे भी और इस गुस्सैल ऊर्म्या को भी। तुम्हारे पीछे न तो आश्रम मुझसे सँभल रहा था, न यह ऊर्म्या नियंत्रण में आ रही थी और न मैं स्वयं को स्वस्थ रख पा रहा था।"

"क्यों पिताश्री, इस ऊर्म्या को क्या हुआ?"

"यह तो यही तुम्हें बताएगी।"

"पर पिताश्री, मैं तो देख रहा हूँ कि आश्रम पहले की अपेक्षा कहीं अधिक व्यवस्थित और भव्य दिखाई दे रहा है?"

"यह तो सब तुम्हारे आने की तिथि का काल्पनिक भरोसा दिलाकर मैंने सभी को आश्रम ठीक रखने में लगाए रखा। सब पूछते थे कि मैंने तुम्हें कहीं भेज दिया, क्यों जाने दिया, कब आएँगे। श्यावा, यदि तुम एक सप्ताह और न आते तो देखते कि सारा आश्रम अस्त-व्यस्त हो गया है।"

"पर पिताश्री, मैं तो आपसे ढाई-तीन माह में लौट आने की बात कह ही गया था!"

"पर श्यावा", अब सुभगा के बोलने की बारी थी, "तुम यह तो बता ही नहीं गए थे कि कहाँ जा रहे हो; क्यों जा रहे हो। हमने भी नहीं पूछा। इसी अनिश्चय ने तुम्हारे पीछे सारे आश्रम को चिंता से भर दिया।"

"आज तक मेरी समझ में नहीं आया कि जब आपका स्वास्थ्य ठीक नहीं था तो

भी आप क्यों गए और मुझसे चोरी-छिपे जाने का तात्पर्य ?" ऊर्म्या ने उसी गुस्से में पूछा, जैसे उसने कभी अर्चनाना और सुभगा से पूछा था।

"बताऊँगा-बताऊँगा, सबकुछ बताऊँगा।" चेहरे पर अपनी चिर-परिचित मुसकान बिखेरते हुए श्यावाश्व बोले, "मुझे लगता है कि पहले यहाँ आए सभी आश्रमवासियों से थोड़ा आलाप कर लिया जाए।"

"हाँ आर्य, हमारी जिज्ञासाएँ भी वही हैं, जो अभी कुलपति, माँ सुभगा और आर्या ऊर्म्या ने कही हैं।" एक छात्र बोला, "आर्य, अब आप ही संक्षेप में बता दें और उसके बाद विश्राम करें। आप बहुत श्रांत लग रहे हैं।"

"तो सुनो!' श्यावाश्व बोलना शुरू हुए।

इस बीच कुछ छात्रों ने पर्णकुटी के भीतर विशाल कक्ष में रखी आसंदियाँ उठाकर बरामदे में ला दीं, जिन पर अर्चनाना, सुभगा, शुकनास, ऊर्म्या और एक-दो अन्य वरिष्ठ तापस बैठ गए।

"मेरे भीतर पिछले कुछ समय से मंत्र-रचना की प्रेरणा उठ रही थी और माँ सुभगा इसकी साक्षी हैं; पर आश्रम में रहकर मैं भावुकता और कल्पना की इन तरंगों को स्पर्श नहीं कर पा रहा था, जो श्रेष्ठ मंत्र-रचना के लिए अनिवार्य है। इसलिए प्रवास पर चला गया, ताकि प्रकृति के अधिक निकट जाकर इससे तादात्म्य स्थापित कर सकूँ।"

"परंतु आर्य," एक तापसी बोली, "इसके लिए प्रवास के स्थान और अवधि को रहस्य में रखना क्या आवश्यक था?"

"न तो आवश्यक था और न ही मेरा वैसा कोई प्रयास था।" श्यावाश्व बोले। "आर्ये, मैं स्वयं नहीं जानता था कि मुझे कहाँ जाना है और कब लौटकर आना है। इसलिए माँ और पिताश्री से ढाई-तीन माह की बात कह गया था और संयोग से उतने समय में लौट भी आया हूँ।"

"आर्य, सब सुनकर अच्छा लग रहा है।" उसी छात्रा ने कहा, जो सबसे पहले बोली थी, "अब आप अपनी मंत्रसृष्टि के बारे में बताइए और उन स्थानों के बारे में बताइए, जहाँ आपका प्रवास बीता।"

"यह तो बड़ी विस्तृत कथा हो जाएगी। संक्षेप में कहूँ कि मैं मर्यादा पुरुषोत्तम रामचंद्र की अयोध्या नगरी और प्रयाग के गंगा-यमुना संगम तक हो आया हूँ।" सुनकर अर्चनाना के चेहरे पर प्रसन्नता के लक्षण स्पष्ट दिखाई दिए। श्यावाश्व बोल रहे थे, "इस प्रवास-काल में मैंने एक मंत्र मरुद्गणों की स्तुति में रचा है, जो मेरे जीवन की प्रथम मंत्रसृष्टि है। उसके बाद मैंने चार सूक्त रचे हैं—एक अश्विना, दो इंद्र और एक देवतायुग्म इंद्राग्नी की स्तुति में है।"

श्यावाश्व ने जैसे ही यह बताया, पर्णकुटी-परिसर में आए समस्त आश्रमवासी उन्मुक्त हर्ष-निनाद में झूमते हुए खड़े हो गए। माँ सुभगा की आँखों में आँसू आ गए और वे बेटे का सिर चूमने लग गईं। अर्चनाना ने गर्व से भरकर श्यावाश्व के गालों को अपनी हथेलियों से ढाँपकर आँखों में ऐसे झाँका, जैसे उनके पीछे समस्त कल्पनालोक को वे पढ़ लेना चाहते हों। ऊर्म्या तो बस भाव-विभोर हुई खुशी और गर्व से श्यावाश्व को देखे ही जा रही थी।

"आर्य, हमें अपनी प्रथम मंत्रसृष्टि सुनाइए, हम सुने बिना यहाँ से टलनेवाले नहीं हैं।" कुछ छात्र-छात्राओं ने तत्काल कानोकान योजना बनाकर एक वृंदगान के रूप में लय से भरे स्वर में अपनी माँग रख दी।

"वाह, कैसे नहीं सुनाऊँगा! आपको नहीं सुनाऊँगा तो फिर किसको सुनाऊँगा?" श्यावाश्व बोले, "ऊर्म्या, जरा लाना तो वह पत्र, जो वहाँ सबसे ऊपर पड़ा है।"

ऊर्म्या पर्णकुटी के भीतर गई, पत्र उठाकर लाई और श्यावाश्व को दिखाकर फिर चुपचाप पढ़ने लगी। पढ़ चुकी तो बोली "सुनिए, हमारे आर्य श्यावाश्व ने मरुद्गणों की स्तुति में जो पहली मंत्रस्तुति की है, पहले मैं सारा मंत्र पढ़ूँगी, फिर हम सभी लोग मिलकर इसकी एक-एक पंक्ति दोहराएँगे।"

ऊर्म्या ने मंत्र पढ़ा—

य ई वहन्त आशुभिः,
पिबन्तो मदिरं मधु
अत्र श्रवांसि दधिरे।

आश्रम-समुदाय फिर एक बार उन्मुक्त हर्ष से झूम उठा। अर्चनाना को तो जैसे मंत्र याद ही हो गया और वे उसे बार-बार प्रसन्नता और गर्व से बुदबुदाने-गुनगुनाने लगे। सुभगा के चेहरे पर विलक्षण तृप्ति का भाव था और वह सहसा बरामदे से नीचे उतरकर परिसर में जुटे आश्रमवासियों के बीच जा खड़ी हुई और उपस्थित लोगों के साथ मिलकर जोर-जोर से मंत्र को दोहराने लगी।

श्यावाश्व की मंत्रसृष्टि की आश्रमवासियों द्वारा जब इस तरह उल्लास से संस्तुति हो रही थी, सभी लोगों ने देखा कि दूर क्षितिज पर धूल उड़ती नजर आ रही है। फिर रथों की ध्वनियाँ सुनाई देने लगीं और सबने देखा कि कुछ रथ आश्रम के द्वार पर आकर रुके हैं। रथों में से कुछ राजन्य श्रेणी के लोग उतरकर कुलपति अर्चनाना की पर्णकुटी की ओर आते दिखाई दिए।

बरामदे में बैठे कुलपति, श्यावाश्व और शुकनास अपनी-अपनी आसंदियों पर खड़े हो गए। राजन्य-गण वहाँ आ पहुँचे। उनमें से एक ने कहा—

"यदि मैं गलती नहीं कर रहा हूँ तो कुलपति अर्चनाना और आर्य श्यावाश्व के समक्ष खड़ा हूँ।"

"हाँ आर्य।" ऊर्म्या ने उत्तर दिया।

"आर्य कुलपते, मैं विददश्व-पुत्र पुरुमीढ का कनिष्ठ भ्राता तरंत आपके चरणों में प्रणाम निवेदन करता हूँ।"

"शुभं भूयात्!" कुलपति बोले, "कैसे हैं राजा पुरुमीढ वैददश्वि? राज्य में सब कुशल-मंगल तो है?"

"आपके अनुग्रह से सब कुशल है आर्य कुलपते।" तरंत बोले, "मेरे साथ मेरी धर्मपत्नी शशीयसी और मेरे पुत्र तरुष हैं।" तरंत ने परिचय कराया और सभी ने परस्पर अभिवादन इत्यादि किया।

"आर्य तरंत, इस तरह सहसा आने का कोई शुभ प्रयोजन ही है, ऐसा मैं मानता हूँ।" अर्चनाना बोले।

इस बीच कुछ छात्रों ने पर्णकुटी के विशाल कक्ष में पड़ी शेष आसंदियाँ भी वहाँ बरामदे में रख दीं और सभी बैठ गए। उत्सुक आश्रमवासी इस सब का प्रयोजन जानने को उतावले हो रहे थे।

"आर्य कुलपते, आर्य श्यावाश्व। महाराज पुरुमीढ की ओर से एक निवेदन लेकर आया हूँ।" तरंत ने बोलना शुरू किया, "आज से दसवें दिन निर्जला एकादशी के शुभ अवसर पर राजा पुरुमीढ ने एक विशिष्ट ज्ञानसत्र का आयोजन किया है, जहाँ देश-देशांत से आए उद्‍भट विद्वान् नवमंत्रकारों की मंत्र-रचनाओं की गुणवत्ता की परीक्षा करेंगे। आपसे इस सत्र में आने का निवेदन है।"

यह सुनना था कि सभी की दृष्टि श्यावाश्व पर जा टिकी। श्यावाश्व मुसकराने लगे। तरंत को थोड़ा आश्चर्य हुआ और अर्चनाना ने यह भाँप लिया। बोले, "आर्य तरंत, यहाँ के वातावरण को देखकर आपको जो आश्चर्य हो रहा है, वह स्वाभाविक ही है और अभी मैं उसका निवारण किए देता हूँ। पर सबसे प्रथम मैं आप दोनों भाइयों का अभिनंदन करना चाहता हूँ कि आपने इस तरह के ज्ञानसत्र का आयोजन करने का निश्चय किया है।"

"मैं धन्य हुआ आर्य!" तरंत बोले।

"अब मैं आपके आश्चर्य का निवारण कर दूँ।" अर्चनाना बोले, "आज ही आर्य श्यावाश्व अस्सी दिनों के प्रवास के बाद आश्रम लौटे हैं, इसलिए हम सब आश्रमवासी इनसे मिलने के लिए इकट्ठे हो गए हैं। यहाँ आकर श्यावाश्व ने हम सभी को हर्ष-विभोर कर देनेवाली सूचना दी है कि अपने प्रवास-काल में इन्होंने चार सूक्तों की रचना की है।

क्या इससे आपके आश्चर्य का निवारण हो जाता है आर्य?"

"निश्चित ही कुलपते! आश्चर्य का तो निवारण हो ही जाता है, पर मेरी प्रसन्नता भी इससे बढ़ जाती है। आर्य श्यावाश्व, क्या विचित्र संयोग है! आज ही मैं अपने ज्येष्ठ भ्राता की ओर से निवेदन लेकर आया हूँ और आज ही आपकी मंत्रसृष्टि की सूचना मिली है। महान् विचारक के रूप में आपकी ख्याति सुनते ही रहे हैं, अब मंत्रकार बनने की हमारी शुभाशंसाएँ ग्रहण करें।"

"आर्य श्यावाश्व, मेरे कथन से कोई अपराध हो गया हो तो क्षमा करें।" तरंत के पुत्र तरुष वैददश्वि बोले, "यह हमारा आग्रह है कि यदि आप अपनी नई मंत्रसृष्टि वहाँ परीक्षा के लिए प्रस्तुत करेंगे तो हमारा आयोजन धन्य हो जाएगा।"

आश्रमवासियों ने हर्षनिनाद करके उस प्रस्ताव को अपनी सहज स्वीकृति प्रदान की।

"आर्य तरुष, मैं आने का प्रयास करूँगा, पर स्वास्थ्य ठीक नहीं है, इसलिए प्रतिश्रुति नहीं कर पा रहा हूँ कि आऊँगा ही।" श्यावाश्व ने कहा।

तरंत ने सहज रूप से बोल दिया, "आर्या पीयूषा का आना भी उनके अस्वस्थ होने के कारण संदिग्ध लग रहा है।"

"कौन आर्या पीयूषा? रथवीति दार्भ्य की दुहिता?" श्यावाश्व ने लगभग चौंकते हुए पूछ लिया तो अर्चनाना और सुभगा भी थोड़ा सतर्क हो गए।

"हाँ आर्य श्यावाश्व।" तरंत बोले, "आज प्रात:काल हम राजा रथवीति दार्भ्य के अतिथिकक्ष में यही निवेदन लेकर गए थे। हमने तो एक प्रस्ताव और भी किया था कि मेरे सुपुत्र तरुष और रथवीति की दुहिता पीयूषा का परस्पर विवाह हो जाए तो दोनों राजकुलों का संबंध और घनिष्ठ हो जाए।"

सुनते ही सुभगा और अर्चनाना को एक धक्का सा लगा, पर ऊर्म्या पूछे बिना नहीं रह सकी और बोली, "आर्य तरंत, प्रस्ताव स्वीकृत हुआ या नहीं?"

"रथवीति दार्भ्य बोले कि इन दिनों दुहिता पीयूषा को तीव्र तापज्वर रहने लगा है। वे स्वस्थ हो जाएँगी तो उनसे पूछकर अंतिम रूप से बताएँगे।"

अर्चनाना इस वार्त्तालाप को आगे बढ़ाने के इच्छुक नहीं थे। बोले, "आर्य तरंत, आप सुबह से निकले हैं, श्रांत होंगे। अब आप अतिथिशाला में जाइए और स्नानादि करिए। फिर भोजन करके रात्रि यहीं आश्रम में व्यतीत करिए।"

"हाँ आर्य!"

सभी अतिथियों को अतिथिशाला ले जाया गया। प्रसन्नता से नाचते-गाते आश्रमवासी अपने-अपने घरों को लौट गए। अर्चनाना और सुभगा पीयूषावाले प्रकरण से

थोड़ा सकपका गए। ऊर्म्या की जिज्ञासा बढ़ गई, पर श्यावाश्व चिंतित हो गए कि इधर पीयू के बिना वे अस्वस्थ है, उधर उनके बिना पीयू को तापज्वर हो रहा है। उन्हें लगा कि जल्दी ही कुछ करना होगा। वे सोचने लगे, 'कैसे करें और क्या करें?'

अट्ठाईस

पिछले छह दिनों से पुरुमीढ वैददश्वि के यहाँ एक अलग प्रकार का ज्ञानसत्र चल रहा है। इसमें युवा कवियों का जमघट लगा हुआ है, जो अपने-अपने मंत्रों को लेकर वहाँ आए हुए हैं और उनके मंत्रों की परीक्षाएँ इस दृष्टि से हो रही हैं कि उन्हें ऋग्वेद के किसी भावी संकलन-विस्तार में सम्मिलित किया जा सकता है या नहीं। इस तरह की समीक्षा करने में निपुण विद्वानों का ऐसा ज्ञानसत्र समय-समय पर राजमहलों और ऋषियों के आश्रमों में होता रहता था और उनमें संकलन-योग्य मंत्रों को प्रामाणिक ढंग से स्वीकार किया जाता था। मंत्र-रचना के हजारों वर्ष के कालखंड में इस तरह के प्रामाणिक मंत्र-सूक्तों को किसी विराट् ज्ञानगोष्ठी में वैदिक संहिताओं का भाग बना दिया जाता था। पुरुमीढ वैददश्वि द्वारा आयोजित इस ज्ञानसत्र में ऋग्वेद-संहिता में आगे जाकर संकलन करने योग्य मंत्रों की परीक्षा चल रही थी। इस परीक्षा का सातवाँ और अंतिम दिन था और आज श्यावाश्व आत्रेय के चार सूक्तों और एक मंत्र की परीक्षा होनी थी। विशाल कक्ष खचाखच भरा हुआ था।

पिछले छह दिनों में इस ज्ञानसत्र ने एक भी कवि के मंत्रों को प्रामाणिक नहीं माना है। एक दर्शक-श्रोता लगभग निराशा के स्वर में कह रहा था, "आज देखें, श्यावाश्व आत्रेय की परीक्षा का क्या परिणाम सामने आता है?"

"सचमुच सभी विद्वान् एक-एक मंत्र की कठोर और निर्मम परीक्षा करते हैं।" दूसरा बोला, "पर मित्र, ऐसा प्रतीत होता है कि श्यावाश्व आत्रेय इस परीक्षा में सफल हो जाएँगे।"

"ऐसा कैसे कह रहे हो?"

"इसलिए मित्र कि श्यावाश्व बहुत बड़े विचारक हैं और मन को सृष्टि का नियामक कारण मानने के अपने सिद्धांत के कारण वे पर्याप्त ख्याति और मान्यता अर्जित कर चुके हैं। फिर वे अत्रि कुल के हैं, जहाँ मंत्रकारों की एक परंपरा रही है।"

"मैं तुमसे इस आधार पर तो सहमत नहीं हो सकता।" पहलेवाला व्यक्ति बोला, "श्यावाश्व विचारक के रूप में मान्यता बेशक पा चुके हैं, पर मंत्रकार होना तो एक

बिल्कुल अलग बात है। हो सकता है कि उसी आधार पर उनकी परीक्षा और भी कड़ी हो!"

तभी विशाल कक्ष में घंटानाद हुआ। कवियों और दर्शकों से खचाखच भरे उस विशाल कक्ष में समीक्षक विद्वानों की सात आसंदियाँ एक ऊँचे मंच पर रखी गई थीं। पूरा विशाल कक्ष दो भागों में विभक्त था। एक भाग मंच जैसा था, जो भूमि से दो हाथ ऊपर था और उस पर सात आसंदियाँ थीं। दक्षिण और वाम पार्श्वों की ओर पड़ी तीन-तीन आसंदियों के मध्य में एक आसंदी थोड़ी ऊँची थी, जिस पर अध्यक्ष को विराजमान होना था। विशाल कक्ष के मंच के नीचे के शेष भाग को फिर से तीन तरह से सजाया गया था। मंच के नीचे दक्षिण पार्श्व में रखी आसंदियों पर विद्वान् यज्ञकार और स्थापित मंत्रकार बैठे थे। उनके सामने मंच के नीचे वामपार्श्व में रखी आसंदियों पर राजा और राजन्य लोग बैठे थे। समीक्षकों की ओर मुँह करके रखी आसंदियों पर परीक्षार्थी मंत्रकार और दर्शकगण बैठे थे।

घंटानाद होते ही सभी अपने-अपने स्थान पर हाथ जोड़ने की मुद्रा में खड़े हो गए। सात विद्वानों के अध्यक्ष-मंडल का मंच के नेपथ्य में से प्रवेश हुआ। उन्होंने प्रणाम का उत्तर प्रणाम से दिया और मंच पर रखी आसंदियों पर बैठ गए। विशाल कक्ष में मौन और स्तब्धता थी। उसे मानो भंग करते हुए अध्यक्ष ने खड़े होकर बोलना प्रारंभ किया, "स्वस्तिश्री विद्वद्गण, राजन्यवृंद, परीक्षार्थीजन एवं दर्शक-समूह। पिछले छह दिनों से हम सभी मिलकर मंत्रकार कवियों की परीक्षा ले रहे हैं। यह परीक्षा कविकर्म को रोकने के लिए नहीं, अपितु समाज की बौद्धिक प्रतिभा और कल्पनाशीलता को प्रखरतर बनाने के लिए होती है। परीक्षा सार्वजनिक और कड़ी होती है, इसलिए उतनी ही प्रामाणिक भी होती है। खेद का विषय है कि पिछले छह दिनों से इस ज्ञानसत्र में एक भी मंत्रकार के मंत्रों को ऋग्वेद संहिता में संकलन के स्तर का नहीं माना गया, पर इसके बावजूद सभी परीक्षार्थियों ने अपना आकलन धैर्य और सम्मानपूर्वक स्वीकार किया है, इसका हम सबको हर्ष होना चाहिए।"

विशाल कक्ष में हर्षनाद हुआ।

"आज, परीक्षा का अंतिम दिन है और एक ही परीक्षार्थी हमारे सम्मुख है।" अध्यक्ष का वक्तव्य चल रहा था, "आज के परीक्षार्थी हैं श्यावाश्व आत्रेय, जो महान् अत्रि ऋषि के प्रपौत्र और कुलपति अर्चनाना के पुत्र हैं। मेरा उनसे आग्रह है कि वे अपने उन चारों सूक्तों एवं मंत्र को परीक्षा के लिए इस ज्ञानसत्र में प्रस्तुत करें, जिनकी रचना उन्होंने पिछले तीन महीनों में की है।"

विशाल कक्ष में सन्नाटा छा गया। उत्सुक नेत्र श्यावाश्व को देखने को उतावले हो

रहे थे, पर नाम पुकारे जाने पर श्यावाश्व के स्थान पर एक नारी-आकृति अपने स्थान पर खड़ी हो गई और बोली, "सभापते अध्यक्ष, मैं ऊर्म्या हूँ और कुलपति अर्चनाना के बालसखा आर्य शुकनास की दुहिता हूँ। आर्य श्यावाश्व अपने पिछले तीन महीनों के प्रवास के कारण अतीव अस्वस्थ हैं और उनका यहाँ आ पाना संभव नहीं था। मैं उनकी बालसखी हूँ और उनके सूक्तों और एक मंत्र को परीक्षा के लिए मैं ही प्रस्तुत करूँगी। आपकी अनुमति की प्रतीक्षा है।"

विशाल कक्ष में थोड़ा फुसफुस हुई। अध्यक्ष ने विद्वानोंवाले पार्श्व में एक आसंदी पर विराजमान अर्चनाना की ओर देखकर कहा, "आर्य कुलपते, अर्चनाना, आपकी सम्मति चाहता हूँ।"

"आर्य सभापते," अर्चनाना अपने स्थान पर खड़े हो गए और करबद्ध होकर बोले, "ऊर्म्या का कथन शत-प्रतिशत प्रामाणिक है और वह श्यावाश्व की प्रतिनिधि बनकर मेरे साथ यहाँ आई है।"

अध्यक्ष ने अनुमति दे दी।

ऊर्म्या ने प्रसन्न होकर प्रणाम किया और आभार व्यक्त किया। उसके बाद पूरा समय लेकर उसने श्यावाश्व के वे चारों सूक्त गाकर पढ़े, जो उन्होंने क्रमश: कृषक के घर, अयोध्या के एक सद्गृहस्थ के यहाँ, प्रयाग में संगम-तट पर और प्रयाग में ही संगम की धारा पर नाव में बैठकर रचे थे। इसके बाद उसने प्रत्येक सूक्त के पीछे की उन भावभूमियों का विवरण दिया, जैसा संकेत-रूप में श्यावाश्व ने बताया था और जिनमें पीयूषा के प्रभाव को श्यावाश्व ने ज्ञानसत्र के लिए अनावश्यक मानकर ऊर्म्या को नहीं बताया था। सुनकर अध्यक्ष उठे। उनके चेहरे पर प्रसन्नता झलक रही थी; उसे छिपाते हुए निष्पक्ष निर्णायक की शैली में वे बोले, "आर्य श्यावाश्व के चारों सूक्त समीक्षकों, विद्वानों, राजन्यों, परीक्षार्थियों और दर्शकों की परीक्षा के लिए प्रस्तुत हैं।"

सहसा विशाल कक्ष में कोलाहल और खुसरपुसर होने लगी। बीच में छोटी-मोटी झड़पें होतीं भी नजर आईं। उधर अर्चनाना के चेहरे पर चिंता और अनिश्चितता के भाव आ-जा रहे थे।

थोड़ी देर में एक राजन्य खड़े हुए और बोले, "एक ही बार में सुनने पर आर्य श्यावाश्व के सूक्त मन और मस्तिष्क पर तीव्र प्रभाव डालते हैं। परंतु सभापते, इनमें से प्रत्येक सूक्त के हर मंत्र में नई वाक्य-रचना एक-एक चरण में ही प्राय: है और शेष चरणों में पुनरुक्ति मात्र है। मैं निर्णय नहीं कर पा रहा हूँ कि इसे दोष मानूँ या गुण।"

समीक्षा में भागीदारी करने की बारी अब एक परीक्षार्थी की थी; बोले, "अध्यक्ष सभापते, यह सभा मेरे सूक्तों को संकलन के अयोग्य सिद्ध कर चुकी है, पर इससे कोई

अंतर नहीं पड़ता। मेरा प्रस्ताव है कि आर्य श्यावाश्व के सूक्तों को मान्यता प्रदान की जाए और इसके लिए मेरे पास कहने को ठोस तर्क हैं।"

"तर्क बताया जाए।" सभा में से एक पुरुष-स्वर उठा।

"मित्रो, तर्क यह है कि आर्य श्यावाश्व एक प्रख्यात विचारक हैं, अपने जीवन के चौथे दशक के मध्य में उन्होंने एक गहन भावभूमि पर खड़े होकर मंत्र-रचना की है। विशेष बात यह है कि उन्होंने अपनी इस नवार्जित भावभूमि पर अपनी दार्शनिक चिंतनधारा को प्रभावी नहीं होने दिया और मंत्र नितांत सहज छंद, भाषा और शैली में रचे गए हैं।"

यह सुनकर एक ओर अर्चनाना तो दूसरी ओर ऊर्म्या को श्यावाश्व के अनिश्चित गंतव्य और अनिश्चित कालावधिवाले लंबे प्रवास पर जाने का महत्त्व समझ में आ गया।

"अब मैं अपने प्रस्ताव पर इस सभा और सभापति के निर्णायक विचार जानना चाहता हूँ।" उसी परीक्षार्थी ने बल देकर कहा।

"आर्य," अध्यक्ष बोले, "मेरा अनुरोध है कि अभी परीक्षा चलने दी जाए। अभी ऊर्म्या को बताना है कि अपने चारों सूक्तों में पुनरुक्ति पर आर्य श्यावाश्व को क्या कहना था?"

"अध्यक्ष सभापते!" ऊर्म्या बोली, "इसका समाधान मैं इनमें से दृष्टांत-स्वरूप एक सूक्त पुन: पढ़कर करना चाहती हूँ। मैं इंद्राग्नी की स्तुति में लिखे आर्य के चतुर्थ सूक्त को पढ़ रही हूँ और यदि इस संपूर्ण सभा को इसमें पुनरुक्ति के कारण नाद-सौंदर्य की तीव्र अनुभूति हो तो इस गीर्वर्धन शैली को यह समस्त सभा तुमुल हर्षनाद द्वारा परम स्वीकृति प्रदान करे।"

यह कहकर ऊर्म्या ने 'यज्ञस्य हि स्थ ऋत्विजा' शीर्षक सूक्त पढ़ा और खूब तन्मयता से गा-गाकर पढ़ा। संपूर्ण सभा मंत्रमुग्ध होकर सुन रही थी। ऊर्म्या ने पूरा सूक्त पढ़ लिया तो सभा में सनाटा छा गया। अंतिम चरम को पढ़ने के बाद जैसे ही ऊर्म्या अध्यक्ष को प्रणाम करके अपने स्थान पर बैठी तो पूरी सभा में कर्णमधुर तुमुल हर्षनाद हुआ और देर तक होता रहा। अध्यक्ष की आँखों से हर्ष के आँसू बह निकले। वे बार-बार बोलने के लिए खड़े होते, पर तुमुल हर्षनाद में उनका स्वर बार-बार खो जाता और वे बैठ जाते। अंतत: उन्होंने एक तरीका निकाला। वे अपनी ऊँची आसंदी से उठे और अपने हाथ ऊपर उठाकर काफी देर तक मौन खड़े रहे, बस मुसकराते रहे। इसका प्रभाव पड़ा और सभा भी धीरे-धीरे शांत हो गई तो बोले, "मैं गीर्वर्धन शैली में लिखे इन चारों सूक्तों को प्रामाणिक संकलन में सम्मिलित करने की मान्यता प्रदान करता हूँ। यदि किसी को संदेह हो तो अभी भी कहने का अवसर है।"

चिंतित अर्चनाना और ऊर्म्या ने अपने-अपने स्थान पर बैठकर चारों ओर देखा। कोई विरोधी स्वर नहीं उठा तो अध्यक्ष बोले, "मैं आर्य श्यावाश्व को उनके वृहत् कविकर्म के लिए ऊर्म्या के माध्यम से वर्धापन भेजता हूँ। अब ऊर्म्या से मेरा आग्रह है कि वे ऋषि श्यावाश्व के प्रथम मंत्र को सभा में सुनाएँ।"

ऊर्म्या हर्षविभोर थी। आँसुओं से उसका गला रुँध गया था, पर प्रयासपूर्वक उसने श्यावाश्व की प्रथम मंत्र-सूक्ति को वहाँ गाकर सुनाया—"य ईं वहन्त आशुभि:। पिबन्तो मदिरं मधु। अत्र श्रवांसि दधिरे।"

सारी सभा ने पहले पीछे-पीछे, फिर साथ-साथ गाया, बार-बार गाया और इसी के बीच आर्य तरंत ने घोषणापूर्वक कहना प्रारंभ किया, "अध्यक्ष सभापते और सभी सभासद, मैं तरंत वैददश्वि अपने ज्येष्ठ भ्राता राजा पुरुमीढ वैददश्वि की ओर से ऋषि श्यावाश्व को अनेक स्वर्ण-उपहार, गउएँ और धनधान्य अर्पित करने की घोषणा करता हूँ, जिन्हें शीघ्र ही सम्मानपूर्वक कुलपति अर्चनाना के आश्रम में पहुँचाने स्वयं महाराज जाएँगे।"

ज्ञानसत्र समाप्त हुआ। श्यावाश्व को ऋषित्व की प्राप्ति हुई। पर इसका पता श्यावाश्व और पीयूषा दोनों को होना अभी शेष था। पीयूषा को उसका पता चल जाता, पर रथवीति अंतिम क्षण तक वहाँ आ नहीं पाए थे। इससे अर्चनाना ने स्वयमेव निष्कर्ष निकाल लिया कि पीयूषा का तापज्वर अभी ठीक नहीं हुआ है, पर श्यावाश्व भी कहाँ स्वस्थ थे?

उनतीस

"श्यावाश्व।...ऋषे श्यावाश्व" हर्ष के मारे लड़खड़ाती आवाज में कुलपति अर्चनाना ने सायंकाल अपने आश्रम पहुँचने पर पर्णकुटी के द्वार पर खड़े होकर पुकारा तो उन्हें देखकर आश्चर्य हुआ कि द्वार खुलने के बाद उन्हें श्यावाश्व नहीं, सुभगा दिखाई दीं। सुभगा ने मुँह पर उँगली रखकर चुप रहने का संकेत किया और धीरे से सबको अंदर आने को कहा। अर्चनाना, शुकनास और ऊर्म्या भीतर आ गए और आसंदियों पर बैठ गए। सुभगा धीरे-धीरे बोलना शुरू हुई, "आर्य अर्चनाना, आपकी प्रसन्न पुकार से ही ज्ञात हो रहा है कि पुत्र श्यावाश्व के मंत्रों को मान्यता मिल गई है और उसे ऋषिपद की प्राप्ति हो गई है। परंतु आर्य, आपके जाने के बाद से ही श्यावाश्व फिर अधिकाधिक मौन होते चले गए। उनको सहसा तापज्वर हो गया, जो बढ़ता ही जा रहा

था। आश्रम के भिषग ने औषध दी तो ताप बढ़ने से रुक गया, पर कम नहीं हो रहा है। बीच-बीच में कफ का भी उस पर कुछ-कुछ आक्रमण हो जाता है। अभी श्यावा सोया है और उसे जगाना ठीक नहीं।"

सब श्यावाश्व के कक्ष में गए। वे गहरी नींद में थे। यह देखकर सबको कुछ सांत्वना हुई, पर श्यावाश्व का पांडु चेहरा और पहले से भी अधिक दुर्बल हो गया शरीर देखकर सब उदास हो गए। ऊर्म्या बोली, "माँ, श्यावा को पता नहीं क्या हो गया है, पर मैं उसे इस हालत में अकेला छोड़कर नहीं जा सकती। आपकी अनुमति हो तो पिता शुकनास और मैं आज रात्रि श्यावा की लघु पर्णकुटी में सो लें?"

"मुझे भला इसमें क्या आपत्ति हो सकती है!" सुभगा ने उत्तर दिया, पर कहा, "ऊर्म्ये, तुम और आर्य शुकनास भी तो नौ दिन के प्रवास के बाद श्रांत होंगे। क्यों न तुम दोनों अपनी कुटी में जाकर विश्राम करो। यहाँ आर्य अर्चनाना समेत मैं तो हूँ ही।" "नहीं माँ, मैं तो नहीं जाऊँगी, पिताश्री जाना चाहते हों तो जाएँ। मैं श्यावा को इस दुरवस्था में छोड़कर अपनी पर्णकुटी में नहीं जा सकती।"

ऊर्म्या के आग्रह को देखते हुए शुकनास ने भी वहीं रहने का निर्णय कर लिया। चारों ने अपनी आसंदियाँ उठाकर बाहर बरामदे में रख लीं। बैठते ही सुभगा बोलीं, "मैं अब तक समझ नहीं पा रही हूँ कि श्यावा को किस रोग ने आ घेरा है।"

"भिषग क्या कह रहे थे?" शुकनास ने चिंतित स्वर में पूछा।

"उनका कहना था कि मन पर कोई बोझ है और शरीर पर कुछ ऐसे परिवर्तनों का प्रभाव है, जो सहसा और बहुत निष्ठुर तीव्रता से हुए हैं।"

"तात अर्चनाना!" ऊर्म्या ने जानना चाहा, "क्या मन में होनेवाले परिवर्तनों का प्रभाव हमारे शारीरिक स्वास्थ्य पर भी पड़ता है?"

"हाँ ऊर्म्या, पड़ता है, पर ऐसा तभी होता है, जब मन में होनेवाले परिवर्तन तीव्र और वास्तविक हों।"

"तो श्यावा के बारे में आपका अनुमान क्या है, उसके मन पर क्या घट गया होगा?" सुभगा की भी उत्सुकता जगी।

"सुभगे, मेरा विचार अपना है और हो सकता है कि ऊर्म्या का विचार इससे कुछ भिन्न हो। हमारा श्यावा बाल्यकाल से ही विचारशील व्यक्ति रहा है। यदि मनुष्यों का कोई वर्गीकरण हो तो श्यावाश्व को हम विचारक-वर्ग में रख सकते हैं।"

"मैं सहमत हूँ," शुकनास बोले, "यह इसके एक बड़ा विचारक होने का ही प्रभाव और प्रमाण है कि उसने मन को सृष्टि का नियामक कारण बताकर विचारों के विश्व को एक नई स्थापना दे दी है।"

"हाँ शुकनास, तुम ठीक कह रहे हो। अब हम यह सोचें कि यदि श्यावा विचारों के क्षेत्र में ही अठखेलियाँ करता रहता तो उसका स्वस्थ विकास वैसा ही होता रहता, जैसा कि हो रहा था। पर उसने सहसा अपना मार्ग बदल लिया और वह विचारों के साथ भावना और कल्पना के लोक का स्वामी बन गया। यह परिवर्तन कोई छोटा परिवर्तन नहीं है ऊर्म्या, यह एक बड़ा परिवर्तन है और इसका भारी प्रभाव उसके मन और फिर शरीर पर पड़ा है।"

बीच में श्यावाश्व के खाँसने की आवाज आई। सभी भागकर पर्णकुटी के भीतर चले गए। श्यावाश्व ने मंद स्वर में माँ से पानी माँगा। ऊर्म्या ने पात्र में पानी लाकर दिया तो सुभगा ने उसे सहारा देकर पानी पीने के लिए बिठाया। श्यावाश्व पानी पी रहे थे तो ऊर्म्या कहे बिना रह नहीं सकी, "श्यावा, तुम ऋषि हो गए हो। अब तुम जल्दी स्वस्थ हो जाओ, तुम्हें अभी अनेक सूक्त लिखने हैं।"

सुनकर श्यावाश्व के पीले पड़ चुके दुर्बल, रुग्ण चेहरे पर एक दयनीय मुसकुराहट आ गई, जिसे देख सभी की आँखों में आँसू आ गए। पानी पीकर श्यावाश्व फिर गहरी नींद में सो गए।

सभी लोग बाहर आ गए। सुभगा की आँखों से आँसू बह रहे थे। रुँधी आवाज में वह अर्चनाना से बोली, "आर्य, यदि श्यावा को कुछ हो गया तो मैं कभी अपने को क्षमा नहीं कर पाऊँगी। मैं तो बस अपना प्राणांत कर लूँगी।"

"सुभगे, धैर्य रखो। देखना, श्यावा जल्दी ठीक हो जाएगा। एक बार हमको यह पता चल जाए कि उस पर मंत्र-रचना के लिए किसका ऐसा दबाव पड़ा कि वह रह नहीं सका और भावुकता के कठोर मार्ग पर चल पड़ने को बाध्य हो गया। फिर तो हम सब मिलकर स्थिति सँभाल लेंगे।"

"मुझे भी कुछ ऐसा ही प्रतीत होता है।" ऊर्म्या बोली, "माँ, कल जब मैंने पुरुमीढ वैददश्वि के यहाँ हुए ज्ञानसत्र में श्यावा के सूक्तों को पढ़ा तो एक परीक्षार्थी ने बड़ी ही मार्मिक बात कही।"

इससे पहले कि ऊर्म्या और आगे बोलती, विद्याकुल के छात्र और छात्राएँ वहाँ आ पहुँचे। उनमें से एक छात्रा ने कहा, "कुलपते, सायंकाल हो चुका है। हम सब भोजन के लिए जानेवाले थे, पर पिछले आठ-दस दिनों से आर्य श्यावाश्व को लेकर पूरे आश्रम में घोर चिंता व्याप्त हो गई है। जब से वे प्रवास से लौटे हैं, हम उनसे एक बार भी इच्छानुसार बातें नहीं कर पाए हैं। इसलिए भोजन से पहले मिलने चले आएँ?"

"वत्से, श्यावाश्व तो गहन निद्रा में हैं और यह शुभ लक्षण है, क्योंकि गहन निद्रा से आधा रोग समाप्त हो जाता है। आप लोग कल मध्याह्न में उनसे मिलने आइए।" अर्चनाना बोले।

पर ऊर्म्या इस बार भी रह नहीं पाई। बोली, "और सुनो, कल प्रात:सवन में हम चारों में से संभवत: कोई नहीं आ पाए। इसलिए एक तो प्रात:सवन ठीक व्यवस्था के अनुसार हो जाए, इसकी चिंता करना और प्रात:सवन में यह घोषणा भी कर देना कि आर्य श्यावाश्व को इस बार ज्ञानसत्र में ऋषि पद प्रदान कर दिया गया है।

सुनते ही सभी छात्र-छात्राएँ हर्ष से नाचने लग गए। एक छात्र बोला, "आर्या ऊर्म्या, अब देख लेना, आर्य श्यावाश्व शीघ्र ही स्वस्थ हो जाएँगे। अब हम चलते हैं। कल मध्याह्न वेला में आएँगे।"

सभी छात्र-छात्राएँ चले गए तो सुभगा ने बातचीत के पिछले क्रम की याद दिलाते हुए कहा, "ऊर्म्या, तुम ज्ञानसत्र की बात कर रही थीं कि किसी परीक्षार्थी ने एक बड़ी ही मार्मिक बात कही। वह क्या थी?"

"हाँ," ऊर्म्या ने फिर से बताना प्रारंभ किया, "एक परीक्षार्थी ने कहा कि आर्य श्यावाश्व की ख्याति एक विचारक की रही है, पर जीवन के चौथे दशक के मध्य में आकर भी उन्होंने जो मंत्र-रचना की है, उस पर उन्होंने अपने भीतर के विचारक को प्रभावी नहीं होने दिया है।"

"अर्थात् श्यावा के सभी मंत्र उत्कट भावभूमि पर टिके हैं, विचार-भूमि पर नहीं।" अर्चनाना बोले, "ऊर्म्या, उस परीक्षार्थी ने जैसे ही यह तर्क वहाँ प्रस्तुत किया तो मुझे श्यावा की महानता का एक दूसरा आयाम समझ में आ गया।"

"वह क्या?" सुभगा ने प्रशंसा-मिश्रित आश्चर्य भाव से पूछा।

"वह यह सुभगे, श्यावा ने ठीक ही किया कि वह प्रवास पर आश्रम से बाहर चला गया। वह यदि आश्रम में रहता तो अपनी भावभूमि का वह वैसा साक्षात्कार नहीं कर पाता, जैसा अपने प्रवासकाल में किया।"

"तात, आप ठीक कह रहे हैं।" ऊर्म्या बोली, "उनकी बातें सुनकर भी ऐसा ही लगता है। कैसे उन्होंने कृषक के घर में संगीत-नृत्य के नाद में से मरुद्गणों से तादात्म्य बना लिया, कैसे रामायण-गान सुनकर रात्रि में सोने के बाद प्रभात में उन्होंने इंद्र-स्तुति की, कैसे प्रयाग में गंगा-यमुना संगम ने उन्हें मुग्ध कर दिया। यह सब सुनकर तो यही लगता है कि श्यावा प्रकृति में पूरी तरह रम गए थे।"

"ऊर्म्या, अब तो तुम्हें इस बात का क्रोध नहीं है कि आर्य श्यावाश्व अनिश्चित गंतव्य और अनिश्चित अवधिवाले प्रवास पर क्यों चले गए?" शुकनास ने पूछ ही डाला तो सुभगा भी बोल पड़ी, "और इस बात का भी कि वह क्यों तुमसे बिना मिले ही सहसा प्रवास पर चला गया?"

ऊर्म्या ने संकोच में मुँह नीचे कर लिया तो अर्चनाना को लगा कि अभी ही पूछ

लेना चाहिए कि "और इस बात का भी कि क्यों व्यवस्था-कक्ष में मैंने तुम्हें नहीं बताया कि श्यावा उस विलक्षण शैली के प्रवास पर निकल चुका है और थोड़ा मिथ्या संवाद कर दिया?"

सुभगा को लगा कि थोड़ा विषयांतर कर ऊर्म्या को सहज बनाना चाहिए, बोलीं, "क्या आज भोजन आदि का विचार नहीं है, जो बातें-ही-बातें किए जा रहे हैं सब?"

"नहीं माँ, आज श्यावा इस वार्त्तालाप में नहीं हैं, इसलिए मेरा तो भोजन करने का मन नहीं कर रहा। रात्रि को मेरा मन किया तो मैं थोड़ा दूध पी लूँगी।" ऊर्म्या ने अपने बारे में प्रस्ताव रखा तो सभी ने उसे अपना प्रस्ताव भी बना लिया और बातें फिर होने लगीं। विषय के केंद्र में वही थे—श्यावाश्व।

अचानक जैसे सुभगा को कोई बात याद आ गई हो। बोलीं, "आर्य अर्चनाना, सत्यभाषण करना हो तो मैं यह कहना चाहूँगी कि श्यावा के रोग का कारण मैं ही हूँ।"

"वह कैसे?" तीनों एक साथ बोल पड़े।

"वह ऐसे कि जब आर्य और श्यावा रथवीति के यहाँ जा रहे थे, मैंने उससे बल देकर कहा था कि उसकी प्रतिभा को पूर्ण अभिव्यक्ति तभी मिलेगी, जब वह मंत्रकार बन जाएगा। मुझे लगता है," अपराधबोध की मारी सुभगा बोलती जा रही थीं, "रथवीति के यहाँ पूरा सप्ताह श्यावा के मन पर मेरे कथन का इतना प्रभाव रहा कि मंत्रकार बनने की भावना से पूरी तरह आविष्ट हो गया और आते ही उसने मंत्रकार होने के बारे में तरह-तरह की बातें करनी प्रारंभ कर दीं।"

"और आर्य श्यावाश्व का शरीर तभी से अस्वस्थ रहने लगा।" शुकनास ने अपनी स्मृति पर जोर डालते हुए कहा।

"हाँ, ये सब बातें तो ठीक हैं," अर्चनाना बोले, "पर हम सभी एक अति महत्त्वपूर्ण बात तो भूलते ही जा रहे हैं।"

"वह क्या?" फिर से तीन लोग एक साथ बोल पड़े।

"वह यह कि हममें से किसी-न-किसी को पता करना चाहिए कि पीयूषा और श्यावाश्व का परस्पर एकाकी संवाद हुआ या नहीं और यदि हुआ तो क्या हुआ?"

ऊर्म्या का माथा ठनका। उसे याद आया कि जब आर्य तरंत आश्रम में आए थे तो वे पीयूषा के तापज्वर की बात कर रहे थे। वह बोली, "माँ सुभगे, आपको याद आ रहा है कि आर्य तरंत ने कहा था कि आर्या पीयूषा को तापज्वर है?"

"हाँ ऊर्म्या, याद आ रहा है। आर्य तरंत ने यह भी तो कहा था कि जब उन्होंने तरुष-पीयूषा के विवाह का प्रस्ताव रखा तो रथवीति दार्भ्य ने कहा कि पीयूषा स्वस्थ हो जाए, तब उससे पूछकर कोई निर्णय करेंगे।"

"इसका एक अर्थ यह भी तो हो सकता है," शुकनास ने अपनी ओर से स्थितियों की व्याख्या करनी चाही, "कि पीयूषा ने अपने पिता को श्यावाश्व के साथ विवाह के बारे में कोई अंतिम 'हाँ' या 'ना' न कही हो!"

अर्चनाना सबकी बातें सुनकर किसी निष्कर्ष तक पहुँचने का प्रयास कर रहे थे। काफी देर तक सोचने के बाद वे बोले, "सभी लोग मेरी बात ध्यान से सुनें! श्यावा में जो परिवर्तन आए हैं, पीयूषा के साथ एकाकी संवाद के बाद ही आए हैं। वह परिवर्तन चाहे उसकी भावभूमि का हो या शरीर के स्वास्थ्य का, निराशा का हो या मौन का, ये सभी परिवर्तन श्यावा और पीयूषा के एकाकी संवाद के बाद ही आए हैं। उस संवाद में क्या बातें हुईं, यह श्यावा ने हमें नहीं बताया और लगता यही है कि पीयूषा ने रथवीति को भी नहीं बताया। इधर श्यावा इतना अधिक रुग्ण है, उधर पीयूषा तापज्वर से ग्रस्त है। मुझे विश्वास हो चला है कि जो संकट पैदा हुआ है, उसका समाधान यह जानने से ही हो सकता है कि उस एकाकी संवाद में क्या हुआ।"

"पर पता कैसे चले?" ऊर्म्या ने पूछा।

"ऊर्म्या, यह तुम पूछ रही हो?" सुभगा ने प्यार से डाँटते हुए कहा, "तुम श्यावा की बालसखी हो। उसके मन की थाह समझती हो। तुम्हीं पूछोगी और कल प्रातःकाल ही पूछ लोगी, बल्कि तुम्हें तो अब तक पूछ भी लेना चाहिए था।"

सभी इस बात पर सहमत हुए कि ऊर्म्या कल प्रातः श्यावाश्व को ज्ञानसत्र के परिणामों और उपहार आदि के बारे में पूरी सूचनाएँ देगी और उससे उस एकाकी संवाद के बारे में भी पूछेगी। यह निर्णय कर सभी सोने के लिए चल पड़े। सुभगा सभी के लिए दूध लाने रसोई-कक्ष की ओर चली गई। ऊर्म्या सोच में डूब गई, 'तो क्या इस बार भी मैं अपने श्यावा को अपना प्रणय-निवेदन नहीं कर पाऊँगी?' श्यावाश्व के रोग के कारण पहले से ही उदास ऊर्म्या और ज्यादा उदास हो गई। अपने-आप से पूछने लगी, 'अब क्या करे ऊर्म्या? क्या सदा के लिए अपना विसर्जन कर दे?...तथास्तु!'

तीस

श्यावाश्व को गहन नींद में सोए लगभग सात घंटे होने को थे। अर्धरात्रि का समय हुआ तो उनकी नींद टूटी। वे अपनी शैया से उठ नहीं पा रहे थे। भारी तापज्वर ने उन्हें घेर रखा था। नींद खुली और उनके कानों में चारों ओर पसरी नीरवता का कोलाहल हुआ तो श्यावाश्व ने इधर-उधर देखा-भाला। आसपास कोई नहीं सोया था।

उन्हें लगा कि सभी अपने-अपने कक्षों में जाकर सो चुके हैं।

थोड़ा सचेत हुए तो उन्हें याद आया कि सायंकाल के बाद जब उन्होंने माँ सुभगा से पीने के लिए पानी माँगा था तो ऊर्म्या ने बताया था कि वह ऋषि हो गए हैं। यह याद कर उन्हें अपार संतोष हुआ। उन्हें तुरंत पीयूषा की याद आ गई। मन-ही-मन उससे बातें करने लगे, 'पीयू तो तुम्हारी साध पूरी हुई। तुमने चाहा, मैं मंत्रकार हो गया। तुमने चाहा तो मेरे मंत्रों को ऋग्वेद में संकलन के योग्य मान लिया गया। तुम जीवन में क्या आईं, तुमने मेरे जीवन का मार्ग ही बदल दिया। कहाँ तो मैं सदा विचार-भूमि में विचरण करता रहता था और कहाँ तुमने मुझे भावलोक का निवासी बना दिया, कल्पना-लोक में भेज दिया। इतना उत्तेजित कर दिया कि प्रवास पर भेज दिया, मरुद्‌गणों से साक्षात्कार करवाकर सूक्त-रचना करवा दी। अपने मन और भुजाओं के आलिंगन में ऐसा बाँधा कि मेरी काया और मन का पूरा-का-पूरा कल्प कर दिया।'

अपने मन में ही पीयू से बातें करते-करते श्यावाश्व की आँखें भर आईं, 'मैं नहीं जानता था कि मन से सृष्टि पैदा होने के मेरे सिद्धांत को पीयू इस तरह आचरण में ला देगी। मुझे मंत्रकार बनाने के लिए पीयू ने मेरा वियोग स्वीकार किया और वियोग न सह पाने के कारण तापज्वर से ग्रस्त हो गई, पर मेरी कविता-यात्रा में कोई बाधा नहीं डाली। कितनी समझदार है पीयू!'

समय पंख लगाकर उड़ता गया।…आर्य श्यावाश्व को प्रवास से लौटे आज उन्नीस दिन हो गए। इन दिनों में पीयू के बिना उनका स्वास्थ्य निरंतर खराब होता रहा, पर वे तय नहीं कर पा रहे थे कि कैसे इस संकट से पार पाएँ? पीयूषा के साथ उनका जो एकाकी संवाद हुआ, उसके बारे में जब तक वे या पीयूषा किसी को बताते नहीं, तब तक संकट का समाधान निकलना संभव नहीं है। वे सोचने लगे, 'क्या बताता, किसे बताता, कैसे बताता, क्या यह बताता कि पीयू चाहती है कि पहले मैं मंत्रकार बनूँ, तब हमारा विवाह होगा? पर पीयू ने तो ऐसी कोई शर्त बाँधी नहीं थी। वह तो मन से मेरी पत्नी हो चुकी, वैसे ही जैसे मैं मन से उसका पति। पीयू की आकांक्षा थी कि मैं मंत्रकार बनूँ और मैंने वैसी प्रतिश्रुति कर दी। पीयू को लगा कि तुरंत औपचारिक विवाह हो जाने के बाद संभवत: मेरे भीतर का मंत्रकार उतनी तीव्रता और गहराई से न जग पाए। उसका सोचना ठीक था और मेरे अनिश्चित एकाकी प्रवास ने उसकी उस धारणा को सही सिद्ध कर दिया। तो, अब क्या हो?'

श्यावाश्व ने सोचा, 'एकाकी संवाद का रहस्य खोलने का समय शायद आ चुका है। समय आ चुका है कि मैं पीयू को बताऊँ कि मैंने मंत्रसृष्टि कर ली है। उसे यह भी बताऊँ कि पुरुमीढ के यहाँ हुए ज्ञानसत्र में मेरे सूक्तों को ऋग्वेद में संकलन के

लिए मान्यता मिल चुकी है। पीयू चाहती थी कि मैं अमर मंत्रकार बनूँ और प्रभु ने उस अनुरागमयी की यह इच्छा तो पूरी कर दी। इसलिए उसे तुरंत बताना मेरा कर्तव्य है। उसके स्वास्थ्य का रहस्य इसी सत्य के उद्घाटन में छिपा है।'

'पर कैसे बताऊँ?' श्यावाश्व सोच रहे थे, 'कैसे जाऊँ पीयू के पास? यहाँ तो स्थिति यह है कि शैया से उतरकर एक कदम भी चल पाने में असमर्थ अनुभव कर रहा हूँ। कफ का विकार उत्पन्न हो गया है और अब मुझे तापज्वर भी हो गया है। सब कहते हैं कि मेरा शरीर अति दुर्बल और चेहरा पांडु हो गया है। जब तक पीयू से मिलना नहीं होगा, तब तक न पीयू स्वस्थ होंगी और न मैं स्वस्थ होऊँगा। मिलना तभी होगा, जब उसे बताऊँ कि उसकी स्निग्ध आकांक्षा पूरी हो गई है। कैसे बताऊँ, हे प्रभो, कैसे होगा यह?' श्यावाश्व की समझ में कुछ नहीं आ रहा था। विचित्र उलझन में फँस गए थे वे। सहसा एक विचार कौंधा और वे अपनी मूर्खता पर हँसने लगे कि 'लो, समस्या इतनी सरलता से सुलझ गई और मैं इतना त्रस्त हुआ जा रहा हूँ।'

श्यावाश्व ने निश्चय किया, 'मेरी बालसखी ऊर्म्या इस काम में मेरी सहायता करेगी। इस ऊर्म्या ने ही तो मेरे मन में पीयूषा से मिलने और संवाद करने की इच्छा जगाई थी। अब उसी से कहूँगा कि ऊर्म्ये, तुम्हीं मुझे मेरी पीयू से मिलवाओ। कल प्रातःकाल ही उससे कहता हूँ और कल-ही-कल उसे पीयू के पास भेजता हूँ।'

श्यावाश्व इतने दुर्बल हो गए थे कि उन्हें अब थोड़ा अधिक सोचने पर भी थकान हो जाती थी। उन्हें फिर निद्रा का प्रभाव अपने ऊपर अनुभव होने लगा। वे उतावले हो गए कि बस, सुबह हो और ऊर्म्या से बात हो जाए। ऊर्म्या पीयू के पास जाए और पीयू यहाँ आ जाए। अपने मन की इस अधीरता को सौंप वे बेचैन हो गए और इसी बेचैनी में उन्हें फिर नींद आ गई।

इकतीस

पिछली शाम जो निश्चय हुआ था, उसी के अनुसार ऊर्म्या प्रातःकाल स्नान आदि नित्यकर्म के बाद अर्चनाना की पर्णकुटी में आ गई। देखा कि तात अर्चनाना, माँ सुभगा और पिता शुकनास पहले से ही विशाल कक्ष में उपस्थित थे। सबको प्रणाम करके वह बैठी तो अर्चनाना शुकनास से कहने लगे, "आर्य शुकनास, कल ऊर्म्या ने छात्रों से कह तो दिया था कि प्रातःसवन में हममें से कोई नहीं आ पाएगा और वे स्वयं पूरी व्यवस्था कर लें, पर यदि आप वहाँ चले जाएँगे तो ठीक रहेगा। श्यावा अभी भी

गहरी नींद में है। पता नहीं, रात को भी उसकी नींद खुली या नहीं। संभवतः खुली हो और स्वभाववश उसने हमको जगाया न हो। इसलिए यहाँ तो कोई ऐसी व्यस्तता है नहीं।"

"उचित ही है अर्चनाना। मैं वहाँ उपस्थित हो जाता हूँ। आपका अनुमोदन हो तो प्रातःसवन की पूर्णाहुति के बाद ज्ञानसत्र के परिणामों के बारे में औपचारिक घोषणा भी कर दूँ?"

"ठीक रहेगा।" अर्चनाना का उत्तर सुनकर शुकनास चले गए तो ऊर्म्या बोली, "माँ, क्या करें, श्यावा तो मानो मूर्च्छा जैसी निद्रा में सो रहे हैं। क्या उन्हें जगा दें?"

"मुझे भी लगता है कि जगाना ठीक रहेगा।" अर्चनाना बोले, "श्यावा जागेगा, अर्धस्नान-जैसा कुछ कर लेगा, वस्त्र-परिवर्तन हो जाएगा तो वैसे ही कुछ स्वस्थ दिखने लगेगा। सुभगे, जरा जगाओ तो उसे!"

सुभगा को थोड़ा प्रयास अवश्य करना पड़ा, पर श्यावाश्व जाग गए। वहीं शैया पर लेटे-लेटे उन्होंने माँ के चरण छूकर आशीर्वाद माँगा, "माँ, कल ऊर्म्या बता रही थी कि पुरुमीढ के ज्ञानसत्र में मेरे सूक्तों को मान्यता प्रदान कर दी गई है। मुझे आशीर्वाद दो माँ, कि यह क्रम चलता रहे।"

सुभगा इस बात को आगे नहीं बढ़ाना चाहती थी। उसे भय हो गया था कि उसी के इस कथन पर कि अब श्यावा की प्रतिभा को मंत्र-सृष्टि में प्रकट होना चाहिए, श्यावा दबाव में आ गया था और यह सब हुआ है। इसलिए स्थितियों में सहजता लाने के विचार से बोली, "श्यावा, तुम्हारे लिए सब सरल है, सब सहज है। अभी इन बातों को छोड़ो। बताओ, स्वास्थ्य कैसा है?"

"माँ, कल रात थोड़ी देर के लिए नींद खुली तो थी, पर लगता है कि कल सायंकाल से निरंतर सो ही रहा हूँ। इसलिए कुछ ठीक तो लग रहा है, पर अभी भी माँ का हाथ पकड़े बिना उठ कहाँ पा रहा हूँ?"

सुभगा सुनकर उदास हो गई। श्यावाश्व ने ताड़ लिया। उसी धीमी आवाज में बोले, "माँ, एक बात बताओ, जब मैं शिशु था तो क्या तूने मुझे उँगली पकड़कर चलना, उससे पहले सहारा देकर खड़ा करना, उससे पहले पीठ पर हाथ रखकर बिठाना, उससे पहले कपड़े से पूरे शरीर को कुशलतापूर्वक बाँधकर सोना नहीं सिखाया था?"

"हाँ सिखाया था, तो इससे क्या?"

"इससे यह माँ, कि यदि अब तुम्हें मुझे सहारा देकर बिठाना पड़ रहा है तो इसे भी क्यों नहीं तुम उसी सहजता से ले रहीं?"

सुभगा की आँखों में आँसू आ गए। उलाहने की शैली में बोली, "हर चीज का एक समय होता है श्यावा! कभी माँ बच्चे को सहारा देकर चलाती है तो कभी बच्चा माँ को

सहारा देकर चलाता है। अब तुम्हें मुझे सहारा देने का समय आ रहा है। बस, तू अब जल्दी से स्वस्थ हो जा और ज्यादा बातें न बना। अपने विचारों का कोई प्रभाव डालने की इच्छा हो तो ऊर्म्या पर डाल, मैं उसे भेज रही हूँ।"

"पर माँ, पहले मैं थोड़ा पाद्य-अर्घ्य-आचमनीय कर लूँ।" शरारत में श्यावाश्व ने वही मुसकान बिखेरते हुए कहा, जो उनके कमजोर चेहरे और पांडु शरीर के कारण दयनीय लगने लगी थी।

सुभगा श्यावाश्व को हाथ का सहारा देकर बाहर विशाल कक्ष में ले आई। वहाँ अर्चनाना और ऊर्म्या पहले से ही बैठे थे। श्यावाश्व को देखकर दोनों की बाँछें खिल उठीं। श्यावाश्व ने प्रणाम करना चाहा तो अर्चनाना बोले, "ऋषे श्यावाश्व, आज तो मेरा मन कर रहा है कि मैं तुम्हें प्रणाम करूँ।" श्यावाश्व अपने पिता के कथन का तात्पर्य समझ रहे थे। दुर्बल श्यावाश्व को सहारा देकर आसंदी पर बिठाते हुए बोले, "श्यावा, वत्स, तुमसे बातें किए कितने सप्ताह और महीने हो गए। बस, अब तुम शीघ्रातिशीघ्र स्वस्थ हो जाओ।"

श्यावाश्व आसंदी पर जैसे-तैसे बैठ गए। उतने कदम चलकर ही वे बहुत थक गए। बैठे तो ऊर्म्या बोली, "तात तो कुलपति हैं न श्यावा! वे बाद में तुमसे बातें करेंगे, पर मुझे तो आज और अभी बातें करनी हैं। पहले तुम अर्धस्नान करके वस्त्र बदल लो। फिर तुम अपनी लंबी आसंदी पर बाहर बरामदे में आराम से अधलेटे रहना और मैं तुमसे बातें करती रहूँगी।"

"हाँ ऊर्म्या, मैं भी यही सोच रहा था। बस, थोड़ी देर प्रतीक्षा करो।" कहकर श्यावाश्व ने आँखें बंद कर वहीं थोड़ा आराम किया और फिर वे उठे, पहले की तरह माँ के हाथ का सहारा लेकर। रसोई-कक्ष के पिछवाड़े में पर्णकुटी के बाहरवाले खुले स्थान पर गए। वहाँ माँ की सहायता से अर्धस्नान-जैसा किया। फिर माँ के हाथ का सहारा लेकर, धीरे-धीरे चलकर अपनेवाले कक्ष में आए और शैया पर लेट गए। थोड़ी देर में फिर उठे, वस्त्र बदले और माँ से बोले, "इतने मात्र से ही मैं थोड़ा अच्छा अनुभव कर रहा हूँ। माँ, मुझे वहाँ बाहर बरामदे में ले चलो।"

सुभगा अपने मंत्रकार-विचारक बेटे का हाथ पकड़कर बाहर बरामदे में ले गई और उन्हें लंबी आसंदी पर बिठा दिया, जहाँ वे अधलेट गए। फिर बोले, "ऊर्म्या, जाओ, पत्र-मसीपात्र-लेखनी ले आओ। मन में एक सूक्त का उदय हो रहा है। मेरे जीवन का बड़ा ही निर्णायक सूक्त है यह। मैं बोलता जाऊँगा, तुम लिखती जाना।"

सुभगा भोजन आदि की तैयारी में रसोई-कक्ष में चली गई थी और अर्चनाना व्यवस्था-कक्ष में, जहाँ वे पिछले दस दिन से प्रवास आदि के कारण नहीं जा पाए थे।

ऊर्म्या संपूर्ण लेखन-सामग्री लेकर उत्साह के साथ श्यावाश्व के निकट एक आसंदी पर बैठ गई और सुनकर लिखने की मुद्रा में आ गई।

"सुनो ऊर्म्या," श्यावाश्व धीरे से ही बोल पा रहे थे, "और लिखो—

य ईं वहन्त आशुभिः पिबंतो मदिरं मधु।
अत्र श्रवांसि दधिरे।

मद पैदा कर देनेवाले मधुर सोमरस का पान कर वे मरुदगण ठीक उसी क्षण अपने तीव्रगामी अश्वोंवाले रथ पर बैठकर मेरी स्तुति को अपने हृदय में धारण कर रहे हैं।

उत त्वा स्त्री शशीयसी पुंसो भवति वस्यसी।
अदेवत्रादराधसः।

देवताओं के द्रोही और धन के लोभी पुरुष से तो वह स्त्री ही अच्छी है, जिसका नाम शशीयसी है।

सनत् साश्व्यं पशुमुत गव्यं शतावयम्।
श्यावाश्वस्तुताय या दोर्वीरायोपबृंहत्॥

अपने पति तरंत को प्रोत्साहित कर उस (शशीयसी) ने मुझ श्यावाश्व की मरुत्-स्तुति को सैकड़ों अश्व और गऊएँ देकर सम्मानित किया।

यो मे धेनूनां शतं वैददश्विर्यथा ददंत्।
तरन्त इव मंहना।

उस वैददश्वि तरंत ने मुझे सौ धेनुएँ और प्रचुर धन प्रदान किया।

एतं मे स्तोममूर्म्ये दार्भ्याय परा वह।
गिरो देवि रथीरिव।

अरे ओ ऊर्म्ये, दार्भ्य (रथवीति) के पास जाकर मेरा मरुत्स्तोत्र वैसे ही पहुँचा दो, जैसे स्तुति करने के बाद रथियों को धन पहुँचाया जाता है।

उत मे वोचतादिति सुतसोमे रथवीतौ।
न कामो अप वेति मे।

रथवीति से कहना कि सोमयाग के बाद से मेरे हृदय में जिस कामना का उदय हुआ है, वह कम ही नहीं हो रही।

एष क्षेति रथवीतिर्मघवा गोमतीरनु।
पर्वतेष्वपश्रितः।

(ऊर्म्ये) वह समृद्ध रथवीति पर्वतों के बीच बहनेवाली नदी के पीछे रहता है।

ये सात मंत्र लिखवाकर श्यावाश्व चुप हो गए। ऊर्म्या को इनका अर्थ और तात्पर्य कुछ-कुछ समझ में आया और कुछ-कुछ नहीं आया। बोली, "श्यावा, कुछ बात बनी

नहीं। यह तो समझ में आ रहा है कि तरंत ने आपको सम्मानित किया, पर आपको कैसे पता चला कि वे आपको सम्मानित करने आश्रम में आ रहे हैं? आपने कैसे जाना, जो हम भी नहीं जान पाए कि शशीयसी ने अपने पति तरंत वैददश्वि को आपको सम्मानित करने की प्रेरणा दी? फिर इस संपूर्ण प्रसंग में रथवीति कहाँ से आ गए? मुझे क्यों कह रहे हैं कि मैं तुम्हारी मंत्र-रचना रथवीति दार्भ्य के पास ले जाऊँ और सोमयाग के बाद की वह कौन सी कामना है, जो अब तक समाप्त नहीं हुई और क्यों आप मुझे समझा रहे हैं कि रथवीति का राजप्रासाद कहाँ है?"

पता नहीं, श्यावाश्व ऊर्म्या के इतने लंबे वक्तव्य के लिए तैयार थे या नहीं, पर वे सुनते रहे और प्रसन्न होते रहे। बोले, "ऊर्म्या, आज तुमसे बहुत सी बातें करनी हैं और आज ही यह सूक्त-संदेश लेकर रथवीति दार्भ्य के यहाँ तुम्हें जाना है। यही सब मैं तुमसे आज विस्तार से कहकर निश्चिंत और स्वस्थ हो जाना चाहता हूँ, पर पहले तुम संक्षेप में बताओ कि पुरुमीढ वैददश्वि के ज्ञानसत्र में क्या-क्या हुआ?"

बात अब कुछ-कुछ ऊर्म्या की समझ में आनी प्रारंभ हुई। उसे ऐसा लगा कि संभवत: श्यावाश्व पीयूषा के साथ हुए अपने उसी एकाकी संवाद के बारे में ही कुछ बताना चाहते हैं, जिसके बारे में वह स्वयं ही बात करने आई थी। पर पहले उसने अस्वस्थ श्यावाश्व की इच्छा का सम्मान करना चाहा। बोली, "श्यावा, उस ज्ञानसत्र की सबसे बड़ी विशेषता तो यही थी कि उस पर आप पूरी तरह छाए हुए थे, और आप ही वहाँ अनुपस्थित थे।"

"ऊर्म्या, तुम थीं तो समझो, मैं ही वहाँ था। तुम मेरी बालसखी हो। मुझसे तुम अलग हो क्या?" मंद स्वर में श्यावाश्व ने पूछा।

"नहीं श्यावा, आपसे तो मैं जन्म से ही अलग नहीं हूँ। एक ही माँ सुभगा के स्तनों का दूध हम दोनों ने पिया है। हम कैसे एक-दूसरे से अलग हो सकते हैं?"

"आगे बताओ!"

"तो श्यावा, आप वहाँ थे नहीं और मुझे अनायास ही महत्त्वपूर्ण यश मिल गया। वहाँ आपको छोड़कर किसी भी परीक्षार्थी को सफलता नहीं मिली। देखो तो विधि का विधान! सूक्त आपके थे और वहाँ मैं उन्हें ऊँचे स्वर में गा-गाकर पढ़ रही थी। आपके सूक्तों को लेकर प्रश्न आपसे किए जा रहे थे और उनके उत्तर आपकी ओर से दूसरे-दूसरे लोग दे रहे थे।"

"ऊर्म्या, तुम्हारी बातें सुन-सुनकर तो मेरे मन में अब यह भाव आने लगा है कि जब-जब भी मैं अपने सूक्त ऐसे ही किसी ज्ञानसत्र की मान्यता की परीक्षा के लिए भेजूँ तो मैं बीमार पड़ जाऊँ और परीक्षा तुम्हें देनी पड़ जाए।"

"देखो श्यावा, इस बार तो मैंने कृपा करके आपका काम कर दिया," ऊर्म्या शरारती स्वर में बोली, "बार-बार ऐसा करेंगे तो मैं भी कुछ कर दूँगी।"

"क्या-क्या, थोड़ा हम भी तो जानें!" श्यावा अभी तक भी अपनी लंबी आसंदी पर अधलेटे थे।

"मैं आपकी रचनाओं को अपने नाम से प्रस्तुत कर मान्यता पा लूँगी।" ऊर्म्या ने हँसते हुए कहा।

"चलो, वह तुम्हें मेरी ओर से उपहार होगा।"

"क्यों, मैं क्यों ऐसा उपहार लूँगी, क्या मैं अपने मंत्र नहीं रचती, जो आपकी कृपा के लिए ताकती रहूँ ?"

"पर यह प्रस्ताव मेरा नहीं, तुम्हारा था ऊर्म्या!" श्यावाश्व ने याद दिलाया।

ऊर्म्या ने सोचा, बात जल्दी निपटाकर उस एकाकी संवाद के बारे में जाना जाए। बोली, "ज्ञानसत्र की दो बातें और भी जानना जरूरी हैं। एक यह कि आपके इन चार सूक्तों को गीर्वर्धन शैली के सूक्त माना गया और उनके नाद-सौंदर्य को अच्छी तरह से बताया गया।"

"दूसरी बात क्या है ?" श्यावाश्व थोड़ा उतावले हो गए।

"यह कि तरंत वैददश्वि ने पुरुमीढ की ओर से आपके लिए पुरस्कारों की घोषणा की और कहा कि वे आपको पुरस्कार देने स्वयं कुलपति अर्चनाना के आश्रम आएँगे।"

"ऊर्म्या, तुम जानती हो, पुरस्कार क्या होता है ?"

"क्या भला ?"

"मान्यता-प्राप्त सूक्तकार को ज्ञानसत्र के आयोजकों की ओर से धनराशि और कुछ अश्वों के अतिरिक्त सौ धेनुएँ देने की परंपरा चल निकली है। इसलिए मैंने तुम्हें लिखवाए अपने मंत्र में सौ धेनुओं की बात कही है।"

"पर श्यावा, यह बात मेरी समझ में नहीं आई कि शशीयसीवाला संदर्भ आपने क्यों जोड़ दिया है ? वह तो ज्ञानसत्र में कहीं भी उपस्थित नहीं थी और यह भी बताएँ कि तुमने अपना यह सूक्त-संदेश रथवीति दार्भ्य को देने के लिए क्यों कहा है ?"

"अब वह सुनो ऊर्म्या, जिसके लिए मैंने तुम्हें बुलाया है। यह तो आप सभी को ज्ञात हो ही चुका है कि पिताश्री ने रथवीति दार्भ्य से मेरे और पीयूषा के विवाह का प्रस्ताव औपचारिक रूप से रखा था।" श्यावाश्व ने शशीयसीवाला प्रसंग टाल दिया, जिसके पुत्र तरुष का विवाह पीयूषा से करने का प्रस्ताव था।

"हाँ, यह तो हम सभी जानते हैं," ऊर्म्या बोली, "हम सबको यह भी पता है कि

प्रस्ताव के बारे में राजकुमारी पीयूषा से पूछा गया तो उसने आपसे एकाकी संवाद करने के बाद अपनी सहमति या असहमति देने की बात कही थी।"

"हाँ, ऊर्म्या!" श्यावाश्व ने लंबी साँस खींचकर कहा। वे फिर से श्रांति अनुभव करने लगे, पर आज ही सारा रहस्य ऊर्म्या को बताकर वे उसे पीयूषा के पास भेज देना चाहते थे। इसलिए प्रयासपूर्वक स्वयं को स्वस्थ करके बोले, "ऊर्म्या…"

पर बीच में ही ऊर्म्या ने टोक दिया। बोली, "पर हममें से किसी को यह नहीं मालूम, तात अर्चनाना तक को नहीं पता कि आप दोनों का एकाकी संवाद हुआ या नहीं हुआ और यदि हुआ तो उसका परिणाम क्या रहा?"

"तुम्हें क्या लगता है ऊर्म्या?" श्यावाश्व ने पूछ लिया।

"मुझे तो लगता है कि संवाद हुआ।"

"तुम्हारा अनुमान शत-प्रतिशत सही है।"

"और उस संवाद में पीयूषा ने विवाह-प्रस्ताव मानने से मना कर दिया।" ऊर्म्या ने बात पूरी की।

"ऊर्म्या, तुम्हारा यह दूसरा अनुमान शत-प्रतिशत गलत है।" श्यावाश्व बोले।

सुनकर ऊर्म्या चौंक गई। सोचने लगी, 'यदि मेरा अनुमान गलत है तो श्यावाश्व ने आज तक पीयूषा की सहमति के बारे में बताया क्यों नहीं? पीयूषा ने अगले दिन प्रातः बताने को कहा था, ऐसा तात अर्चनाना कह रहे थे। फिर वह प्रातःकाल भी चुप क्यों रही? यदि पीयूषा ने विवाह-प्रस्ताव स्वीकार कर लिया था तो क्यों श्यावाश्व की ऐसी दशा हो रही है, विवाह क्यों नहीं हो गया?'

पर ऊर्म्या ने इनमें से कोई भी प्रश्न श्यावाश्व से नहीं पूछा। थोड़ी देर चुप रहने के बाद केवल इतना ही पूछ पाई, "फिर श्यावा, फिर यह सब क्यों हो गया?"

"ऊर्म्या, पीयूषा का और मेरा कोई विचित्र हृदय-संबंध स्थापित हो गया है। सबकुछ बड़ा विचित्र हुआ। जो बता रहा हूँ, ध्यान से सुनो और किसी अन्य को अपने जीवन में यह रहस्य कभी नहीं बताना ऊर्म्या, कभी नहीं बताना।"

"नहीं बताऊँगी श्यावा, नहीं बताऊँगी," ऊर्म्या बोली, "मैं आपसे जीवन भर के लिए प्रतिश्रुति करती हूँ।"

"ऊर्म्या, उस अपराह्न विवाह-प्रस्ताववाली मंत्रणा के बाद सभी अपने-अपने कक्षों में चले गए। रात्रि में पीयूषा एकाकी संवाद करने आई। उसका हृदय मेरे प्रति चरम अनुराग से भरा हुआ था। उसने मेरे दोनों हाथ अपने हाथों में थाम लिये। फिर मेरा हाथ दृढ़तापूर्वक पकड़कर मेरे कक्ष के पीछे बने उद्यान में विचरण करती बहुत देर तक बातें करती रही।"

ऊर्म्या सुन रही थी और उसके नेत्रों में आश्चर्य और अविश्वास का अद्‌भुत मिश्रण था, पर अविश्वास का कोई कारण उसे मिल नहीं रहा था। वह सुनती रही।

"जब मैंने विवाह-प्रस्ताववाली बात याद दिलाई," श्यावाश्व मंद स्वर में बोलते जा रहे थे, "तो उसने मेरे वक्ष पर अपना सिर रख दिया और रोने लग गई। उसने कहा कि वह हृदय से मेरी हो चुकी है और जब भी मैं चाहूँगा, मुझसे औपचारिक विवाह भी करेगी, पर वह चाहती है कि मैं पहले मंत्रकार के रूप में अमर प्रतिष्ठा प्राप्त कर लूँ।"

"क्या यह उसकी शर्त थी?" ऊर्म्या ने थोड़ा तुनककर पूछा।

"नहीं ऊर्म्या, पीयूषा इतनी समर्पित हो चुकी थी कि शर्तवाली सीमाएँ कहीं पीछे छूट गई थीं। उसने कहा कि वह यदि मेरी प्रेरणास्रोत बन गई है तो उससे प्रेरणा पाकर मुझे अपने विचारक व्यक्तित्व में मंत्रकार होने के नए आयाम जोड़ने चाहिए। सहसा उसने मुझे अपने आलिंगन में बाँधते हुए मुझसे मंत्रकार होने की प्रतिश्रुति ली। ऊर्म्या, अब पीयूषा की आवाज मेरे लिए संजीवनी बन चुकी है, जिसे सुने बिना मैं स्वस्थ नहीं रह पाता। मैं जितना भी अस्वस्थ हूँ, इसलिए हूँ कि एक बार सुन लेने के बाद उसकी आवाज से वंचित हो गया हूँ। ऊर्म्या, मेरे ऊपर एक उपकार करो।"

"बताएँ श्यावा, जल्दी बताएँ। आप जानते हैं कि मैं आप के लिए कुछ भी कर सकती हूँ।"

"जानता हूँ, इसलिए कह भी रहा हूँ तुम्हीं से। ऊर्म्या, जो दशा मेरी पीयूषा के बिना हो रही है, पीयूषा के बढ़ते तापज्वर के समाचार सुनकर लगता है कि मेरे बिना उसकी दशा भी अच्छी नहीं है। ऊर्म्या, मैं इतना असहाय हो गया हूँ कि स्वयं जा नहीं सकता। तुम अभी जाओ, अपने अश्व पर बैठकर पूरी तीव्रता से रथवीति दार्भ्य के राजप्रासाद में जाओ। मेरा संदेश पहले रथवीति को देना, क्योंकि वही मर्यादा के अनुरूप है और पीयूषा का सम्मान भी इसी में है। फिर पीयूषा को संदेश देना और विवाह की तिथि निश्चित करके आना।"

"श्यावा, मैं अभी जाती हूँ, पर क्षण भर में यह तो बता दें कि जिस दिन आप आश्रम लौटे थे, उसी दिन मुझे क्यों नहीं भेज दिया था?"

"एक बार मन में आया तो था, पर वहीं हमारे बैठे-बैठे ही आर्य तरंत आ गए और उन्होंने ज्ञानसत्र की बात कह दी। मुझे लगा कि यदि मेरे मंत्रों को मान्यता भी मिल जाए तो पीयूषा की प्रसन्नता की कोई सीमा नहीं रहेगी।"

"पर इतने दिन जो आप दोनों की दशा हुई, वह नहीं सोचा?"

"सोचा, परंतु ऊर्म्या वरदान पाने के लिए तपस्या भी तो उतनी ही कठोर करनी

पड़ती है।" श्यावाश्व बोले, "अच्छा अब मेरा भविष्य तुम्हारे हाथों में है। पर अभी तो सहारा देकर मुझे मेरे कक्ष में पहुँचा दो।"

ऊर्म्या ने वैसा ही किया और फिर गंभीर और मौन होकर अपनी पर्णकुटी की ओर चल दी। वह अर्चनाना और सुभगा से भी नहीं मिली।

बत्तीस

ऊर्म्या की समझ में नहीं आ रहा था कि वह प्रसन्न हो या उदास? एक बात उसने तय कर ली थी कि अश्व पर बैठकर वह पीयूषा के पास जाएगी और श्यावाश्व के साथ उसके विवाह की तिथि निश्चित करके ही आएगी। वह अपने बारे में कुछ भी निश्चित नहीं कर पा रही थी। अपनी स्थिति देखकर उसे अपने-आप पर हँसी आ गई, 'जब से मेरे मन में काम को समझने की बुद्धि आई है, मैं श्यावाश्व को अपने हृदय के अंतर्तम से अनुराग करने लगी। मेरा हृदय उसके प्रति प्रणय से भर उठा, पर एक ही बात ने रह-रहकर मुझे श्यावाश्व से अपना प्रणय निवेदन करने से बार-बार रोका। बस, मन में आ गया कि हम दोनों ने एक ही माँ सुभगा के स्तनों की ममता का पान किया है, इसलिए कैसे हमें पति-पत्नी के रूप में मान्यता मिल पाएगी, कैसे हृदय उसकी साक्षी देगा? बस, एक बार जो हृदय अनुराग और मर्यादा के दो हिस्सों में बँटा कि आज तक वह इस द्वंद्व का समाधान नहीं ढूँढ़ पाया। इस बार तो लगा कि मैं इस संकट से उबर आई हूँ और मैंने निश्चय कर लिया कि श्यावा से अपना प्रणय कह दूँगी, पर अबकी बार जो हुआ है, उससे नियति का आदेश सदा-सदा के लिए मुझे सुना दिया गया है और वह आदेश यह है कि मेरा हृदय श्यावा को समर्पित है और श्यावा को इसका पता नहीं, इसलिए मुझे उसकी बालसखी बनकर ही रहना है, उसके और उसकी पीयूषा के लिए जीना है।'

अपनी विडंबनाभरी दशा को याद करते हुए ऊर्म्या पर्णकुटी की ओर धीरे-धीरे जा रही थी। आज उसे सहसा उस कथा का मर्म समझ में आ गया, जो उसे तात शुकनास बाल्यकाल में सुनाया करते थे। आज उसे अनुभव हुआ कि वह कथा काल्पनिक होने पर भी कितनी मार्मिक थी—

'उस दिन वह फूल सहसा आश्चर्य में डूब गया। वह भी दूसरे फूलों की तरह उद्यान में खिल रहा था। उसके रंग में भी दूसरे फूलों की तरह एक आकर्षक चमक थी।

जब मंद पवन चलता तो वह भी दूसरे फूलों की तरह मंद-मंद हिलने लगता। पवन के झोंकों में वह भी दूसरे फूलों की तरह झूम उठता। उद्यान में प्रवेश करनेवाला हर व्यक्ति-बालक, वृद्ध, युवा, नर-नारी जैसे दूसरे फूलों पर झुककर उन्हें सूँघते, वैसे ही उस पर भी झुकते और उसे भी सूँघते। पर आज उसे आश्चर्य यह हो रहा था कि उद्यान में प्रवेश करनेवाले लोग जब दूसरे फूलों के पास जाते, उन्हें सूँघते तो सूँघते ही रह जाते, बार-बार सूँघते हुए लंबी-लंबी साँसें अंदर खींचते, फिर बार-बार अनुराग और ममता-भरी दृष्टि से देखते और देखते ही रह जाते और धीरे-धीरे चलते हुए दूसरे फूल की ओर बढ़ जाते। पर जब उस फूल के पास आते, उस पर झुककर थोड़ी सी साँस अंदर खींचते, तब उपेक्षा का भाव अपने मुखमंडल पर लाकर, थोड़ा संदेह का भाव अपने चेहरे पर लाकर एक झटके के साथ आगे बढ़ जाते। फिर से सूँघने का तो कोई प्रयास ही नहीं करते। फिर साथ ही खिल रहे दूसरे फूल के पास उसी संदेह-भरी दृष्टि से जाते, सूँघते तो प्रसन्न हो जाते और फिर सूँघते ही रह जाते।

'फूल को आश्चर्य था कि ऐसा क्यों हो रहा है, वह चकित था कि कल तक तो ऐसा नहीं था, फिर आज वैसा क्यों हो रहा है? कल तक लोग उसे सूँघते तो सूँघते ही रह जाते थे, बार-बार सूँघते थे। फिर प्रसन्नतापूर्वक धीरे-धीरे उसे ममतापूर्वक देखते हुए आगे बढ़ते थे, पर आज एक ही बार सूँघते और फिर चेहरे को विकृत सा बनाकर आगे बढ़ जाते। क्यों हो रहा है ऐसा?

'अंततः भारी मन से उसने पार्श्व में खिल रहे फूल से पूछा, 'अरे ओ फूल भाई, देख रहा है तू जो आज प्रभात से ही मेरे साथ हो रहा है? देख रहा है तू कि उद्यान में प्रवेश करनेवाला कोई भी व्यक्ति मेरे पास आकर रुककर सूँघते रहने को तैयार नहीं है। देख रहा है तू कि मेरा हृदय कैसे खंड-खंड हो रहा है। मेरे आश्चर्य को देख रहा है तू?'

'देख रहा हूँ, देख रहा हूँ।' पड़ोसी फूल बोला।

'फिर बता न, क्यों हो रहा है ऐसा, मेरा मुखमंडल विकृत हो गया है क्या? मेरा रंग हलका पड़ गया है क्या, मैं कुम्हला गया हूँ क्या, बोल तो, मुझमें क्या कमी है?' कितना उदास और दुःखी था वह फूल! लोग उसके पास आते थे, खुश हो जाते थे तो वह भी इठलाता रहता, हिलता-झूमता रहता, हँसता-खिलता रहता, पर आज? लोग आ तो रहे थे, पर उदास होकर जा रहे थे। वह भी उदास और रुँआसा हो गया था।

'अरे सुन' पड़ोसी फूल बोला, 'देख, अन्यथा मत मान बैठना। तुम्हें सच्चाई बता रहा हूँ। सत्य सुन पाना आसान नहीं होता। सुनेगा तो तुझे कष्ट तो होगा ही, पर नहीं सुनेगा तो तेरा कष्ट निरंतर बढ़ता ही जाएगा। इसलिए सुन ही ले। तेरी सुगंध आज तुझसे

रूठ गई है। वह तुझे छोड़कर चली गई है। फूल का आकार जैसा भी हो, उसका रंग कुछ भी हो, उसकी प्रकृति जैसी भी हो, उसकी नियति जो भी हो, पर उसकी पहचान तो उसकी सुगंध ही है न, उसकी आत्मा तो उसकी सुगंध ही है न, उसके प्राण, उसकी चमक, उसका आकर्षण, उसका सर्वस्व उसकी सुगंध ही है न? सुगंध नहीं तो फूल नहीं। वह होगा, पर नहीं जैसा होगा। लोग उसे सुगंधित फूल मानकर ही उसके पास आएँगे, पर सुगंध नहीं मिली तो आगे बढ़ जाएँगे। वही सुगंध तुझसे रूठ गई है, तुझे छोड़कर चली गई है।'

'पर क्यों गई, मेरा अपराध क्या है?'

'तूने उसकी कोई चिंता नहीं की होगी। उसका कभी तुमने विचार ही नहीं किया होगा। सुगंध तो प्रभु देते हैं, ताकि तुम्हारा सम्मान हो, तुम्हारे यश का प्रसार हो, लोग तुम्हारा गुणगान करें, पर तू अहंकार करने लगा होगा और इसी अहंकार में तूने सुगंध को अपना मान लिया होगा। प्रभु ने तुझे तेरे अहंकार का दंड दिया है और तेरी सुगंध तुझसे ले ली है।' पड़ोसी फूल ने कहा।

'तो क्या मेरी सुगंध अब मुझे कभी वापस नहीं मिलेगी, क्या मुझे अब आजीवन ऐसे ही उदास रहना होगा, क्या मैं अब सदा अपनी आत्मा के बिना भटकता रहूँगा?'

'नहीं-नहीं, ऐसा नहीं है। प्रभु हैं न? उनकी शरण जा। उनसे क्षमा माँग। अपने अहंकार के लिए पश्चात्ताप कर। उन्हीं के द्वार पर जाकर बैठ जा। तेरी तपस्या में बल हुआ तो तेरी सुगंध तुझे वापस मिलेगी। तू फिर पहले जैसा हो जाएगा।' पड़ोसी फूल ने उसे आश्वस्ति देते हुए कहा।

'फूल को संभवतः बात समझ में आ गई। सहसा वह कहीं लुप्त हो गया। उद्यान के सभी फूल चकित थे कि वह गया कहाँ? पर पड़ोसी फूल को रहस्य का पता था। उसे पता था कि वह तपस्या करने गया है।'

आज ऊर्म्या को इस कथा का मर्म समझ में आ गया। उसकी समझ में आ गया कि 'श्यावाश्व एक ऐसी सुगंध की तरह हैं, जिससे मैं स्वयंः को सुगंधित तो कर सकती हूँ, पर उन्हें अपना नहीं मान सकती। जब-जब मैं उन्हें अपना मानने पर बल देती हूँ, सुगंध मुझसे रूठने सी लगती है और मैं संत्रास में आ जाती हूँ। श्यावाश्व हैं, मेरे साथ आश्रम में रहते हैं, मेरे बालसखा हैं, मुझसे अपार स्नेह करते हैं, मुझे अपने सभी रहस्य बताते हैं और स्वयं मेरे हृदय में श्यावा के लिए गहरा अनुराग है, प्रणय है, क्या यह पर्याप्त नहीं है, क्या वही प्रणय सार्थक है जिसकी परिणति विवाह में हो ही जाए, आवश्यक तो नहीं। फिर विवाह कौन सा एक ही जीवन का विषय है? इस जीवन में

नहीं हुआ तो फिर किसी दूसरे जीवन में हो जाएगा। नियति का आदेश यदि यही है तो मैं क्यों न इस जीवन को अपने श्यावा के लिए तपस्या में लगा दूँ? श्यावा की प्रसन्नता को बढ़ाना ही मेरी तपस्या है। वह तपस्या मुझे करनी है। पीयूषा को श्यावाश्व की पत्नी बनाकर लाना ही है।'

ऊर्म्या के हृदय की सारी उदासी आज भस्म हो गई। ऊर्म्या को अपनी पहचान हो गई। उसने श्यावाश्व को भी पा लिया और स्वयं अपने को भी पा लिया। उसके कदमों की गति में तीव्रता आ गई। सामने पर्णकुटी थी। वह भीतर गई। पिता शुकनास वहाँ नहीं थे। उसने उन्हें बताकर जाना आवश्यक नहीं समझा। जब वे उसे ढूँढ़ेंगे तो श्यावाश्व उन्हें बता ही देंगे। बस, तीन वस्त्र उठाए और पर्णकुटी को बंद कर बाहर खड़े अपने अश्व पर जा बैठी। अचानक उसने सोचा कि पिता शुकनास उसे पुष्पकथा क्यों सुनाते होंगे। क्या वे माँ यामिनी को सुगंध मान बैठे थे?

ऊर्म्या भावुक हो गई और उसकी आँखों में आँसू तैरने लगे। पर आज आँसू बहाने का नहीं, समय के साथ-साथ आँसुओं को भी बाँधने का दिन था। मध्याह्न होने को था और उसे सायंकाल तक रथवीति दार्भ्य के पास उनके राजमहल में पहुँच ही जाना चाहिए। सोचते हुए उसने घोड़े को एड़ मारी।

तैंतीस

सूर्यास्त होने में अभी समय था। अश्व को अत्यंत तीव्र गति से दौड़ाकर ऊर्म्या रथवीति के राजप्रासाद के मुख्यद्वार पर पहुँच चुकी थी। वह प्रसन्न थी कि मार्ग में कोई बाधा नहीं आई और पहली बार इस ओर आने पर भी वह दिग्भ्रांत नहीं हुई। छोटी सी बाधा आ जाने पर या एक बार थोड़ा सा रास्ता भटक जाने पर ही सूर्यास्त हो जाता और रात्रि उसे किसी वनप्रांतर में व्यतीत करनी पड़ती। वह मन से इसके लिए तैयार होकर आई थी। किसी अनागत भय की उसे कोई चिंता भी नहीं थी। चिंता थी तो बस एक ही कि कैसे शीघ्रातिशीघ्र रथवीति के यहाँ पहुँचकर श्यावाश्व-पीयूषा के शीघ्र विवाह के बारे में कुछ निश्चित कर लिया जाए।

मुख्य द्वार पर खड़े द्वारपाल से उसने कहा, "भीतर जाकर महाराज रथवीति दार्भ्य को संदेश दो कि कुलपति अर्चनाना आत्रेय के आश्रम से आर्य शुकनास की दुहिता ऊर्म्या आई है।" अर्चनाना का नाम सुनते ही द्वारपाल ने झुककर प्रणाम किया। वह जानता था

कि अर्चनाना ने ही यहाँ चार दिन तक सोमयाग कराया था और वह यह भी जानता था कि उनके पुत्र श्यावाश्व आत्रेय ने तीन दिन तक ज्ञानसत्र का संचालन किया था। इसलिए वह श्रद्धा से भरा हुआ भीतर गया और द्वार-रक्षा का कार्य किसी अन्य के जिम्मे कर गया।

थोड़ी देर में द्वारपाल एक राजभृत्य के साथ आया।

"आर्ये, हमारे महाराज ने आपको प्रणामपूर्वक निवेदन किया है कि आप कृपया उनके व्यक्तिगत अतिथिकक्ष में पधारें।" राजभृत्य ने कहा और ऊर्म्या उसके साथ राजप्रासाद के भीतर चली गई।

ऊर्म्या को अतिथिकक्ष में प्रवेश किए अभी कुछ ही समय व्यतीत हुआ था कि रथवीति दार्भ्य वहाँ आ पहुँचे और बोले, "आर्या ऊर्म्या को मैं रथवीति दार्भ्य प्रणाम करता हूँ। मुझे आपका वह तेजस्वी रूप आज भी स्मरण है आर्ये, जो मैंने कुलपति अर्चनाना की पर्णकुटी में तब देखा था, जब मैं उन्हें सोमयाग के लिए आमंत्रित करने गया था।"

ऊर्म्या ने विचित्र स्मितपूर्वक रथवीति को देखा।

"आज इस तरह सहसा, बिना किसी पूर्वसूचना के आपको सायंकाल के समय आया देखकर मैं अनुमान लगा सकता हूँ कि कोई विशेष परिस्थिति ही आपको यहाँ खींच लाई है।" रथवीति ने राजकीय शैली में कहा।

"हाँ राजन्, आपका अनुमान ठीक ही है।"

"तो जैसा आर्या ऊर्म्या को उचित लगे, वैसा किया जाए।" रथवीति बोले, "आपकी इच्छा हो तो उस विशेष परिस्थिति पर तुरंत बातचीत हो सकती है और आपकी आज्ञा हो तो पहले आप भोजन कर लें।"

"राजन्, आपसे संवाद करने के बाद मेरी इच्छा है कि मैं आपकी दुहिता पीयूषा से भी मिल लूँ। इसलिए यदि पीयूषा का और मेरा भोजन राजकुमारी के कक्ष में साथ-साथ हो जाए तो कोई अव्यवस्था तो न होगी?" ऊर्म्या ने गरिमापूर्ण तरीके से पूछा।

"नहीं आर्या, कोई अव्यवस्था नहीं होगी। बल्कि मेरा तो विचार है कि दुहिता पीयूषा को अच्छा ही लगेगा। उसे कई महीनों से निरंतर तापज्वर है। आपसे मिलकर उसे कुछ नया और अच्छा लग सकता है।" यह कहकर रथवीति दार्भ्य ने राजभृत्य को पीयूषा के कक्ष में ही पीयूषा और ऊर्म्या के लिए भोजन की व्यवस्था करने का आदेश दिया। फिर वे ऊर्म्या से बोले, "तो संवाद प्रारंभ किया जाए।"

"राजन्, आपको तो ज्ञात ही होगा कि परसों पुरुमीढ वैददश्वि के राजप्रासाद में सप्ताह-अवधिवाला विराट् ज्ञानसत्र संपन्न हुआ है, जिसमें परीक्षार्थी मंत्रकारों को मान्यता प्रदान की जानेवाली थी।"

“हाँ आर्ये, बिल्कुल ज्ञात है। निर्जला एकादशी से दस दिन पूर्व आर्य तरंत वैददश्वि अपनी पत्नी शशीयसी के साथ यहाँ आए थे और हमें आमंत्रित कर गए थे। यदि पीयूषा स्वस्थ होती तो उसे साथ लेकर मेरी उस ज्ञानसत्र में जाने की तीव्र इच्छा थी।”

“मैं सबसे पहले आपको शुभ समाचार देना चाहती हूँ कि आर्य श्यावाश्व आत्रेय को वहाँ सूक्तकार के रूप में मान्यता प्रदान की गई है।” ऊर्म्या ने कहा।

“यह तो हम सबका अहोभाग्य है, आर्ये ऊर्म्ये!” रथवीति बोले, “आर्य श्यावाश्व के गुणों के बारे में जितना कहा जाए, कम है। वे इस देश और समाज की अनन्य विभूति हैं। मन को सृष्टि का नियामक कारण बताकर उन्होंने विचारों के परिदृश्य को अद्भुत बना दिया है। तीन दिन जिस मोहक कुशलता के साथ उन्होंने हमारे यहाँ ज्ञानसत्र का संचालन किया, उसे हम लोग कभी भूल नहीं पाएँगे। अब तक उनका परिचय स्व विचारक के रूप में था। अब वे सूक्तकार भी हो गए हैं तो अत्रिकुल को उन्होंने धन्य-धन्य कर दिया है।”

“राजन् रथवीते, मैं उन्हीं आर्य श्यावाश्व का आपके नाम एक संदेश लेकर आई हूँ। आर्य ने वह संदेश अद्भुत शैली में लिखा है। संदेश सात मंत्रों के रूप में है, जिसे आप तक पहुँचाने का आदेश उन्होंने मुझे दिया है और यह आदेश भी इस सूक्त-संदेश में समाहित है।”

रथवीति का चेहरा यह सुनकर प्रसन्नता से दमक उठा। उन्हें अच्छी तरह याद था कि कुलपति अर्चनाना ने पीयूषा के साथ श्यावाश्व के विवाह का प्रस्ताव रखा था, जिस पर पीयूषा को श्यावाश्व से एकाकी संवाद करना था। उसके बाद क्या हुआ, यह न तो पीयूषा ने और न ही किसी दूसरे ने उन्हें बताया। पर उन्हें इस बात का आभास था कि पीयूषा के खराब स्वास्थ्य का संबंध कहीं-न-कहीं उस विवाह-प्रस्ताव से है, जो अर्चनाना ने रखा था। पर इसे सिद्ध करने का कोई प्रमाण उनके पास नहीं था। पर एक बात उन्होंने देख ली कि पीयूषा ने तरंत वैददश्वि के पुत्र तरुष के साथ अपने विवाह के प्रस्ताव पर कोई प्रतिक्रिया व्यक्त नहीं की थी, मानो उसने प्रस्ताव सुना ही न हो। इसलिए श्यावाश्व के सूक्त-संदेश को पढ़ने की उनकी उत्कंठा तुरंत जाग्रत हो गई।

ऊर्म्या ने उन्हें श्यावाश्व का सूक्त-संदेश दिया तो वे उसे जोर-जोर से पढ़ने लगे। मंत्रों में लिखा यह संदेश उन्हें नई शैली का लगा और उन्होंने यह भी अनुभव किया कि श्यावाश्व जैसा प्रतिभाशाली व्यक्ति ही ऐसी नूतन संदेश शैली अपना सकता है। एक बार पढ़कर उन्हें तृप्ति नहीं हुई। उन्होंने उसे बार-बार पढ़ा। रथवीति के इस स्नेहपूर्ण व्यवहार को देखकर ऊर्म्या आश्वस्त हो गई कि उसे अपने उद्देश्य में शीघ्र ही सफलता मिल सकती है।

"आर्य राजन्, आप आर्य श्यावाश्व के सूक्त-संदेश को बार-बार पढ़कर भी तृप्त नहीं हो पा रहे हैं, यह देखकर मुझे आश्चर्यमिश्रित संतोष हो रहा है। इसलिए मुझे यह देखकर और भी अधिक आश्चर्य हो रहा है कि आपने कुलपति अर्चनाना द्वारा दिए गए श्यावाश्व-पीयूषा के विवाह-प्रस्ताव पर आज तक कोई प्रतिक्रिया ही नहीं दी!" ऊर्म्या ने कहा।

रथवीति के चेहरे पर संकोच के भाव दिखाई दे रहे थे। ऊर्म्या के इस कथन के बाद उन्हें सचमुच ऐसा लगा कि संभवतः उनके हाथों कुलपति अर्चनाना और आर्य श्यावाश्व का अपमान हो गया है। लगभग लज्जित होते हुए वे बोले, "आर्ये ऊर्म्ये, अनजाने में मुझसे यह अपराध तो अवश्य हो गया है और मैं, कुलपति अर्चनाना और आर्य श्यावाश्व की प्रतिनिधि के रूप में आपसे क्षमा याचना किए बिना नहीं रह पा रहा। पर आर्ये, यह अपराध मेरे हाथों संभवतः इसलिए हुआ है कि आर्य श्यावाश्व और दुहिता पीयूषा के बीच परस्पर एकाकी संवाद होना था। उस एकाकी संवाद में उन्होंने जो कुछ भी निर्णय लिया होगा, ठीक ही लिया होगा।"

"राजन् रथवीते," ऊर्म्या ने पूरी प्रौढ़ता से अपनी बात रखी, "आपका तर्क अपनी जगह ठीक है, पर आपने एक बात पर विचार नहीं किया। यदि पीयूषा ने आपसे एकाकी संवाद के बारे में कुछ नहीं कहा था, तो भी आपका कर्तव्य बनता था कि आप एक बार हमारे आश्रम में आते और कुलपति अर्चनाना को उनके द्वारा रखे गए प्रस्ताव पर इदमित्थं कोई अंतिम बात कहकर जाते।"

"हाँ आर्ये, कुलपति के सम्मान में मुझसे यह अपराध तो हो गया है। पीयूषा के निरंतर चल रहे तापज्वर ने मुझे इतना विमूढ़ सा कर दिया कि मैं इतने आवश्यक कर्तव्य को निभाना भी भूल गया।"

ऊर्म्या सुन रही थी, चुपचाप और गंभीर होकर।

"आर्ये," रथवीति ने बोलना जारी रखा, "मैं कल ही कुलपति के पास जाकर उनके चरणों में सिर रखकर क्षमा माँग लूँगा। मुझे विश्वास है कि उदारचेता कुलपति मेरे प्रति कोई दुर्भाव अपने मन में नहीं रखेंगे।"

"पर राजन्" ऊर्म्या ने फिर उन्हें समझाने की मुद्रा में कहा, "क्या आपको ऐसा नहीं लगता कि इस बार आप कुलपति से क्षमा याचना करने के बाद आर्य श्यावाश्व और आर्या पीयूषा से अन्याय करने जा रहे है ?"

रथवीति ऊर्म्या के इस व्यक्तित्व से और प्रभावित हुए। वे चकित थे कि जिस तरह सहजतापूर्वक ऊर्म्या सोच पा रही है, वे क्यों नहीं उतनी ही सहजता और गहराई से सोच पा रहे ? उन्हें लगा कि यदि ऊर्म्या आर्य श्यावाश्व की बालसखी है तो वह वैसा होने

के अनुरूप ही है। उधर श्यावाश्व के साथ अपने संबंधों के स्वरूप को लेकर पूरी तरह निर्द्वंद्व हो चुकी ऊर्म्या की विचारशक्ति और अभिव्यक्ति में नई प्रखरता और सफाई आ गई थी। रथवीति इतने प्रभावित थे कि "आर्या ऊर्म्या, आप ही बताएँ।" के अलावा कुछ बोल ही नहीं पाए।

"राजन्, दो बातों पर विचार कीजिए।"

"मैं सावधान होकर सुन रहा हूँ।" रथवीति ने कहा।

"यदि मेरा अनुमान ठीक है तो आर्य तरंत द्वारा पीयूषा के साथ अपने पुत्र के विवाह-प्रस्ताव को पीयूषा ने सुनने की भी आवश्यकता नहीं समझी होगी।"

"आपका कथन अक्षरश: ठीक है आर्ये!"

"दूसरा यह कि आर्या पीयूषा और आर्य श्यावाश्व एक-दूसरे से मिलने के बाद से अस्वस्थ हैं।"

ऊर्म्या की बात सुनकर रथवीति को धक्का सा लगा। बोले, "क्या आर्य श्यावाश्व भी अस्वस्थ हैं?"

"अस्वस्थ ही नहीं, अत्यंत अस्वस्थ हैं। वे बहुत ही कृशकाय हो गए हैं। उनका चेहरा पांडु पड़ गया है, स्वर मंद हो गया है और वे किसी का आश्रय लेकर ही उठ-बैठ पाते हैं। इधर उन्हें भारी तापज्वर भी है।"

सुनकर रथवीति उदास हो गए। उन्हें लगा कि सबकुछ उनकी समझ में आ रहा है और कुछ भी उनकी समझ नहीं आ रहा। बोले, "आर्या, बताएँ कि अब क्या किया जाए?"

"आर्य राजन् मैं अभी जाकर पीयूषा से संवाद करती हूँ। इस विवाह-प्रस्ताव पर उसकी स्वीकृति का दायित्व मुझ पर डाल दीजिए। आप तो बस सिद्धजनों से पूछकर श्यावाश्व और पीयूषा के विवाह की तिथि ठीक करवाएँ।"

ऊर्म्या के व्यक्तित्व और आत्मविश्वास से भरी संवादशैली से रथवीति इतने प्रभावित और प्रसन्न थे कि उन्हें विश्वास हो गया कि वह पीयूषा को आर्य श्यावाश्व से विवाह के लिए मना लेगी। बोले, "आर्ये ऊर्म्ये, आपसे मिलकर आज मैं धन्य हो गया! ऐसा लगता है कि जैसे अश्विनीकुमारों ने आपके रूप में तापज्वरग्रस्त दुहिता पीयूषा के लिए भिषग को भेज दिया है। आप पीयूषा के कक्ष में चलिए और कल मैं आपके साथ ही कुलपति अर्चनाना और आर्य श्यावाश्व के दर्शनों को चलता हूँ।"

रथवीति ने सूक्त-संदेश ऊर्म्या को दे दिया। फिर स्वयं राजभृत्य को आदेश दिया कि वह आर्या ऊर्म्या को दुहिता पीयूषा के कक्ष में ले जाए।

रात हो चुकी थी।

चौंतीस

जो ऊर्म्या अभी-अभी राजा रथवीति दार्भ्य से संवाद करके आई थी, उसी को यदि कोई पीयूषा से संवाद करते देख लेता तो कहता कि कोई दो अलग ऊर्म्याएँ हैं, जो एक जैसे रूप-आकार की हैं और इसलिए भ्रांति पैदा कर रही हैं। पर ऊर्म्या तो वही थी! आर्य श्यावाश्व की सखी, जिसकी जीवनधारा अपने मूल और स्वाभाविक पथ पर वापस लौट आई थी। वही ऊर्म्या राजकुमारी पीयूषा से मिलने उसके कक्ष में पहुँच चुकी थी।

तापज्वर से पीयूषा काफी दुर्बल हो चुकी थी। उसका चेहरा पीला पड़ चुका था। ऊर्म्या ने देखा कि पीयूषा अपनी शैया पर लेटी है। कोने में एक काष्ठफलक पर पड़े उसके चित्र को देखकर जब ऊर्म्या ने उसकी तुलना वर्तमान पीयूषा से की तो उसने सहज ही कल्पना कर ली कि जिस पीयूषा ने उसके श्यावा का मन मोह लिया था, वह कैसी रही होगी। बोली, "आर्य श्यावाश्व की बालसखी मैं ऊर्म्या, राजदुहिता पीयूषा का अभिवादन करती हूँ।"

ऊर्म्या की आवाज सुनकर पीयूषा ने शैया से उठने का प्रयास किया, पर ऊर्म्या ने उसे लेटे रहने का संकेत किया और स्वयं उसके पास आ गई। पीयूषा को ऊर्म्या नाम की स्मृति आ गई, क्योंकि श्यावाश्व के साथ बातचीत में एक बार उसका संदर्भ आया था। पीयूषा और ऊर्म्या दोनों एक-दूसरे को क्षणभर तक देखती रहीं। फिर ऊर्म्या बोली, "मैं आर्या पीयूषा की वह आवाज सुनने को उतावली हो रही हूँ, जिसने मेरे बालसखा श्यावाश्व को मंत्रकार बना दिया है।"

इस वाक्य में एक ऐसी सूचना थी, जिसे सुनकर पीयूषा का स्वास्थ्य मानो आधा ठीक हो गया। बोली, "आर्ये ऊर्म्ये," इतना बोली ही थी कि ऊर्म्या ने उसके होंठों पर अपनी तर्जनी रख दी और कहा, "प्रतिश्रुति करो कि केवल ऊर्म्या कहोगी, आर्या ऊर्म्या नहीं, तभी तर्जनी हटाऊँगी।"

पीयूषा मुसकरा पड़ी। ऊर्म्या ने इस मुसकान में वही दुर्बलताजन्य दयनीयता देखी, जो वह इन दिनों श्यावाश्व की मुसकान में देखकर आँसुओं से भर उठती थी। पीयूषा ने सिर हिलाकर मुसकराते हुए हामी भरी तो ऊर्म्या ने तर्जनी हटाई। इस पर पीयूषा ने कहा, "तो प्रतिश्रुति करो कि मैं भी आर्या पीयूषा नहीं, केवल पीयूषा हूँ।"

ऊर्म्या ने खिलखिलाकर हामी भरी। ऊर्म्या के कक्ष में प्रवेश करने के बाद दोनों क्षणभर में ही मित्र हो गईं।

"हाँ तो ऊर्म्या, अब बताओ, आर्य श्यावाश्व ने मंत्र-रचना की है, कैसे की, कब

की, कहाँ की, किस देवता की स्तुति में की?" पीयूषा इतनी उत्तेजित हो गई कि उसने प्रश्नों का ताँता लगा दिया।

"अरे पीयूषा, मैं थकी-माँदी आई हूँ। कैसे इतने सारे प्रश्नों का उत्तर एक साथ दे पाऊँगी?"

थकी-माँदीवाली बात सुनते ही पीयूषा को स्मरण आ गया कि पिताश्री का संदेश आया था कि कुलपति अर्चनाना के आश्रम से आई एक ऋषिकन्या उसके साथ उसके कक्ष में ही भोजन करेगी। पीयूषा ने राजभृत्य को बुलाया और दोनों के लिए भोजन लाने का आदेश दिया।

"हाँ ऊर्म्या, कुछ तो बताओ! मैं सुनने को उतावली हूँ।" पीयूषा ने अधीर होते हुए कहा।

"पीयूषा, जब श्यावा तुम्हारे यहाँ से होकर आश्रम गए तो वे चुप रहने लगे। कुछ अस्वस्थ भी हो गए। फिर अचानक सूचना मिली कि वे किसी अज्ञात गंतव्य के प्रवास पर चले गए हैं।"

"स्वास्थ्य ठीक न होने पर भी?"

"हाँ।"

"तो तुमने जाने ही क्यों दिया, रोक क्यों नहीं लिया?"

"रोकती तब न, जब मुझे पता चलता।" ऊर्म्या बोली, "बल्कि पिता अर्चनाना और माँ सुभगा ने यह सूचना मुझसे भी छिपा ली।"

"ऐसा क्यों किया उन्होंने?"

"अब यह तो लंबी कहानी है। फिर कभी बताऊँगी।" पीयूषा की आवाज सुनकर ऊर्म्या को लगा कि उसकी आवाज में कुछ तो है। श्यावा ऐसे ही नहीं अस्वस्थ हो गए। बोली, "पर श्यावा का प्रवास पर चला जाना अच्छा ही हुआ।"

"क्यों?" पीयूषा ने स्वाभाविक जिज्ञासा दिखाई।

"इसलिए पीयूषा, कि जब वे प्रवास से लौटे तो वह मंत्रकार हो चुके थे। उन्होंने मरुद्गणों पर एक मंत्र सबसे पहले रचा। उसके बाद उन्होंने चार सूक्त रचे-एक अश्विना पर, दो इंद्राग्नी पर।"

"मुझे आर्य श्यावाश्व का पहला मंत्र सुनाओ तो!"

"अब मैं क्या सुनाऊँ? लो, यह सूक्त-संदेश पढ़ लो, जो श्यावा ने तुम्हारे पिताश्री के नाम तुम्हें पाने के लिए भेजा है। इसमें, 'य ईं' वाला मंत्र वही है।"

"मुझे तो वे पा ही चुके हैं ऊर्म्या," पीयूषा भावुक होकर बोली, "मैं तो उसी क्षण उनकी हो चुकी थी, जिस क्षण पिताश्री ने ज्ञानसत्र के पहले ही दिन मुझे उनके वामपार्श्व में रखी आसंदी पर बिठा दिया था।"

"फिर ऐसा काम क्यों किया, जिससे श्यावा को देखना भी तुम्हारे लिए दुर्लभ हो गया?" ऊर्म्या ने पूछा।

"नहीं ऊर्म्या, ऐसा मैंने कहाँ किया?"

"यह जो मंत्रकार होने की शर्त लगा दी विवाह के पहले?" हालाँकि ऊर्म्या को श्यावाश्व से सब पता चल ही चुका था, पर वह इस प्रयास में थी कि पीयूषा खूब बोले।

अब तक पीयूषा में इतनी ऊर्जा आ गई थी कि वह अपनी शैया पर उठकर बैठ गई। इतने में भोजन आ गया। पीयूषा के लिए दूध और फल लाए गए थे। भोजन लगा देख पीयूषा बोली, "ऊर्म्या, आज इतने दिनों बाद बातें करना इतना अच्छा लग रहा है कि भोजन की इच्छा ही नहीं हो रही।"

"तो आओ, भोजन भी करते हैं और बातें भी।"

ऊर्म्या ने सुझाया तो पीयूषा ने अजीब सी बात कह दी, "पर यह तो नियमविरुद्ध है।"

"तो कल से इस नियम का पालन थोड़ा ज्यादा कड़ाई से कर लेंगे, आज उसे तोड़े देते हैं, क्यों?"

ऊर्म्या की शरारती मुसकान पर पीयूषा हँस पड़ी। बोली, "अच्छा, खाते-खाते बताती जाओ सूक्तों के बारे में, पर नहीं, ठहरो, पहले मैं सूक्त-संदेश पढ़ लूँ। यह तो आर्य ने कोई नया ही प्रयोग कर डाला है।"

पीयूषा फल खाती रही, दूध पीती रही और मुदित-मन होकर सूक्त-संदेश पढ़ती रही। पढ़ चुकी तो बोली, "पूरी तरह से संदर्भ समझ में नहीं आ रहा, पर पढ़कर लगता है कि तरंत वैददश्वि ने कोई पुरस्कार दिया है आर्य श्यावाश्व को।"

"सुनो, पूरी बात बताती हूँ।" ऊर्म्या बोली, "लगभग तीन महीने के प्रवासकाल में श्यावा ने चार सूक्त रचे। पहला सूक्त उन्होंने एक कृषक के घर में रचा। दूसरा अयोध्या के एक गाँव में एक सद्गृहस्थ के यहाँ। शेष दो सूक्तों की रचना प्रयाग में की—एक सूक्त संगम के तट पर बैठकर रचा तो चौथा सूक्त संगम की लहरों पर नौका में बैठकर।"

"ऊर्म्या, सुनकर बड़ा रोमांच हो रहा है। मन करता है कि तुरंत आर्य के पास उड़कर पहुँच जाऊँ और उनके मुँह से इन सूक्तों का गायन सुनूँ।" पीयूषा मानो आविष्ट सी हो गई।

"अब थोड़ा और धैर्य रखो। अभी-अभी तुम्हारे पिताश्री से मिलकर आ रही हूँ। वे दो-एक दिनों में सिद्धजनों से पूछकर तुम दोनों के विवाह की तिथि ठीक करेंगे।" सुनकर पीयूषा थोड़ा लज्जित हो गई तो ऊर्म्या ने कहा, "पीयूषा, लज्जित होने से कहीं कोई बात बनती है क्या? अभी और सुनो! जिस दिन श्यावा प्रवास से लौटे और हम सब बातें कर

रहे थे तो ऊपर से अपने विभव के साथ आर्य तरंत वैददश्वि हमारे आश्रम में आए। वे अपने भाई पुरुमीढ वैददश्वि के राजप्रासाद में होनेवाले उस ज्ञानसत्र के लिए आमंत्रण देने आए थे, जहाँ नवमंत्रकारों की मान्यता-परीक्षा होनेवाली थी। श्यावा ने भी अपने चारों सूक्तों को परीक्षा में डाल दिया और पता है, सप्ताह-भर चले उस ज्ञानसत्र में अकेले श्यावा के सूक्तों को मान्यता मिली!"

सुनकर पीयूषा हर्ष-विभोर हो गई और उसकी आँखों से आँसुओं की धारा बहने लगी। खुशी के मारे वह ऊर्म्या के गले लग गई तो ऊर्म्या को शरारत सूझी, "पीयूषा, इस तरह आलिंगनबद्ध करके तुम श्यावा को तो मंत्रकार होने की प्रतिज्ञा में बाँध सकती हो, मुझे नहीं!" ऊर्म्या बोली।

पीयूषा को काटो तो खून नहीं! बोली, "तो इसका अर्थ यह हुआ कि तुम्हें सब मालूम पड़ चुका है। बताओ तो, मैंने कुछ गलत किया?"

"नहीं, किया तो अच्छा ही, पर क्या यह सारा काम इस तरह से नहीं हो सकता था कि तुम दोनों भयानक तापज्वर से ग्रस्त भी न होते और बात भी बन जाती?"

श्यावाश्व की रुग्णता की बात सुनकर पीयूषा को धक्का लगा। वह सँभल नहीं सकी। बैठने में फिर से कठिनाई आने लगी। शैया पर लेट गई और बोली, "ऊर्म्या, क्या हुआ है उन्हें?"

"पीयूषा, यह भी ध्यान से सुनो! श्यावा आजकल बहुत क्षीण हैं। तुम्हारी आवाज का कुछ ऐसा जादू उन पर हुआ है कि उसे सुने बिना वे अधिकाधिक अस्वस्थ होते गए हैं। जब वे प्रवास पर गए तो और भी दुर्बल हो गए। अब तो चेहरा पीला पड़ चुका है, कफ भी कुछ ज्यादा है। वे बिना आश्रय के चल-फिर नहीं पाते। बिना आश्रय के उठ-बैठ नहीं सकते। बोलने में उनका स्वर बहुत मंद हो गया है। इधर उन्हें भारी तापज्वर भी रहने लगा है। आश्रम के किसी भी प्राणी को नहीं पता कि मैं यहाँ आई हूँ। उन्होंने मुझे सबकुछ बताकर चुपचाप यहाँ भेज दिया है। पीयूषा, उनका जीवन अब तुम्हारे ही हाथों में है।"

पीयूषा रोने लगी। वह डर गई कि कहीं मंत्रकार बनने का दबाव डालकर उसने अपने प्रियतम के प्राणों को संकट में तो नहीं डाल दिया? वह ऊर्म्या से अनुरोध करने लगी कि वह कल उसे अपने साथ आर्य श्यावाश्व के पास ले चले।

ऊर्म्या ने कहा, "अभी रात भर विश्राम करो। कल प्रात: तुम्हारे पिताश्री के साथ बात करके निर्णय करेंगे।"

कहकर ऊर्म्या अतिथिकक्ष में चली गई, पर पीयूषा को चैन कहाँ?

पैंतीस

ऊर्म्या के कक्ष से जाने के बाद पीयूषा बेचैन हो गई। उसे क्या पता था कि अपने हृदय की जिस निश्छलता से उसने श्यावाश्व को मंत्रकार बनने की प्रेरणा दी थी, उसके इतने सारे परिणाम निकल आएँगे! श्यावाश्व ने मंत्रसृष्टि की, इस सूचना से उसके आनंद की कोई सीमा न रही। उनके मंत्रों को बाकायदा विद्वानों के परीक्षा-ज्ञानसत्र में ऋग्वेद-संहिता में संकलन के लिए मान्यता मिल गई है, इससे वह और भी हर्षातिरेक में थी। पर उसे क्या पता था कि इसका इतना अधिक दुष्प्रभाव श्यावाश्व के स्वास्थ्य पर पड़ जाएगा?

उसके मन में श्यावाश्व को लेकर कई तरह के चित्र आने और जाने लगे—'आर्य श्यावाश्व को मेरी आवाज में ऐसा क्या सुनाई देता है कि वे अब उसे सुने बिना बेचैन हैं? वे मुझसे मिलने के बाद ही कह रहे थे कि मेरी आवाज का उन पर संजीवनी-जैसा प्रभाव पड़ता है। पर मेरी आवाज को सुनना उनके लिए वास्तव में संजीवनी-जैसा है, यह मैंने पूरी गंभीरता से क्यों नहीं समझा। समझ जाती तो क्या मैं आर्य को इस तरह अकेला वापस जाने देती। मैंने उन्हें अकेला वापस जाने दिया, वे मेरी आवाज सुनने की लालसा में लालायित होते रहे, मुझे उनकी इस तीव्र संवेदनशीलता की पूरी अनुभूति तब क्यों नहीं हुई? मेरी आवाज न सुन पाने का उनकी संवेदनाओं पर इतना दुष्प्रभाव पड़ा कि वे अस्वस्थ हो गए और अस्वस्थ होते चले गए। आज उनकी यह दशा हो गई है कि वे बिना आश्रय के चल-फिर भी नहीं सकते, उठ-बैठ भी नहीं सकते और मैं हूँ कि उन्हें अपनी आवाज सुनाकर तृप्त भी नहीं कर सकती, उन्हें अपनी आवाज की संजीवनी नहीं दे सकती, उन्हें स्वस्थ नहीं कर सकती।'

व्यक्ति बेचैन हो, अकेला हो और किसी परिस्थिति के खराब होने का दोषी स्वयं को मान रहा हो, वह कैसे अनिर्णय का शिकार हो जाता है, वैसी ही स्थिति इस समय पीयूषा की थी। वह सोचती जा रही थी, 'यदि मैंने आर्य श्यावाश्व को अकेला न छोड़ दिया होता तो क्या मंत्रकार के रूप में उनकी प्रतिभा व्यक्त न होती, मेरे कथन मात्र का जब उतना प्रभाव पड़ा है तो क्या वे विवाह कर लेने पर भी मंत्रसृष्टि न करते?' पीयूषा स्वयं से ही तर्क करने लगी, 'अब भी तो मेरा उनसे विवाह होगा, शीघ्र होगा और ऊर्म्या इसी उद्देश्य को पूरा करने के लिए यहाँ इतना कष्ट उठाकर आई है। ऊर्म्या से संवाद के बाद जो उसकी छवि मेरे मन में बनी है, उसे देखकर तो यह लग रहा है कि कल वह पिताश्री से विवाह की तिथि ठीक करवाकर ही वापस लौटेगी, तो क्या विवाह के बाद आर्य श्यावाश्व मंत्र लिखना छोड़ देंगे, ऐसा संभव ही नहीं है। पर मैंने इस सब पर विचार

क्यों नहीं किया? यह मेरे स्वभाव में कहीं-न-कहीं आ बसी लापरवाही का ही परिणाम है कि मैंने आर्य श्यावाश्व को अपनी आवाज सुनने से वंचित कर दिया और अकारण ही विवाह भी टाल दिया। अब जो हो रहा है, वह सामने है। आर्य इतना अधिक अस्वस्थ हैं और मैं उनका उपचार-परिचर्या आदि भी नहीं कर सकती।'

पीयूषा स्वयं ही बहुत अस्वस्थ थी और अपने तल्प पर लेटी हुई थी। पर आर्य श्यावाश्व की चिंता में वह अपनी अस्वस्थता भूल गई। बस स्वयं को ही कोसती जा रही है, 'मैंने उन्हें अकेला छोड़ दिया तो उन्हें आश्रम से ही मानो विरक्ति हो गई। वे प्रवास पर चले गए। ऊर्म्या बता रही थी कि जब वे प्रवास पर गए थे, तब भी स्वस्थ नहीं थे, पर मंत्रसृष्टि की मुझे दी हुई प्रतिश्रुति को सम्मान देने के लिए वे दुर्बल शरीर के साथ भी प्रवास करते रहे और सूक्तों की रचना करते रहे। वे चाहते तो मुझे तब भी ऊर्म्या के माध्यम से संदेश भिजवा सकते थे, जैसे उन्होंने अब भिजवाया है, पर आर्य ने सोचा होगा कि कहीं मैं उनसे रुष्ट न हो जाऊँ कि क्यों नहीं प्रतिश्रुति को पूरा किया। नहीं आर्य, नहीं, मैं भला कभी आपसे रुष्ट हो सकती हूँ? नहीं हो सकती। कभी नहीं हो सकती। फिर भी उन्होंने संदेश नहीं भिजवाया। मेरी आवाज से वंचित रहने के कारण वे आरोग्यहीन होते रहे, अकेले रहने के कारण मेरी याद में दुर्बल होते रहे, पर सूक्त-रचना करते रहे। मेरे लिए कितना कष्ट उठाया आर्य ने! कितना अनुराग है उन्हें मुझसे! कितना ध्यान रखा उन्होंने मेरा! मैं तो धन्य हो गई!'

सहसा पीयूषा के मन में उत्तेजना ने जन्म लिया और वह अपनी शैया पर उठ बैठी और सोचने लगी, 'आर्य श्यावाश्व ने मेरी आकांक्षा को पूरा किया और उसे पूरा करने में इतने कष्ट झेले। मानसिक झंझट इतने फैले कि अब उनका शरीर संकटग्रस्त हो गया है और वे शैया पर पड़े हैं। एक महापुरुष ने मेरी इच्छाओं का इतना सम्मान किया और इसी कारण वे शारीरिक संकट में हैं और मैं यहाँ आराम से बैठी हुई सोच-विचार में पड़ी हूँ! क्या मैं उन्हें अपनी आवाज सुनने का सुख नहीं दे सकती? हो सकता है कि इसी से उनका स्वास्थ्य लौट आए! जिस आलिंगन-पाश में बाँधकर मैंने उन्हें मंत्रकार होने की प्रेरणा से बाँध दिया था, क्या अब मैं अपने मंत्रकार आर्य को अपने आलिंगन का आनंद देकर उनका उल्लास और आरोग्य वापस नहीं दिला सकती? मेरे बिना वे इतना समय अकेले प्रवास में भटकते रहे, क्या मैं उनके पास जाकर उन्हें सामीप्य-सुख नहीं दे सकती?'

अपने से इतने सारे प्रश्न करने के बाद पीयूषा निरुत्तर हो गई और इन सभी प्रश्नों का एक ही उपाय उसकी समझ में आया कि उसे तुरंत इसी समय आर्य श्यावाश्व के पास चले जाना चाहिए। 'वे अस्वस्थ हैं तो मैं यहाँ स्वस्थ नहीं रह सकती। वे अकेले हैं तो मैं यहाँ व्यर्थ में कालयापन नहीं कर सकती। वे मेरी आवाज सुनने को लालायित हैं तो

मैं यहाँ दूसरों से बातें करती नहीं रह सकती।'

पीयूषा ने संकल्प कर लिया। वह अभी आर्य श्यावाश्व के पास जाएगी, तत्काल, इसी समय, बिना एक क्षण भी व्यर्थ गँवाए। 'पिताश्री और ऊर्म्या कल आएँ या परसों या सालभर बाद। मुझे इसी समय अपने आर्य के पास चले जाना है, उनके पास पहुँच जाना है।'

निर्णय कर लेने के बाद पीयूषा ने उसी राजभृत्य को बुलवा भेजा, जिसे उसने कुछ माह पहले अर्चनाना के आश्रम में कुछ सूचनाएँ एकत्रित करने के लिए भेजा था। वह उसी के साथ जाना चाहती थी, क्योंकि उसे मार्ग का पता था। राजभृत्य आ गया तो पीयूषा बोली, "सेवक, उस दिन तुम कुलपति अर्चनाना के आश्रम गए थे, याद है?"

"जी हाँ आर्ये।"

"आज अभी इसी समय वहाँ जाना है।"

"इस रात्रि के समय आर्ये?" राजभृत्य के नेत्र विस्फारित हो गए।

"मेरा रथ तैयार करवाओ और सारथी को तुरंत बुलवाओ। तुम मुझे उसी आश्रम में ले जाओगे।"

"जो आदेश आर्ये!"

राजभृत्य गया, सारथी को बुला लाया। उसने रथ तैयार कर दिया। सारा कार्य कुछ ही क्षणों में हो गया। पीयूषा उतना समय कक्ष के बाहर खड़ी रही। पता नहीं, उसमें इतनी शक्ति कहाँ से आ गई थी! वह जाकर रथ में पड़ी दो आसंदियों में से एक पर बैठी। राजभृत्य सारथी के साथ ही उसके काष्ठफलक पर बैठ गया और उसे मार्ग बताने लगा। रथ जब राजप्रासाद के बाहर आ गया तो पीयूषा ने राजभृत्य से द्वारपाल को कहलवा दिया कि वह कुलपति अर्चनाना के आश्रम जा रही है और प्रभात होते ही यह समाचार राजा को दे दिया जाए।

थोड़ी देर में रथ अपनी गति में खो गया और पीयूषा श्यावाश्व के स्वास्थ्य की चिंता में खो गई।

छत्तीस

"मैं आ गई हूँ आर्य!" अपने राजप्रासाद से रथ पर चलकर पीयूषा प्रभात होते ही कुलपति अर्चनाना के आश्रम आ पहुँची। आश्रम में प्रभात की हलचल थी और सभी तापस-तापसियाँ प्रभात के नित्यकर्म पूरे करने में लगे थे, ताकि समय पर प्रातःसवन

में उपस्थित हो सकें। पीयूषा जिस राजभृत्य के मार्ग-निर्देश के सहारे रात भर यात्रा कर प्रभात होते ही आश्रम पहुँची थी, उस राजभृत्य को आश्रम के बारे में भी कुछ पता था, क्योंकि प्रस्तावित सोमयाग और ज्ञानसत्र के बारे में जानकारियाँ लेने के लिए वह एक बार आश्रम आया था और पर्याप्त समय इधर-उधर घूमता रहा था। उसे पता था कि कुलपति अर्चनाना की पर्णकुटी कौन सी है। रथ को सारथी की देखभाल में आश्रम के द्वार पर खड़ा कर वह राजभृत्य अपनी स्वामिनी पीयूषा को सीधे अर्चनाना की महती पर्णकुटी के उस द्वार पर ले आया, जहाँ कभी खड़े होकर श्यावाश्व ने रथवीति दार्भ्य का मंत्रोच्चार से सत्कार किया था। आश्रम के द्वार से लेकर अर्चनाना की पर्णकुटी तक आने में पीयूषा को कुछ ही समय लगा, पर इस अवधि में भी उसने देखा कि जिन आश्रमवासियों ने उसे देखा, थोड़ा चकित होकर ही देखा। चकित इसलिए कि इतनी प्रभात में कोई राजकन्या आश्रम में आई है! पर किसी ने कुछ पूछा नहीं, क्योंकि राजन्य श्रेणी के लोग कुलपति से मिलने प्रायः आते ही रहते थे। पर्णकुटी के परिसर के द्वार से प्रवेश कर राजभृत्य को वहीं खड़ा रहने का आदेश देकर पीयूषा पर्णकुटी की ओर बढ़ी। उसके हृदय की धड़कन बहुत तेज हो गई थी, पर आसपास के वातावरण को उसने सामान्य पाया और निष्कर्ष निकाल लिया कि आर्य श्यावाश्व अस्वस्थ तो होंगे, पर कुछ भी दुर्घटित नहीं घटा है। पर्णकुटी के बाहर तीन सीढ़ियाँ चढ़कर वह बरामदे में आ गई, जहाँ लंबी आसंदी पड़ी थी। उसे देखकर अनुमान लगा लिया कि उसके आर्य इसी पर बैठकर विचारों और भावों में लीन हो जाया करते होंगे, पर कहीं भी रुके बिना वह सीधे पर्णकुटी में प्रवेश कर गई। विशालकक्ष में प्रवेश करते ही उसने उसे खाली पाया। दाएँ-बाएँ देखा तो दाईं ओर के एक कक्ष में उसे गतिविधि का आभास हुआ और वह तेजी से उधर चली गई। कक्ष के द्वार पर खड़ी हो गई। देखा, आर्य श्यावाश्व शैया पर लेटे हैं और एक महिला उन्हें सहारा देकर उठाने का प्रयास कर रही है। उसे समझते देर नहीं लगी कि वे आर्य श्यावाश्व की माँ हैं और श्यावाश्व को उसने ठीक उसी दशा में पाया, जिस दशा का वर्णन ऊर्म्या ने कल रात किया था। वह स्वयं को रोक नहीं पाई और भावावेश में रोने लगी।

"मैं आ गई हूँ आर्य!" रोते-रोते ही पीयूषा ने कहा।

"श्यावाश्व के कानों में परिचित आवाज पड़ी। सचमुच संजीवनी का सा असर हुआ। वे खड़े हो गए। सुभगा देखकर चकित और स्तब्ध रह गई कि यह कौन है, जिसकी आवाज सुनते ही उनका श्यावा खड़ा हो गया, वह श्यावा जो हाथ का सहारा दिए जाने पर भी कठिनाई से बैठ पा रहा था? पर सुभगा के लिए दूसरा आश्चर्य अभी भी शेष था। जैसे ही श्यावाश्व खड़े हुए, वैसे ही पीयूषा ने उन्हें अपने आलिंगन में बाँध लिया और दोनों आँसू बहाते हुए एक-दूसरे की भुजाओं में बँधे खड़े रहे। पीयूषा बस एक ही

वाक्य दोहराए जा रही थी, "मैं आ गई हूँ आर्य! मैं आ गई हूँ!"

सुभगा समझदार तो थी ही। उसे सारा रहस्य पलक झपकते ही समझ में आ गया। वह समझ गई कि यह राजदुहिता पीयूषा है और जिस त्वरा से पीयूषा को देखते ही श्यावाश्व खड़े हो गए, उसके बाद सुभगा को समझते देर नहीं लगी कि उसके श्यावा का स्वास्थ्य ही इस कक्ष में प्रवेश कर गया है। सुभगा हर्षातिरेक में भाव-विभोर हो गई। श्यावाश्व और पीयूषा को उसी कक्ष में आलिंगन-मुद्रा में अकेले छोड़कर सुभगा पर्णकुटी से बाहर आ गई। राजभृत्य परिसर-द्वार पर खड़ा था और कोई ऋषिकुमार उससे कुछ बातें कर रहा था। सुभगा ने ऋषिकुमार को इशारे से बुलाया और जब वह समीप आ गया तो उसे निर्देश देती हुई बोली, "कुमार, सरोवर की ओर जाओ। वहाँ कुलपति स्नान करने गए हैं। उन्हें कहो कि तुरंत पर्णकुटी में आ जाएँ। राजदुहिता पीयूषा आ गई हैं और सब ठीक हो गया है।"

पर्णकुटी के भीतरवाले कक्ष में ताप रोग से अस्वस्थ दो प्राणी आलिंगनबद्ध खड़े थे और अपने शरीर के अस्वास्थ्य को आँखों से सतत बह रही अश्रुधारा के मार्ग से बाहर निकाल रहे थे। उधर विशाल कक्ष में आसंदी पर बैठी सुभगा की भी आँखों से बह रहे आँसू श्यावा और पीयू के भावी जीवन के सुखद सपने बुन रहे थे।

□□□